デザイナーのための
著作権ガイド

COPYRIGHT GUIDE FOR DESIGNERS

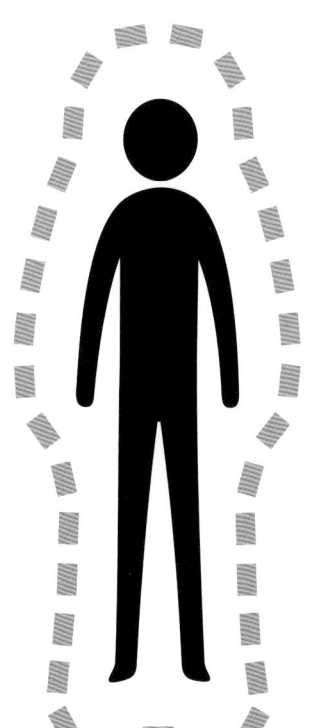

第1章　著作権とは？
　　　　著作権入門編 赤田繁夫

著作権法の目的　著作権法が存在する理由 005
著作物とは 006
著作物の種類 008
著作者と著作権者 010
著作権の内容 012
権利の発生と消滅　保護期間 015
例外的保護期間 016
戦時加算　国際的保護　著作隣接権 017
知的財産を守るその他の法律 018

第2章　著作権Q&A
回答／赤田繁夫・上野善弘　取材・構成／久野寧子

イラスト・絵画・図版の使用に関するQ&A
Q1 竹久夢二のイラストを広告に使っていいのですか？ 020
Q2 出版物に掲載されている尾形光琳の作品をDMに使っていいのですか？ 022
Q3 絵画・イラストをアレンジして使っていいのですか？ 024
Q4 海外の絵画を使って広告を作ってもいいのですか？ 026
Q5 雑誌に載っていた風景写真を模写して広告に使っていいのですか？ 028
Q6 タレントの写真をイラストにして広告に使っていいのですか？ 030
Q7 市販の地図をそのまま広告に使っていいのですか？ 032
Q8 コレクターから買った古い包装紙を広告のデザイン素材に使っていいのですか？ 034
Q9 制作者・制作年が全くわからないイラストを広告に使っていいのですか？ 036
Q10 出版物に絵画やイラストを引用することはできますか？ 038
Q11 他者の作品をコラージュして広告に使っていいのですか？ 040
Q12 他者の作品をパロディにして広告を作っていいのですか？ 042
Q13 アイコンやピクトグラムをアレンジして使っていいのですか？ 044

写真・画像の使用に関するQ&A
Q14 古美術品や神社仏閣などの写真を複製利用する場合、誰に許諾を得ればいいのですか？ 046
Q15 Webに掲載されている画像を自分のWebサイトで使っていいのですか？ 048
Q16 著作者に使用許可を得ている著作物を、無許諾でトリミングしてもいいのですか？ 050
Q17 絵画の複製写真を撮影者の許諾を得ずに流用していいのですか？ 052
Q18 高級外車が写り込んでいる写真を広告に使っていいのですか？ 054
Q19 古い映画のパンフレットのスチール写真を商品パッケージに使ってもいいのですか？ 056
Q20 テレビ番組の映像を複製し、CDジャケットに使っていいのですか？ 058
Q21 著名な写真家、たとえば土門拳の写真をチラシに使っていいのですか？ 060
Q22 許諾を得ずに撮った動物の写真を広告に使っていいのですか？ 062
Q23 一般人が写っている写真を広告に使っていいのですか？ 064
Q24 故人の肖像を無許諾で広告に使っていいのですか？ 066
Q25 著名人の氏名・署名・似顔絵を広告に使っていいのですか？ 068
Q26 他者の絵画やイラストを実写で表現して広告に使っていいのですか？ 070
Q27 ミッキーマウスのネクタイをしている人物の写真を雑誌に掲載できますか？ 072

建造物・屋外の作品の使用に関するQ&A
Q28 グリコのネオンサインを含んだ景観写真を広告に使っていいのですか？ 074
Q29 東京タワーや六本木ヒルズの外観写真を雑誌広告に使っていいのですか？ 076
Q30 太陽の塔をイラスト化して装幀や口絵に使用してもいいのですか？ 078

タイトル・コピー・短い語句などの使用に関する Q&A

Q31 小説「走れメロス」のタイトルを別の新刊本のタイトルに使っていいのですか？ ………… 080

Q32 有名なキャッチコピーをそのまま別の広告に使っていいのですか？ ………… 082

Q33 楽曲「花」の歌詞「泣きなさい 笑いなさい」を商品名に使っていいのですか？ ………… 084

Q34 楽曲のタイトルをTシャツにして販売してもいいのですか？ ………… 086

Q35 映画のタイトルを旅行のツアー名や、雑誌の特集名に使っていいのですか？ ………… 088

Q36 有名な漫画の台詞を書籍名や雑誌の特集タイトルに使っていいのですか？ ………… 090

Q37 北島康介選手の「超きもちいい！」をキャッチコピーに使ってもいいのですか？ ………… 092

Q38 小説「雪国」の一節を広告のコピーに使っていいのですか？ ………… 094

Q39 「オリンピック」という言葉やマークを広告に使っていいのですか？ ………… 096

デザイン・レイアウトなどに関する Q&A

Q40 他社のコーポレートカラーと似た色の広告やパッケージを作っていいのですか？ ………… 098

Q41 昔からある伝統文様「ちどり文様」を包装紙のデザインに使っていいのですか？ ………… 100

Q42 ベストセラー書籍と似た装幀デザインの書籍を出版していいのですか？ ………… 102

Q43 書籍・雑誌のレイアウトをそのまま真似して使ってもいいのですか？ ………… 104

Q44 既存の書体を使用し、ロゴマークを作っていいのですか？ ………… 106

Q45 すでにあるロゴマークを真似てロゴマークを作ってもいいのですか？ ………… 108

Q46 世界各国の国旗をシンボルマークに使ってもいいのですか？ ………… 110

Q47 Webサイトのレイアウトを真似してもいいのですか？ ‥112

Q48 すでにある折り方を真似してパッケージを作っていいのですか？ ………… 114

Q49 Ⓒ（マルシー）マーク（記号）をつけないと著作権法で保護されないのですか？ ………… 116

Q50 企画書やプレゼンテーション資料に著作権はありますか？ ………… 118

Q51 途中でデザイナーが変わった場合、著作権は元のデザイナーにあるのですか？ ………… 120

Q52 自分の写真が複製されてプレゼンだけに使われた場合、使用料を請求できますか？ ………… 122

Q53 クライアントのアイディアを参考に広告を製作した場合著作権はクライアントにあるのですか？ ………… 124

Q54 自分の作品が他者の作品に偶然似ていた場合、著作権侵害になりますか？ ………… 126

Q55 デザインをクライアントに二次使用された場合、契約書がないと使用料を請求できないのですか？ ………… 128

Q56 共同で制作した作品の著作権は全員にあるのですか？ ‥130

第3章　判例紹介

監修／大井法子　執筆／久野寧子

クリエイターなら知っておきたい10の判例 ………… 134

01 パロディ・モンタージュ写真事件 ………… 136

02 祇園祭ポスター写真「水彩画」模写事件 ………… 138

03 東京アウトサイダーズ「スナップ写真」無断使用事件… 140

04 ポパイ・ネクタイ事件 ………… 142

05 交通安全スローガン（標語）の類似事件 ………… 144

06 顔真卿自書建中告身帖事件 ………… 146

07 「図説江戸考古学研究辞典」の著作権侵害事件 ………… 148

08 照明カタログ「書」複製事件 ………… 150

09 藤田嗣治絵画複製事件 ………… 152

10 イラストの無断転用事件 ………… 154

巻末資料1 著作権法（平成22年度版） ………… 157

巻末資料2 契約書サンプル ………… 193

索引 ………… 200

第1章
著作権とは？
著作権入門編
赤田繁夫

著作権法の目的
著作権法が存在する理由

文芸や学術、美術、音楽作品などの著作物の著作者の権利を保護するための法律が著作権法です。自分が創作した作品が他人に勝手に利用されることを保護すると共に公益のための円滑な利用も保証しています。著作物は利用されることにより財産的な価値が生じます。また著作物はそれを創作した著作者の全人格が反映されたものですから、財産的権利の保護とともに著作者の人格的権利の保護を図ることも重要で、それらの内容を定めているのが著作権法です。

著作者に認められる権利が著作権ですが、この権利は無制限に著作者本人の自由に委ねられているわけではありません。芸術的、知的な創作活動の産物は人々の生活を潤し、豊かにします。すべての人は先人の文化的成果を学び、吸収することにより、新たな価値ある作品を創造し、次の世代へと引き継いでいきます。この意味で著作物という文化的所産は、著作者個人のものであると同時に人々の共通の文化遺産という性格を有します。

文化を維持、発展させていくためには著作物が社会において円滑に利用されることが必要であり、このため、例えば学校教育のための複製使用など特定の場合には自由利用を認めるなどの著作権者と利用者の間の調整規定がいろいろと定められているのが著作権制度の特徴でもあります。

特許権などの産業財産権と共に著作権は知的財産権と呼ばれていますが、文化的な公共財であるということから、財産権である著作権の存続期間（保護期間）には特許権等と同様に制限があり、一定の期間を経過すれば権利は消滅し、公有となります。

著作権法は技術の発展や社会の動きに対応し、随時、改正が加えられています。

第1章 著作権入門編

著作物とは

アイディア、イデオロギー、ノウハウ、着想、思いつきというような思想、喜怒哀楽、好悪などの感情を創作的に、文芸、学術、美術、音楽の範囲に属する作品として表現したものが著作物です。創作的とは高度な独創性、創造性が要求されているわけではなく、他人の作品を模倣していないということが大事で、そのハードルは、一般的には高いものではないとされています。誰が表現しても同じような表現にならざるを得ないようなものは、

■ 身の回りにある著作物と著作物ではないもの ～あるデザイン事務所の風景より～

地図
図形の著作物

絵画のポスター
美術の著作物

写真
写真の著作物

書籍
書籍の中身、小説・詩集などは言語の著作物。外側のカバーがイラストや写真の場合、それぞれ美術の著作物、写真の著作物

東京タワー
東京タワーが著作物かどうかは議論が分かれるが、建築の著作物として保護される建築物もある

花瓶
大量生産の実用品であれば著作物性は低いが、一品制作の美術工芸品は美術の著作物

タウンページ（職業別電話帳）
編集著作物。しかし構成している素材自体（電話番号などの情報）は著作物ではない（P.009参照）

いす
花瓶同様、大量生産の実用品であれば著作物性は低いが、一品制作の美術工芸品は美術の著作物

創作性はなく著作物性は認められません。
重要なことはアイディアと表現を区別することです。新たな学習法、練習法というアイディア、ノウハウそのものは、著作権の保護対象ではなく、それを表現した文章、イラスト、映像が著作物として保護されるのです。
工業製品は著作物ではありません。大量生産の実用品も著作物ではありませんが、その実用品に施されているものが著作物であれば、それは保護の対象となります。

応用美術（実用品や量産品に応用されている美術）、ロゴタイプ、ロゴマークの著作権がしばしば問題となります。創作性のハードルは一般的には高くないと申しましたが、裁判所は、これらの美術的作品の著作物性の評価については"独立して美的鑑賞の対象たり得るか"を吟味し、多くの場合、著作物性を否定しています。

パソコン
パソコンそのものは著作物ではないが、パソコンを動かすOSなどのコンピュータ・プログラムはプログラムの著作物

広告ポスター
2人以上が共同で作ったものは共同著作物（P.009参照）。ただし、ロゴマーク、短いキャッチコピーそのものは、著作物性が否定されることが多い

DVD
収録されている映像などは映画の著作物。パッケージがイラストや写真の場合、それぞれ美術の著作物、写真の著作物

CD
収録されている音楽は音楽の著作物。パッケージはDVDと同様

オーディオ
オーディオ・カメラ・パソコン・携帯電話など量産されている電化製品は著作物ではない

マグカップ
大量生産の日用品ならば著作物ではないが、花瓶同様、一品制作のものは美術の著作物

キャラクターTシャツ
Tシャツそのものは著作物ではないが、キャラクターの絵柄は美術の著作物。文字を図案化したロゴタイプは著作物性が低い

ラフスケッチ
アイディア自体は著作物ではないが、それを具体的にイラスト・図表で記したものは美術の著作物あるいは、図形の著作物

著作物の種類

言語の著作物
小説、脚本、論文等文字で表現されているもののほか、講演も含まれる。

音楽の著作物
歌詞、楽曲。ただし、詩・詞は言語の著作物でもあり得る。

美術の著作物
絵画、版画、彫刻、美術工芸品、書、イラスト、マンガ等。応用美術作品も美的鑑賞の対象となり得るものは美術の著作物。

建築の著作物
特色のある建築物を保護するもので、普通の住宅、建築物は保護の対象外。

地図、図面、図表、模型その他の図形の著作物
地図のほか設計図面など学術的な図面、図表、模型等。設計図に従いものを作り上げることではなく図面の複製などの保護。

映画の著作物
連続する影像、影像と音の固定物。いわゆる映画の効果に類似する視覚的、視聴覚的効果を生じさせるものを含む。ゲーム機やパソコンの画面に表現される動く映像も映画である。固定が要件とされる唯一の著作物。映画を固定する媒体は、フィルム、DVD、HDD等種類を問わない。

著作権とは

写真の著作物

銀塩写真、デジタル写真。

プログラムの著作物

コンピュータ・プログラム。学術的、芸術的作品を保護する著作権制度にあってやや異質だが、世界的に著作物としての保護を認めている。

舞踊、無言劇の著作物

振り付け。

以上は著作物の例示であり、著作物の種類はこれに限定されない。例示以外のものであっても、それが著作物の定義に該当するものであればそれは著作物である。

二次的著作物

著作物を翻訳、編曲、変形または脚色、映画化その他翻案した著作物。変形の例：写真の彫刻化、翻案の例：小説の紙芝居化、映画の小説化。

編集著作物

編集物でその素材の選択又は配列に創作性のあるもの。素材が著作物ではない数値データのようなものであってもその選択・配列に創作性があれば編集著作物となる。

データベースの著作物

論文、数値、図形その他の集合物でそれらの情報をコンピュータにより検索可能なように体系的に構成したもの。

共同著作物

2人以上の者が共同して創作した著作物で、各人の寄与を分離して個別的に利用することができないもの。

著作者と著作権者

著作物を創作した人が著作権を取得する

著作者とは著作物を創作する者のことで、著作者がごく自然に、何の手続きも要せず本源的に自分が創作した著作物の著作権（後述する著作者人格権および財産権としての著作権）を取得します。これを著作権の原始的帰属ともいいます。

著作物の制作のための経費を負担したことと創作行為は別のことで、創作者である著作者が権利者です。

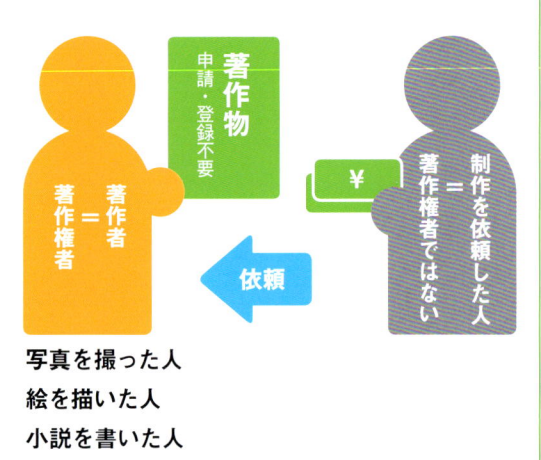

写真を撮った人
絵を描いた人
小説を書いた人

例外1

法人（団体）の従業員が創作した著作物

法人等（一般団体を含む）の従業員がその使用者の発意に基づき、職務上作成する著作物で、法人等の著作名義で公表する著作物の著作者はその法人等となります。実際に作成した従業員ではなく、その法人等を著作者とするのですから、著作者人格権も財産権も法人等に帰属します。もっとも、就業規則その他で別の取り決めがあれば、そちらが優先します。

法人の従業員が職務上作成する著作物の場合
法人が著作者となる

例外2
映画の著作物

映画の著作者は、制作・監督・演出・撮影・美術等を担当してその映画の著作物の全体的形成に寄与した者（映画の原作や脚本、映画に使用されている音楽その他の著作物の著作者を除く）とすると著作権法は定めています。しかし同時に、その著作者である監督やカメラマン等が、映画会社からの映画を作らないかとの呼びかけに応じたとき、すなわち映画製作に参加を約束したときは、映画の著作権は著作者ではなく、映画の製作に発意と責任をもつ映画製作者に帰属すると定めています。これを映画著作権の法定帰属と呼んでいます。映画製作者は多くの場合映画会社でしょうが、もちろん個人の場合もあり得ます。

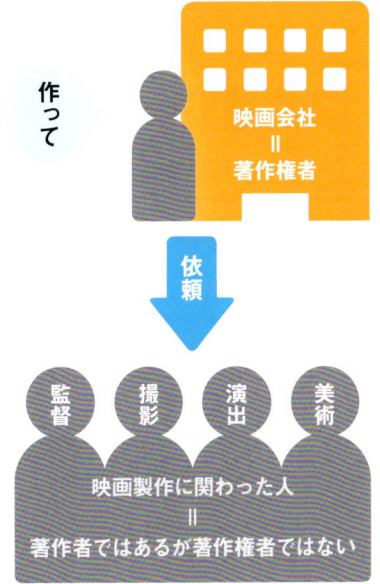

権利の譲渡

著作権は財産権ですから、契約により譲渡可能です。制作のための経費を負担した出資者が著作権を取得したいと考えるのであれば、著作者とその旨の契約が必要です。著作者人格権は一身専属で譲渡不能です。すなわち、その著作者に固有の権利であり、人格権ですから、その人から分離して他人が行使することはできず、死亡した場合、財産権と異なり相続の対象ともなりません。

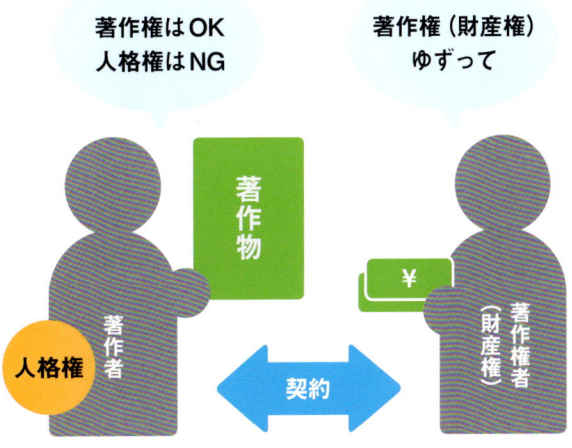

著作権の内容

著作者人格権（著作権法第18条〜20条）

公表権（18条）	著作者が、公表の時、手段、方法を決定する権利 著作者の同意がなければ公表できない
氏名表示権（19条）	著作物の公表に際し、著作者の氏名を表示するかしないか、実名か変名かを決定する権利
同一性保持権（20条）	著作物の内容、表現、題号を著作者の意に反して変更、切除されない権利
著作者人格権侵害とみなされる行為（113条6項）	著作者の名誉、声望を害する方法により著作物を利用する行為

著作権（著作財産権）（著作権法21条〜28条）

複製権（21条）	複製を認める権利 複製とは、印刷、写真、複写、録音、録画その他の方法で有形的に再製すること　手書きも含む 多少の修正、増減、変更があっても、原著作物が再製されていると覚知されれば複製
上演権、演奏権（22条）	公の上演、演奏を認める権利
上映権（22条の2）	映画やその他の著作物を映写幕等に公に映写する権利
公衆送信権、送信可能化権（23条）	公衆に向けて無線または有線通信により著作物を送信する権利（インターネットのように自動公衆送信の場合は、実際に送信が行われなくても、送信を可能にすることを含む）
公の伝達権（23条2項）	公衆送信を受信して、それを公衆に伝達する権利
口述権（24条）	言語の著作物を公に口述する権利
展示権（25条）	美術の原作品、未発行の写真の原作品を公に展示する権利 複製物には適用なし
頒布権（26条）	映画の複製物を有償、無償を問わず、公衆に譲渡または貸与する権利
譲渡権（26条の2）	映画以外の著作物を公衆に譲渡する権利　この権利は最初の譲渡についてであり、一度譲渡されるとその後の譲渡には権利は及ばない
貸与権（26条の3）	映画以外の著作物を公衆に貸与する権利
翻訳権、翻案権等（27条）	著作物を翻訳、編曲、変形、映画化、その他翻案する権利
二次的著作物の利用権（28条）	二次的著作物の利用について、その原作品の著作権者は二次的著作物の権利者と同様の権利を有する

権利の制限・自由利用（著作権法第30条～50条）

※以下の表示項目は2018年2月現在のものですが、現在、数項目の新たな制限規定（例えば、著作物情報の所在検索の場合、結果表示に著作物の内容の一部を表示すること等）が政府部内で検討されており、2018年中にも法改正が行われる見込です。

公共財としての性質も有する著作物の公正な利用を図るために、著作権法は、限定的に特別な場合について著作権を制限し、自由な利用を認めています。以下の制限規定により自由利用できる場合でも、著作者人格権は制限を受けません。人格権を侵害することのないよう留意が必要です。制限規定に従い著作物を利用する場合には、目的外使用の禁止、出所の明示義務が利用の方法に応じて定められています。この表は著作権法の定める内容を簡略して表現していますので、実際に利用する場合は、法律条文を参照するようにしてください。

私的使用のための複製（30条）	・私的にまたは家庭内など限られた範囲内での使用を目的とする場合はその使用する者が複製することができる 　デジタル特定機器・媒体による場合は権利者への補償金（販売価格に含む）の支払いが必要 ※私的複製でも次の場合を除く ・不法複製物であることを知りながら、インターネット上の著作物の録音録画 ・自動複製機器（文書図画用を除く）を利用しての複製 ・コピー防止等の技術的保護手段を回避しての複製の場合
付随対象著作物の複製（30条の2）	写真撮影、録音、録画に伴ういわゆる写りこみ著作物の複製・翻案
検討の過程における利用（30条の3）	著作物利用の検討過程における複製等
技術開発のための試験目的利用（30条の4）	録音録画機器等の技術開発のための複製等
図書館等における複製（31条）	利用者への著作物の一部分の提供、資料保存のための複製
国会図書館における複製（31条2項）	保存資料の電子化、インターネット資料の収集保存（42条の3）
国会図書館の自公衆送信等（31条の3）	絶版資料の国会図書館による図書館への配信、受信した図書館における複製サービス
引用（32条）	公正な慣行に従い、正当な範囲内での他人の著作物の引用
広報資料等の転載（32条2項）	国、地方公共団体等の広報・統計資料等の転載
教科書への掲載等（33条、33条の2）	著作者への通知と権利者への補償金支払いを条件とする
学校放送番組等（34条）	学校教育番組の放送、番組用教材への掲載
教育機関における複製等（35条）	授業の過程で使用するための教師、生徒、学生による複製等
試験問題としての複製等（36条）	学識技能の試験、検定試験問題のための複製 営利の場合は補償金の支払いを要す
視聴覚障害者のための複製等（37条、37条の2）	点字化、音声化、文字化その他必要とされる方式での複製とそのデータの自動公衆送信、テレビ放送の字幕送信等
非営利上演等（38条）	非営利、無料、無報酬の場合の上演、音楽演奏、映画上映、口述 非営利無料の貸与（映画を除く）等
時事に関する論説の転載等（39条）	時事問題に関する論説の転載、放送等

著作権の内容

政治上の演説（40条）	政治上の演説、裁判における公開の陳述の利用
非政治上の演説（40条2項）	国、地方公共団体等における公開の演説等の転載、放送等
時事の事件の報道（41条）	事件を構成する著作物の報道のための利用
裁判手続等における利用（42条）	裁判手続、立法・行政目的の内部資料、特許・薬事行政手続のための複製
情報公開法による開示（42条の2）	情報公開法等による著作物の提供、提示のための利用
公文書管理のための複製等（42条の3）	公文書管理法等に基づく複製、その他の利用
特定の場合の翻訳、翻案等（43条）	私的使用、学校教育等の場合の翻訳、翻案等
放送のための一時的固定（44条）	放送（有線放送）事業者による放送のための一時的録音録画
美術作品等の所有者による展示（45条）	美術作品、写真の原著作物の所有者による展示 屋外の場所に恒常的に設置する場合は権利者の同意を要す
公開の美術の著作物の利用（46条）	屋外の場所に恒常的に設置されている美術の著作物および建築の著作物は方法を問わず利用可　ただし、次の場合を除く ・彫刻の増製、譲渡 ・建築物の建築による複製、譲渡 ・屋外の場所に恒常的に設置するための複製 ・専ら美術の著作物の複製物の販売を目的とする複製・販売
展覧会の小冊子への掲載（47条）	観覧者のための作品解説、紹介目的の小冊子への展示作品の掲載
美術、写真作品の譲渡等の場合の複製（47条の2）	美術、写真の著作物の原作品または複製物の所有者がそれらを譲渡（オークション形態など）、貸与する場合の作品紹介のための画像の複製、公衆送信
プログラムの所有者の複製（47条の3）	所有者による必要と認められる限度での複製
保守修理目的の一時的複製（47条の4）	記録媒体内蔵機器の保守・修理に伴う保存されている著作物の一時的複製
送信障害防止のための複製（47条の5）	インターネットサービス事業者による通信円滑化目的のバックアップのための複製
送信元情報検索目的の複製（47条の6）	情報検索サービスのためのウエブページの複製等
情報解析のための複製（47条の7）	電子計算機による情報解析のための情報の蓄積
電子計算機利用に伴う複製（47条の8）	電子計算機内部の処理過程における複製
ネット上の情報提供円滑化のための記録（47条の9）	クラウドサービス等におけるデータ処理円滑化のための記録媒体への記録・翻案

権利の発生と消滅

著作権は著作物の創作により発生し、その著作者に帰属します。特許権等の産業財産権と異なり登録とかどこかに届け出る等の手続きは、一切不要です。これは世界的に共通な制度で、これを無方式主義と呼びます（©マークについてはQ49参照）。

著作権の存続は、著作物の創作の時から始まり、一定の期間が経過することにより消滅します。この保護期間は、条約の基準により、各国が自国の法律により制定します。わが国では著作者の死後50年が原則ですが、欧米では死後70年が一般的であり、日本でも延長すべきか否かが議論されてきましたが、保護期間70年を加盟国に義務付けるTPP（環太平洋パートナーシップ）協定が2016年2月に成立。日本は協定実施のための関連法律の整備に関する法律を2016年12月に制定し、TPPの発効時点で保護期間50年のものは70年に改正されることとなりました。ところが2017年1月、米国新大統領がTPPからの離脱を宣言したため、米国を除く11ヶ国で協定の修正を検討し2017年11月に大筋合意に達したと発表されました。しかし、新協定案（TPP11）では著作権保護期間70年の規定は凍結とされ、保護期間の延長がいつ実施となるか、2018年2月現在では不明です。

日本

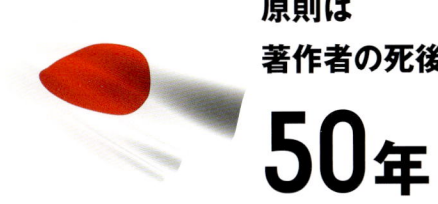

原則は
著作者の死後
50年

欧米

原則は
著作者の死後
70年

保護期間

現在のわが国の保護期間は、次のとおりです。
原則的保護期間：著作者の死後50年
共同著作物：最後に死亡した著作者の死後50年
無名・変名の著作物：公表後50年
周知の変名や実名を公表した場合は実名の著作物として、原則的保護期間である死後50年
団体名義の著作物：公表後50年
（創作後50年以内に公表されなかった場合は創作後50年）
映画の著作物：公表後70年
（創作後70年以内に公表されなかった場合は創作後70年）

保護期間の計算は、死亡や公表の日にちではなく、その日が属する年の翌年から起算します。すなわち、すべて翌年の1月1日から起算し、期間満了の年の12月31日に権利は消滅します。

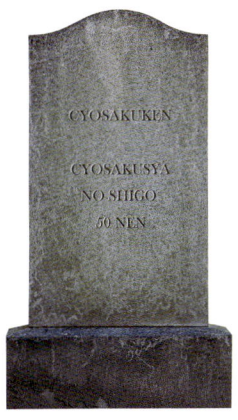

原則は
著作者の死後
50年

例外的保護期間

写真・映画の場合

写真、映画に限らず、法律改正により保護期間が延長された場合、その改正が施行される前にすでに著作権が消滅したものにはその改正は遡及して適用されません。上記のとおり写真は撮影者の死後50年、映画は公表後70年の保護期間ですが、次のような特別な事情があります。

写真の著作物

かつて写真の著作権の保護期間は発行後10年でした。1967（昭和42）年から10年が12年、13年と暫定的に延長され、昭和45年の法律改正により公表後50年となり、さらに1996（平成8）年改正で著作者（写真撮影者）の死後50年となりました。このように保護期間の延長措置がとられたのは、1967（昭和42）年からです。したがって、1956（昭和31）年発行（公表）の写真は昭和41年末に当時の10年の保護期間が満了しているため、その翌年の1967（昭和42）年7月27日から施行された2年間の延長措置は適用されません。昭和32年発行（公表）の写真の保護期間は、著作権の存続期間中である1967（昭和42）年7月の制度改正により10年が12年に延長され、さらにその後の改正により現在は写真の著作者の死後50年間となっています。1956（昭和31）年までに発行（公表）された写真の著作権は、わが国において消滅しています。

映画の著作物

映画の保護期間を公表（公開）後50年から70年に延長する2003（平成15）年改正が施行されたのは2004（平成16）年1月1日からでした。このため2003年12月31日に公表後50年が経過した映画には延長が適用されません。1953年に公開された映画「ローマの休日」などが話題になりました。

ただし、1953年以前に公表された映画であっても、1970（昭和45）年以前製作のものは、旧著作権法の制度により映画の著作者が団体ではなく個人である場合は映画の著作権の保護期間は映画の著作者の死後30年（その後38年に延長）であり、現行法制定時の経過措置により、その期間が公表後50年より長い場合は長い期間を適用すると定められています。これが適用されたケースとしては、チャップリンや黒沢明監督の事例があります。

映画の公開後 **70年**

戦時加算

第二次世界大戦で敗れた日本はサンフランシスコ平和条約で、戦時期間中、日本は連合国の著作権を保護しなかったとされ、その期間を通常の保護期間に加算して保護することが義務づけられました。これが戦時加算です。1941（昭和16）年12月8日の開戦から1945（昭和20）年8月15日の終戦を経て平和条約が発効し占領が終了した日の前日1952（昭和27）年4月27日までが戦時期間です。ただし、この期間は相手国が条約を批准した日により相違があります。

1952（昭和27）年4月28日に効力が生じた米、英、仏、加、オーストラリア等は3794日、約10年4か月20日ですので、1941（昭和16）年12月7日に著作権が存在していたものは、50年プラス10年4ヶ月20日すなわち60年と4ヶ月20日の保護期間となります。オランダは3844日、ベルギー3910日、ギリシャ4180日などとなっています。

戦前に著作権保護の条約関係もなく、サンフランシスコ条約に参加しなかった中国、ロシア（旧ソ連）については、戦時加算はありません。P.027参照。

国際的保護

著作権保護に関する国際条約は、ベルヌ条約、万国著作権条約（ユネスコ条約）、WTOのTRIPS協定、WIPO条約等いろいろありますが、基本となる条約がベルヌ条約（文学的及び美術的著作物の保護に関するベルヌ条約）です。著作権関係条約に加盟していない国はイラン、イラク、アフガニスタンほか数カ国で、ほとんどすべての国・地域と日本は条約関係にあります。

条約加盟国は相互に他国の著作物を内国民待遇により保護する義務を負います。これにより、日本では内外の著作物を日本の著作権法により保護すればよいことになり、外国作品の利用に際し、その外国で著作物を利用するような特別の場合をのぞき、その国の法律を調べる必要はありません。

内国民待遇の例外として、保護期間の相互主義があります。これは、他国の保護期間が自国より短い場合は、自国の長い期間による必要はなく、その国の保護期間を適用すればよいというものです。たとえばEU諸国は死後70年ですが、日本は現在50年間しか保護しませんからEU諸国は日本の著作物の保護を50年で打ち切ってもよいことになります。逆に日本より短い国の著作物は日本ではその短い期間だけ保護すればよいのですが、そのような国は、ウルグアイの40年、ヨルダン30年、アルジェリア、タンザニアの25年などのごく少数の国に限られます。

著作隣接権

著作権法は、著作者の権利のほかに、実演家、レコード製作者、放送・有線放送事業者の権利についても定めています。実演家は演劇や音楽等を演じ、演奏する者、レコード製作者は音楽その他の音を最初に固定する者、放送・有線放送事業者は公衆向けに無線通信により同一内容の同時送信を行うもので、いわゆる放送局、ケーブルテレビ局が該当します。これらの者の行為は、著作物を創作するのではないが著作物の伝達に寄与していることを評価し、その権利を著作権に隣接する権利として保護を認めています。

本書の性格上、隣接権の権利内容の説明は省略しますので、関心のある方は他書を参考にしてください。

知的財産を守る その他の法律

特許法
「発明」の保護。権利の存続期間は特許庁への出願後20年。

実用新案法
物品の形状、構造または組み合わせにかかる考案の保護。保護期間は出願から10年。

意匠法
物品の形状、模様もしくは色彩またはこれらの組み合わせで、美感を感じさせる商品デザインの保護。
保護期間は登録から20年。

商標法
文字、図形、記号、立体的形状もしくは色彩、又はこれらの結合、音その他政令で定めるものであって、商品やサービスに伴い使用されるマークの保護。権利の存続期間は登録後10年。
更新登録が認められるので半永久的な保護が可能。P.099参照。

不正競争防止法
以下の行為を不正競争として、その行為を規制しています。

混同惹起	他人の商品や営業の表示として広く知られている氏名、商号、商標、商品の容器、包装等（商品等表示）と同一または類似のものを用いて、他人の商品または営業と混同を生じさせる行為
著名表示冒用	他人の著名な商品等表示と同一または類似のものを使用する行為
形態模倣	他人の商品の形態を模倣する行為
営業秘密の不正取得等	営業秘密の不正取得、使用、開示の行為
技術的手段の回避	アクセスやコピーの技術的制限手段を回避する機器の提供行為
ドメイン名の不正使用	ドメイン名の不正取得、使用行為
虚偽表示	商品の原産地、品質、内容、製造方法、用途、数量等について誤認させるような表示行為
信用毀損	競争関係にある他人の信用を害する虚偽の事実を流布する行為
商標無断使用	代理人による外国商標の無断使用行為

第2章

著作権 Q&A

回答 / 赤田繁夫・上野善弘
取材・構成 / 久野寧子

イラスト・絵画・図版	写真・画像	建造物・屋外の作品	タイトル・コピー	デザイン・レイアウト
P.020〜	P.046〜	P.074〜	P.080〜	P.098〜

※本文中の（●●条）は著作権法の条文です。
※【作品例】とある広告は実際の広告ではありません。Qの具体的なイメージを喚起するための例として作成したものです。
※Qの文中にある「使っていいのですか？」「使用していいのですか？」「作っていいのですか？」という文言は無許諾・無対価によることを前提としております。予めご了承ください。
※実際の著作物の使用に関する、許諾の要否等の判断は、使用する著作物・使用方法などにより異なる場合があります。Aを参考に各自の責任において判断してください。

第2章 著作権Q&A

竹久夢二のイラストを
広告に使っていいのですか？

イラスト 絵画・図版

写真・画像

建造物・屋外の作品

タイトル・コピー

デザイン レイアウト

【作品例】竹久夢二「婦人グラフ」表紙イラストを使用した広告

著作権法で定められている著作権の保護期間が
満了しているので、自由に利用できます。

※ただし、著作権には著作財産権と著作者人格権があり、著作者人格権は、著作権の消滅後も侵害するような行為は禁止されていますので配慮が必要です。

広告などに既存の作品を使いたい場合、著作権法上の大原則は、著作物の著作権の保護期間である著作者の死後50年、無名・変名・団体名で公表された著作物は公表後50年（映画の場合は公表後70年）経っていれば著作権は消滅するので、自由に使えることになっています。竹久夢二の絵に限らず、保護期間を過ぎれば写真でも彫刻でも、映画の著作物でも利用でき、創作の幅を広げることができます。著作権は著作権法で保護される一定期間の保護期間が定められています（51条）。これは、誰もが先人の創作物の恩恵を受けて創作しているので、著作物は著作者個人のものであると同時に、一定の保護期間を経過したものは社会全体の共有財産とし、文化を維持発展させていくため、円滑に利用されることが必要と考えられているからです。

保護期間は原則として著作者本人の生存期間＋死後50年間です。計算を簡単にするため、著作者の死亡後、著作物の公表後、すべてその年の翌年1月1日から起算します。竹久夢二は、1934（昭和9）年9月1日に死亡しているので、その翌年の1935（昭和10）年1月1日から起算して50年後の1984（昭和59）年12月31日で保護期間が満了。翌年1985（昭和60）年1月1日午前0時から、原則的にすべての作品が自由に使えるようになっています。

ただし、保護期間が満了しても、著作権法では著作者人格権を侵害するような行為は禁止されています。基本的に人格権は著作者固有の権利であり、本人の死亡とともに消滅しますが、著作者が生きていれば著作者人格権の侵害になるような行為はしてはならないということです（59条・60条）。著作者人格権の違反行為に対して、一定の遺族（原則的に孫の代まで）は使用差し止め等の民事的な対抗手段を執ることができます（112条・114条・115条・116条）。

尚、著作権が消滅している作品であっても、その所蔵者（所有者）から使用の許諾や使用料を求められる場合があります。これは著作権とは関係ありませんが、所蔵者との円滑な協力関係を保ち、制作を進める上で、むげに断れない実情があります。

ATTENTION!

著作権の保護期間（大原則として著作者の死後50年）が満了した著作物は誰でも自由に利用できますが、著作者人格権を侵害するような行為は禁止されています。また、著作権とは関係ありませんが、場合によっては著作物の使用に際し、所蔵者の理解を得る必要があるのも実情です。

関連事項

公表時起算の著作物

1. 無名・変名の著作物
無名または変名の著作物の著作権は、公表後50年で満了します。ただし、保護期間満了前に、その著作者の死後50年を経過していると認められる無名または変名の著作物の著作権は、著作者の死後50年を経過したと認められる時において、消滅します（52条）。

2. 団体名義の著作物
法人その他の団体名義の著作物の著作権は、公表後50年で満了します。ただし、その著作物が創作後50年以内に公表されなかった著作物は、創作後50年で満了します（53条）。

3. 映画の著作物
映画の著作物の著作権は、公表後70年で満了します。ただし、創作後70年以内に公表されなかった著作物は、創作後70年で満了します（54条）。

4. 継続的刊行物等の公表の時
逐次刊行物、編集著作物、連載小説など、冊、号、回を追って公表する著作物の公表の時は、毎冊、毎号、毎回の公表の時によるものとします。ただし、一部分ずつを逐次公表して完成する著作物については、最終部分の公表の時によるものとします。尚、この場合、継続すべき部分が直近の公表から3年を経過しても公表されない時は、すでに公表されたもののうち最終の部分を最終の公表時とみなします（56条）。

著作者人格権

著作者には財産的な権利を保護する著作財産権と著作者の人格的な権利や利益を保護する著作者人格権（公表権、氏名表示権、同一性保持権）があります。著作権（財産権）は、その一部や全部の譲渡や相続は可能ですが、人格権は著作者本人だけが持つ権利で、譲渡や相続はできません（一身専属）。人格権は著作者の死亡と同時に消滅しますが、著作者の死後も著作者の人格を侵害するような行為は禁止されています（59条・60条）。
〈公表権〉著作者が、著作物を公表するかしないか、するとすればその時期、手段、方法を決定する権利（18条）。〈氏名表示権〉著作者が、著作物を公表する時、著作者の氏名を表示するかしないか、実名か変名かを決定する権利（19条）。〈同一性保持権〉著作物の内容、表現、題号を、著作者の意に反して、変更、切除など勝手に改変されない権利（20条）。尚、著作者の名誉又は声望を害する方法によりその著作物を利用する行為は、著作者人格権を侵害する行為とみなされます（113条6項）。

関連リンク　著作権法の目的 ⇒ P.005　著作者人格権 ⇒ P.012　保護期間 ⇒ P.015　例外的保護期間 ⇒ P.016
所有権・使用収益権 ⇒ Q14・Q15・Q17・Q22・Q29　映画の保護期間 ⇒ Q19・Q20　写真の保護期間 ⇒ Q21

Q2 出版物に掲載されている尾形光琳の作品をDMに使っていいのですか？

【作品例】尾形光琳「燕子花図屏風」を使用したDM

A. 尾形光琳の著作物の著作権は保護期間が満了していますので、作品そのものや複製写真であれば自由に利用できます。

※ただし、作品の写真が複製写真ではなく、著作権法で保護される写真の著作物である場合は、著作権者の許諾が必要です。

江戸時代に活躍した尾形光琳は1716年に死亡しているので、すでに保護期間は満了し、著作権は消滅しています。したがって作品そのものは自由に利用できます。ただし、出版物に掲載されている作品の多くは撮影されたものなので、写真によっては撮影者に著作権が発生している場合があります。写真は被写体が平面か立体かによって著作物性の有無が異なりますので、写真の著作物性を確認する必要があります。著性物性のある写真の場合、事前に著作権の保護期間（撮影者の死後50年）を確認する必要があります。

作品例のように、被写体が尾形光琳の「燕子花図屏風（かきつばたずびょうぶ）」など平面の絵画を忠実に撮影した写真であれば、複写機で正確にコピーするのと同じと考えられ、新たな創作性が付加された著作物としては認められていません。これは、カメラのメカニズムを利用して被写体を忠実に再製した複製写真なので、撮影者の許諾を得なくても使用できます。

一方、彫刻など立体的な作品を撮影した写真は、写真の著作物として著作権が撮影者に帰属します。これは、撮影者が被写体を選び、撮影時刻・レンズの選択・露光・陰影の付け方・シャッター速度の設定・現像の手法に至るまで工夫し、著作権法第2条1項1号で示される「思想又は感情を創作的に表現」している著作物なので、撮影者に著作権が発生するからです。したがって、写真の著作物の著作権が保護期間内であれば、写真の著作権者である撮影者の許諾を得る必要があります。

尚、著作権の保護期間を満了している著作物や複製写真は自由に利用できますが、作品の所有者から料金を請求される場合があります。所有物を撮影させてもらったり、ポジフィルムを借り受けたりする場合であれば当然の経費です。しかし、そのようなことがないにもかかわらず利用料などの料金を請求される場合もあり得ることです。所有者（所蔵者）との円滑な協力関係を保つためには、これらの請求を断り難い実情があります。

また、出版物に掲載された写真の利用に際し、出版者への許可を必要とするかどうかという問題があります。出版社は、出版物の組版面の利用については出版者に権利が認められるべきだと主張していますが、現在のところこの権利は法制化されていないため、著作物の写真を利用する場合、出版者への許諾や出典の明示などは必要ないとされています。

ATTENTION!
著作権の保護期間が満了している著作物は自由に利用できますが、著作物を撮影した写真を使用する際には、撮影者に著作権がある場合がありますので、保護期間と共に写真自体の著作物性の有無を確認する必要があります。また、著作権とは関係ありませんが、利用に際して所有者（所蔵者）の理解を得る必要があるのも実情です。

関連事項
写真の著作物性
尾形光琳の「燕子花図屏風」の絵の部分をまったく平面的に撮影した複製写真は著作権で保護される著作物ではありませんが、その屏風を立体的に撮影した写真は著作物として著作権が発生します。ただ、一見、平面なのか立体なのか判断しかねる微妙な角度がついている場合は、その著作物性についても微妙に見解が分かれる場合がありますので、慎重に対応する必要があります。また、被写体が立体であっても、証明書用の肖像写真（証明写真）などは著作物として認められていません。それが著作物として認められる場合は、「肖像写真であっても、被写体のもつ資質や魅力を最大限に引き出すため、被写体にポーズをとらせ、背景、照明による光の陰影あるいはカメラアングル等に工夫をこらすなどして、単なるカメラの機械的作用に依存することなく、撮影者の個性、創造性が現れている場合には、写真著作物として、著作権法の保護の対象になると解するのが相当である」（タレント肖像写真事件・東京地裁1987（昭和62）年7月10日）とされています。

関連リンク　著作物とは ⇒ P.006　例外的保護期間 ⇒ P.016　複製写真 ⇒ Q17　写真の保護期間 ⇒ Q21　判例06

Q3 絵画・イラストを アレンジして使っていいのですか？

【作品例】葛飾北斎「富嶽三六景 神奈川沖浪裏」をアレンジし使用した広告。
著作権の保護期間が満了しているためアレンジして使用できます

元の絵

A. 著作権の保護期間が満了している作品であれば アレンジして利用できます。

※ただし、著作権が存続している著作物は、権利者に無許諾でアレンジ（改変）すると、複製権・翻案権、著作者人格権（同一性保持権）の侵害になります。また、著作権が消滅している場合でも、著作者人格権を侵害するような行為は禁止されていますので配慮が必要です。

広告などに古い絵画などを利用する場合、そのままではなく、少し手を加え、アレンジして使いたいと考えることがあります。著作権の保護期間が満了している著作物であれば、原則として自由にアレンジ（変更・切除などその他の改変）して利用できますが、著作権が存続している場合は、著作権者に許諾を得る必要があります。

著作権には著作者人格権のひとつ「同一性保持権」があります（20条）。これは、自分の著作物の内容（または題号・題名）を自分の意に反して、勝手に変更、切除、その他の改変を受けない権利です。したがって、著作物の保護期間（著作者の死後50年）を満了していない著作物は、著作者の同意を得ずにアレンジして使用すると同一性保持権の侵害になります。ただし、保護期間が満了しても、本人が生きているとしたら嫌がると思われるアレンジや名誉を傷つけるような行為は禁止されています（59条・60条）。元の著作物のイメージダウンになるかならないかという判断は、微妙な部分もありますので、慎重に対応する必要があります。

関連事項
イラストの著作物性とその著作者「日本の城の基礎知識事件」

「日本の城の基礎知識」（1990〈平成2〉年雄山閣発行・以下本書）に掲載された城のイラストとそっくりなイラストが、「城と城下町見方講座」（1991〈平成3〉年学文社発行）に無断で掲載されたことに対して、本書の著者およびイラストの著作権者でもある原告が著作権侵害などで学文社を訴えた事件です。東京地裁において、学文社は、原告のイラストには考古学などによる公知性があり、創作性や独創性はないとして、その著作物性を否定し、複製の正当性を主張しました。しかし、東京地裁は、「歴史上の建物、集落、各種のチャシ、城の建設工事等を概念的に描いた想像図であり、そこには作者の歴史学、考古学等についての学識に基づいて、描かれた対象の特徴をわかりやすく表現する創意が看取でき、著作物と認めることができる」と示した上、原告のイラストと構図その他が極めて似ていることから、学文社のイラストは原告のイラスト（想像図）に依拠して描かれていると判断。複製権・氏名表示権・同一性保持権の侵害という判決が下りました。

本裁判では、原告のイラストの著作物性および〈城〉の定義も大きな争点でしたが、イラストの著作権者は誰かということも示されました。すなわち、イラストは、原告の下図に基づき、原告の指示の下にイラストレーターが作成したものであるから、このイラストは原告の著作物である、と明示されました。つまり、原告がイラストレーターに細かく指示を出し、イラストレーターがいわば清書をして完成したイラストなので、「思想又は感情を創意的に表現」したのは下図を書いた原告であり、イラストレーターは実質的にその手足になったのみ、と示された興味深い判例です（東京地裁1994〈平成6〉年4月25日）。

ATTENTION!
著作権の保護期間が満了している著作物はアレンジして利用することができます。ただし、保護期間が満了していても、原著作物のイメージを損なうようなアレンジなど、著作者人格権の侵害になるような行為は禁止されています。

関連リンク　著作者人格権 ⇒ P.012・Q1関連事項　コラージュ ⇒ Q11　パロディ ⇒ Q12
イラスト無断転用事件 ⇒ P.154 判例10

第2章 著作権Q&A

イラスト・絵画・図版

Q4 海外の絵画を使って広告を作ってもいいのですか？

【作品例】ロートレック「ル・ディヴァン・ジャポネ」を使用した広告

元の絵

A. 海外の著作物を日本国内で利用する場合は、日本の著作権法による著作権の保護期間が満了していれば自由に利用できます。

※ただし、海外の著作物を使用した広告を海外で展開する場合や保護期間における戦時加算については注意が必要です。

著作権保護に関する国際条約は、日本も批准しているベルヌ条約、万国著作権条約などがありますが、基本となっているのがベルヌ条約（文学的及び美術的著作物の保護に関するベルヌ条約）です。この条約やこれに準じた条約に加盟していない国は、イラン・イラク・アフガニスタンなど数カ国なので、ほとんどすべての国（地域）と日本は条約関係にあるといえます。

ベルヌ条約では、「加盟国の著作物には自分の国と同等の保護を与える」と規定されていますので（ベルヌ条約5条1項）、海外の著作物を日本国内で使用する場合は、わざわざ相手国の著作権法を調べなくても、日本の著作権法と同じ期間、保護すればいいというわけです（ベルヌ条約5条1項・内国民待遇）。

作品例のロートレックはフランス国籍の画家です（1901年死亡）。フランスにおける著作権の保護期間は70年ですが、日本国内で利用する場合は、日本の著作権法に従って保護期間を計算します。ロートレックの場合、死亡した1901年の翌1902年1月1日から起算すると、50年後の1951年12月31日で保護期間は満了していますので、自由に利用することができます（尚、日本の保護期間は1961年まで著作者の死後30年でしたので、ロートレックの著作権は1931年に既に消滅しています）。ただし、相手国の保護期間が日本より短い場合は、相手国の保護期間を採用し、その期間だけ保護すればよいことになっています（58条ベルヌ条約7条8項・保護期間の相互主義）。逆に、日本人（法人）がフランス人の著作物をフランス国内で出版・販売する場合は、フランスの著作権法が適用され、保護期間は70年になります。同様に、日本人（法人）の著作物をフランス国内で公表したり、広告に利用する場合も保護期間は70年になります。

また、海外の著作物を利用する場合、「戦時加算」についても考慮しなければなりません。日本は第二次世界大戦の敗戦国として、戦時期間中、日本と著作権条約を結んでいた国の著作権を保護しなかったとされているからです。その加算日数は、著作権が発生した日および条約の批准時期によって異なりますが、多くの場合、約10年5ヶ月（3794日）になり、通常の保護期間に加算して保護することが義務づけられています。

ATTENTION!

海外の絵画を日本国内で使用する場合は、ベルヌ条約により、日本の著作権法に従って著作権の保護期間を算定しますので、著作権が消滅している絵画については自由に利用することができます。逆に、日本人（法人）が海外で海外の絵画を使用する際には、その国の著作権法に従います。また保護期間に関しては戦時加算が必要な著作物もあります。

関連リンク　戦時加算 ⇒ P.017・Q27関連事項　国際的保護 ⇒ P.017　判例04

関連事項
戦時加算

第二次世界大戦終結後の1951（昭和26）年、サンフランシスコで日本と連合国（大戦中、枢軸国である日本・イタリア・ドイツなどを相手に闘った国）が締結した平和条約に基づく、保護期間の特例「戦時加算」です。日本と著作権条約の関係にある連合国の国民が大戦前・大戦中に取得した著作権を日本が戦争期間中保護しなかったとされて、通常の保護期間に戦争期間である実日数、それぞれの国と平和条約を発効した前日までの実日数を加算しなければなりません。たとえばフランス人の戦前に公刊された著作物の場合は、著作者が死亡した翌年の1月1日から起算した50年プラス3794日（太平洋戦争がはじまった1941年12月8日から平和条約が発効する1952〈昭和27〉年4月28日の前日までの実日数、10年4カ月21日または22日。閏年の日数によってずれが生じます）という計算になります。それらの国の加算日数は下記の通りです。もちろん、枢軸国であるドイツ・イタリア、中立国であるスイス・スウェーデン等、またその時点で著作権条約を結んでいなかった国には適用されないので、以下の国のほかには戦時加算をする必要はありません。

★ 3794日　アメリカ・イギリス・フランス・オーストラリア・カナダ・スリランカ・ニュージーランド・パキスタン
★ 3816日　ブラジル
★ 3844日　オランダ
★ 3846日　ノルウェー
★ 3910日　ベルギー
★ 3929日　南アフリカ
★ 4180日　ギリシャ
★ 4111日　ルクセンブルグ

この戦時加算については、TPP交渉の大筋合意の中で、関係国との間で廃止の方向で合意が成立しており、今後の進展が注目されます。

Q5 雑誌に載っていた風景写真を模写して広告に使っていいのですか？

【作品例】右の写真を模写したイラストを使用した広告。著作権が消滅していない写真を著作者に無許諾で模写すると著作権侵害になります

元の写真

A. 著作権が消滅している写真であれば、模写して利用できますが、消滅していなければ利用できません。

※ただし、著作権が存続している写真の著作物は、写真の著作権者に無許諾で模写すると複製権の侵害になります。著作権が存続している写真を参考にする場合は、その写真の著作物としての特徴が感得（判別）できないよう新たな作品として創作すれば権利侵害にはなりません。

自然の風景・景色・景観そのものは著作権法の保護の対象ではないので、たとえば、誰が富士山を撮影しても、イラストにしても自由です。しかし、富士山を撮影した写真は「写真の著作物」として、富士山を描いた絵画やイラストは「美術の著作物」として著作者の著作権が著作権法で認められています。したがって、著作権が消滅していない写真やイラストは、権利者の許諾なしに模写して利用することはできません。著作権法の原則として、他者の著作物である写真を模写的にイラスト化する行為は写真の著作物の複製になるため、権利者に無許諾で行えば複製権侵害になります（21条）。また、その写真そっくりではなく、多少手を加えアレンジ（変更・切除などその他の改変）をしたイラストでも、その写真の複製あるいは翻案・変形と考えられ、翻案・変形の場合は写真の二次的著作物を作成したことになります。したがって、権利者に無許諾で複製または翻案し、公表した場合は、複製権・翻案権の侵害となります（27条・28条）。ただし、風景以外の写真でも、他者の著作物を利用する場合は、たとえ著作権が消滅していても、著作者の人格権を侵害するような行為は禁じられていますので慎重な対応が必要です（60条）。

写真を参考にイラストを描くような場合、こうしたトラブルを回避するためには、自分で撮影した写真を利用することが最良の方法でしょう。自分で撮影すれば、その写真の著作権者は自分自身になるので、どのように活用しても自由です。独自に撮影することが難しい月面写真や海外の風景などもありますが、既存の写真をあくまでも参考資料として使用し、もとの著作物の特徴が直接感得できないくらい、全く新しい作品として創作すれば著作権侵害にはなりません。

関連事項
権利者の許諾なしに模写
「『沈黙の艦隊』無断トレース事件」

1990年代はじめ、週刊誌「モーニング」（講談社）に連載されていたベストセラー劇画「沈黙の艦隊」（かわぐちかいじ氏作）の中に、写真家の柴田三雄氏撮影の写真ときわめて似ている艦隊などのイラストが掲載されていたことから、柴田氏が無許諾によるトレースを行った作者出版社に謝罪を求めた事件です。当時の新聞記事によると、「写真資料を手掛かりにするのが日常茶飯事の劇画界だが、劇画「小説吉田学校」などリアルな人物、風景描写で知られる、さいとうたかお氏の「さいとうプロ」では、慎重な配慮を払っている。特殊な銃器を描く時は模型を組み立て、風景や人物は自分たちで撮影した写真を参考にする」という現場の意見や、「著作権法が専門の半田正夫・青山学院大学教授（当時）は、「複製の厳密な定義はない」とした上で、「だれが見てもそっくりだと判断できるものは許諾がなければ複製権侵害」。今回の事例を「権利侵害の可能性が高い」と話している」という専門家の見解が紹介されています。本件は、かわぐち氏サイドが謝罪し賠償金を支払うことで決着しました（朝日新聞夕刊1991〈平成3〉年11月7日）。

ATTENTION!
著作権が消滅している写真は自由に利用できますが、著作権が存続している場合は写真の著作権者の許諾が必要です。既存の写真を参考資料にする場合は、著作物としての特徴が直接感得できないよう新たな作品として創作すれば著作権侵害になりません。トラブルを回避するためには、自分で撮影した写真を利用することが最良の方法です。

関連リンク　二次的著作物 ⇒ P.009　同一性保持権・複製権・翻案権 ⇒ P.012　著作者人格権 ⇒ Q1関連事項
判例07

第2章 著作権Q&A

Q6 タレントの写真をイラストにして広告に使っていいのですか？

元の写真

【作品例】右の女性タレントの写真をモデルに描いたイラストを使用した広告。写真の著作権者およびタレントに無許諾で公表すれば権利侵害になります。

A. イラストから、元の写真のタレントが特定できないくらい、新たな作品として創作すれば問題ありません。

※原則的に、著作物である写真を模倣したイラストは、写真の著作権者に無許諾で公表すれば複製権・翻案権の侵害になります。また、イラストのモデルにした人物が特定できる場合は、肖像権（プライバシー権およびパブリシティ権）の侵害になることもあります。

まず、写真全体のことをいえば、その写真が著作権法で保護される写真の著作物で（10条1項8号）著作権が消滅していない場合、明らかにその写真に依拠して（模倣して）描かれたイラストは複製もしくは翻案になり、権利者に無許諾で公表すれば複製権・翻案権の侵害になります（21条・27条）。また、イラストにした人物の容姿・ヘアスタイル・服装・ポーズ・背景などから、依拠（模倣）した写真が特定できると判断された場合も、複製権・翻案権の侵害、また、変形（変更・切除などその他の改変）して使用すれば、同一性保持権の侵害（20条）になる恐れがあります。

次に、写真のタレント（人物）に関してですが、もともと人にはすべて肖像権があります。肖像権は、法律で明文化された権利ではありませんが、過去の判例から確立された人格的権利で、その肖像が具現化される場合のプライバシーおよびパブリシティの権利のことです。つまり、私生活上の情報を秘匿する権利がプライバシー権で、逆にその情報を経済的に利用する権利がパブリシティ権といわれています。これらを総合して自己の情報をコントロールする権利としてもとらえられています。肖像権は、無名・著名にかかわらず誰でも主張できる権利ですが、この肖像権を経済的に利用するパブリシティ権を無許諾で利用した場合、たとえばその肖像が著名人だとすると、その人気や価値に便乗（フリーライド・タダ乗り）することになり、その人が有する顧客誘引力という経済的価値を侵害することになってしまいます。したがって、一般人・著名人いずれの場合も、事前に本人に使用の同意（許諾）を得る必要があります。特に、肖像を公開したり、広告に利用する場合は、その目的や方法を伝えた上で同意を得る必要があるということです。この場合、口頭だけではなく文書で許諾を得ることが望ましいでしょう（未成年の場合は保護者の承諾が必要）。肖像が写真ではなくイラストや似顔絵であっても、その人物が特定できる場合は同様です。

既存の写真の人物を参考にイラスト化する際には、その写真の著作物性・被写体の肖像権を尊重し、あくまでも参考資料にとどめ、その写真の著作物としての特徴・人物の特徴が感得できないよう、全く別の作品として創作すべきでしょう。そうすれば権利を侵害することにはなりません。

ATTENTION!

著作物である写真に依拠（模倣）して描いたイラストは、写真の著作権者に無許諾で利用すれば複製権・翻案権の侵害になる可能性があります。また、モデルにした人物が特定できる場合は、無名・著名にかかわらず肖像権（プライバシーおよびパブリシティ権）を侵害する恐れがあります。既存の写真を真似してイラストを描く場合は、あくまでも参考資料にとどめ、写真や人物が特定できないくらい新たな作品として創作すれば問題ないでしょう。

関連リンク　二次的著作物 ⇒ P.009　同一性保持権・複製権・翻案権・二次的著作物の利用権 ⇒ P.012
変更・削除などその他の改変 ⇒ Q3　肖像権（プライバシー権およびパブリシティ権）⇒ Q19・Q22・Q23・Q24・Q25

関連事項

写真の著作物

著作権法で写真の著作物と認められる写真は、フィルムから焼き起こす写真だけではなく、写真の制作方法に類似する方法で表現される著作物、たとえば、デジタルカメラで撮影した画像をパソコンで編集・作成し、プリントアウトした画像なども写真の著作物です（2条4項）。写真の著作権はシャッターを押した本人にあります。たとえば、通りすがりの人にカメラを託し、撮影を依頼した場合、著作者は通りすがりのシャッターを押してくれた人になりますが、このようなケースで著作権を主張されることはないと思われます。また、シャッターを押した人物といっても、カメラマンが構図やその他、露出や絞りなど必要な条件を整え、その指示に従ってアシスタントがシャッターを押した場合、著作者はカメラマンになります。

肖像の財産的価値・パブリシティ権
「マーク・レスター事件」

俳優マーク・レスター氏が、主演映画中の肖像を無許諾でテレビCMに提供した映画上映権・宣伝権を有する法人に対して、氏名権・肖像権を侵害する不法行為に当たるとして、財産的・精神的な損害賠償を請求した事件です。東京地裁では、〈氏名及び肖像に関する利益の法的保護〉として、通常人の感受性を基準として考えるかぎり、人がみだりにその氏名を第三者に使用されたり、又はその肖像を他人の眼にさらされることは、その人に嫌悪・羞恥・不快等の精神的苦痛を与えるものということができると示した上、この利益は、単に倫理・道徳の領域において保護すれば足りるものではなく、法の領域においてその保護が図られるまでに高められた人格的利益（それを氏名権、肖像権と称するか否かは別論として）というべきである、と示しました。そして、その対象が、映画俳優・舞台俳優・歌手その他の芸能人・プロスポーツ選手などである場合について、その氏名や肖像の権限なき使用によって精神的苦痛を被らない場合でも、経済的利益の侵害を理由として法的救済を受ける場合が多いといわれなければならない、と示しました。本件は日本で初めて氏名・肖像に財産的価値（パブリシティ権）が認められた事件といわれています（東京地裁1976〈昭和51〉年6月29日）。

第2章 著作権Q&A

イラスト・絵画・図版

Q7 市販の地図をそのまま広告に使っていいのですか？

【作品例】国土地理院1万分の1地形図を使用した広告

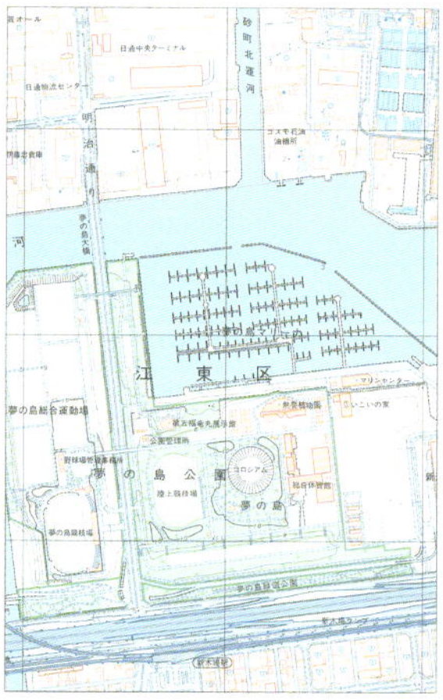

元の地図

A. 著作物として著作権が発生している地図は、権利者に無許諾で利用すると著作権侵害になります。

※ただし、測量法が適用される国土地理院の実測地図（測量地図）は、承認申請すればほとんどの場合利用できます。それを基に独自の地図を製作することもできます。市販の地図を参考にする場合は、その地図の著作物としての特徴が感得できないくらいまで全く新しい地図として創作しなければなりません。

地形そのものには風景と同様に著作権はありませんが、その地形や土地の利用状況などを、記号を用いて平面上に表現した地図は、著作権法で認められている図形の著作物です（10条1項6号）。したがって、権利者に無許諾で転載したり、パソコンのソフトなどを利用して複製し、その複製物に目的地の目印を追加したり、色を変えたり、細かい情報を書き込むなど、著作物である地図の一部を加工（変更・切除などその他の改変）して利用する行為は複製権・翻案権の侵害になります。この図形を、目的に応じてイラスト化などすれば、美術的性格の著作物となり、美術の著作物としても保護を受けると思われます。鳥瞰図・ジオラマ地図・イラストマップ・カーナビ・立体的な地形模型などがこれにあたり、いずれも制作者の「思想又は感情を創作的に表現」した美術の著作物です（2条1項1号）。尚、住宅地図は、その性質から正確さを追求し、それを実現すればするほど皮肉なことに著作物性が失われることになります。すなわち誰が制作しても同じものができる道理ですから、そこには創作性が見られないということになります（富山地裁1978〈昭和53〉年9月22日・富山住宅地図事件）。ただし、住宅をイラスト的に表現するなどの工夫があれば美術的著作物と評価できることになるでしょう。

さて、私たちが目にする市販の地図の多くは、測量法が適用される国土地理院の実測地図（測量地図）を基に作られています。この実測地図は国土地理院に承認申請すれば誰でも無料で利用することができます（測量法第29条）。実測地図に基づいて創作された地図は、新たな著作物として製作者に著作権が発生しますので、その著作物に依拠（模倣）して別の目的に沿った地図を作製すると著作物の二次的使用となり、独自の地図の製作者はもとより、原著作者である国土地理院の許諾も改めて必要になります。

このように著作物である地図を利用する場合は、その地図の著作物としての特徴が感得できないくらいまで改変（アレンジ）し、創作性を加え、全く別の新しい著作物として作成すれば、著作権の侵害にはなりません。

ATTENTION!

測量法が適用される国土地理院の実測地図は承認申請すれば利用できますが、その他の地図は著作物なので、一部または全部を無許諾で利用したり、一部を改変（変更・切除など）して利用する行為は著作権侵害になります。既存の地図を参考にする場合は、その地図の著作物としての特徴が感得できないくらいアレンジし、全く別の著作物として創作すれば著作権侵害にはなりません。

関連事項
国土地理院の地図（測量成果）を複製・使用する場合

「実測地図」の複製・使用に際しては、国土地理院へ承認申請が必要です。ただし、申請不要で利用や複製が可能なケースもあります。たとえば、「申請不要で利用が可能な場合」として、私的目的や一時的な資料として利用する場合、ハンカチやTシャツなどへの印刷など精度のない場合。「申請不要だけど出所明示すれば利用が可能な場合」として、営利目的以外の学術論文、学会での発表、試験問題、番組などの内容補足のため、地図などを短時間画面に表示して利用する場合、刊行物等の内容を補足するため、少量の地図などを補足的に挿入する場合などと定められています。詳しくは、国土地理院のホームページ「測量成果の複製・使用承認申請」をご参照ください。

国土地理院
総務部総務課管理係
〒305-0811　茨城県つくば市北郷1番
TEL 029-564-1111
http://www.gsi.go.jp/LAW/2930-qa.html#02

関連リンク　二次的著作物 ⇒ P.009　同一性保持権・複製権・翻案権・二次的著作物の利用権 ⇒ P.012

第2章 著作権Q&A

Q8 コレクターから買った古い包装紙を広告のデザイン素材に使っていいのですか？

【作品例】アンティーク包装紙をデザイン素材に使用した広告

コレクターから買い取ったアンティーク包装紙

A. 包装紙は、意匠法で保護される応用美術と考えられます。意匠として使用しないのであれば、デザインの素材に使用しても問題ないとされています。

※ただし、実用的な工芸品（応用美術）でも、著作物として認められるケースもあります。この場合は著作権の保護期間を過ぎていれば使用できます。また、著作権法や意匠法で保護されていなくても、包装紙が著名な場合は不正競争防止法によって保護される場合もありますので、慎重な対応が必要です。

まず知っておいていただきたいのは、コレクターから購入できるのは、包装紙という有体物の所有権のみということです。有体物には、その有体物にかかる無体物としての権利（著作権・意匠権）がありますが、物体を購入しても、無体物としての権利が購入者に譲渡されたことにはなりません。

美術品には、絵画や彫刻のように観賞を目的とする純粋美術に対し、包装紙のデザインのように商業的に量産され、実用的に用いられる応用美術があります。応用美術とは、産業上利用される工芸品（美の創作物）のことです。包装紙のデザインはまさに応用美術の範疇であると考えられ、著作権法で保護される著作物ではなく、意匠法で保護されることが建前になっています。意匠法で保護される意匠権は、登録意匠にかかる物品を業として製作・使用・販売することができる権利なので、意匠として使用するのではなく、作例のように包装紙を複写し、あくまでも広告のデザイン素材として使用することは問題がないと考えられます。

ただし、包装紙の中には、デパートの三越の包装紙のように、洋画家が描いた純粋美術である絵画を用いて制作されたものもあります。こうした場合は、美術の著作物として保護されますので、著作権が消滅していなければ使用できません。また、「博多人形『赤とんぼ』事件」以降、量産品であっても著作物性が認められる判例は多くなっていますので、量産された包装紙が、一概に著作物ではないとは言い切れない現状があることも踏まえておかなければなりません。さらに、たとえ著作権法で保護される著作物ではないとしても、すでに包装紙が社会的に著名で、全く関係ない広告に使用することによって消費者の混同を招く恐れがあると判断されると、不正競争防止法によって使用差し止めを請求される場合もあります。このように包装紙にかかる権利は複雑なので、いずれもケースバイケースと考え、慎重に対応することが安全策といえるでしょう。

ATTENTION!

コレクターから買い取れるのは所有権のみです。利用に際しては、包装紙にかかる権利（著作権・意匠権）を侵害しないよう、事前に権利の有無やその内容を確認する必要があります。尚、包装紙のような実用的な量産品（応用美術）であっても、著作物として著作権法で保護される場合もあります。また、包装紙がすでに著名な場合は、不正競争防止法で保護されることもありますので、個々のケースに応じた慎重な対応が必要です。

関連事項

純粋美術と応用美術

美術品は、観賞用の〈純粋美術〉と実用的な〈応用美術〉に分けられますが、純粋美術は著作権法で保護し、応用美術は意匠法で保護するという二分論には、さまざまな論議が繰り返されています。大量生産の実用品（工芸品）でも、その著作物性が認められた判例もあり、応用美術の著作物性についての判断は難しいといわれています。また、工芸品であっても、一品制作の手作りの工芸作品は美術工芸品として、著作権法で保護される「美術の著作物」となっています（2条2項）。1966年の著作権制度審議会答申説明書によれば、応用美術は4つのジャンルに類型化されています。
1. 実用品的な美的作品
   （装身具・壁掛け・壺など）
2. 実用品と結合している美的作品
   （家具や額に施された彫刻など）
3. 大量生産品のひな型
4. 大量生産される実用品の模様

応用美術に関する判例
「博多人形『赤とんぼ』事件」

美術的作品が量産されて産業上利用されることを目的として製作されていることのみを理由として、その著作物性が否定されることに異を唱えた事件です。裁判では、「赤とんぼ」と題する博多人形（彩色素焼人形）は「感情が創作的に表現された」著作物であり、「美術工芸的価値として美術性も備わっているもの」と認められ、「意匠登録の可能性をもって著作権法の保護の対象から除外すべき理由とすることはできない」として、「著作権法にいう美術工芸品として保護されるべきである」と判示されました（長崎地裁佐世保支部1973（昭和48）年2月7日）。この裁判以降、量産品であっても著作物性が認められる判例は多くなっています。また、現在では、美術工芸品を「一品制作」に限定する学説も少なくなっています。

関連リンク　意匠法 ⇒ P.018　不正競争防止法 ⇒ P.018・Q18・Q31・Q32・Q34・Q35・Q40・Q41
包装紙のデザイン ⇒ Q41　意匠法 ⇒ Q42　特許・実用新案・商標法・意匠法 ⇒ Q48
判例06

Q9 制作者・制作年が全くわからないイラストを広告に使っていいのですか？

【作品例】制作者不詳の大正時代の広告イラストを使用した広告。
このような著作権者・著作権の有無が不明な作品を使用することは避けるべきでしょう

元の大正時代の広告物

A. 著作権者や著作権の有無を特定せずに利用するのは権利侵害になる恐れがありますので、権利者を特定してから利用すべきでしょう。

※ただし、相当な努力を払って調べてもその作品の権利者が不明だった場合、文化庁に申請して長官の裁定を受け、補償金を供託して利用が可能になる制度があります。

いつ、どこで、誰が作成したものなのか、著作者は生存しているのか。死亡している場合、現在の権利者は誰で、連絡先はどこなのか。これらのことがどうしても分からない場合、じっくり作品を観察すれば、制作された年代を推定することはできるかもしれません。たとえば、横組みのキャッチコピーが右側から始まっていれば、明治時代や第二次世界大戦以前の作品である可能性が高く、著作者死亡により著作権が消滅している著作物であるかもしれないと推定できます。しかし、およその年代が分かっても、その作品の著作権者が個人なのか法人なのか、権利が継承されているのかどうか、著作権者の死亡時や公表年を正確に特定することはできません。分からないからといって、そのまま利用してしまうと、もし、利用したのちに権利者が現れた場合、著作権侵害などのリスクを負うことにもなりかねません。

そこで、どうしても作者等不明の作品を使いたい場合は、権利者の了解を得る代わりに、文化庁に申請し長官の裁定を受け、文化庁長官が定める通常の使用料の相当額の補償金を供託して利用できる「裁定制度」があります（67条～70条）。これは、著作権者の意向にかかわりなく、公益上の見地から、文化庁長官が著作権者に代わって、著作物の利用を認める制度です。従来、文化庁長官の裁定の決定が出るまでにかなりの時間がかかったことなどで、この制度は、利用しにくい面がありましたが、2009（平成21）年の著作権法一部改正により、裁定を受ける前でも、文化庁長官が定める額の担保金を供託した場合には著作物を利用することができる「申請中利用制度」が新設されました（67条2項）。申請に際しては、「相当な努力」を払っても権利者と連絡がとれない場合という前提条件があります（67条）。

この著作権者と連絡することができない場合の「相当な努力」の具体的な方法は政令（著作権法施行令第7条の7、告示）で定められています。具体的な内容は文化庁ホームページに示されていますが、提出すべき書類に不備がある場合や、「相当な努力」が行われていないなど法定の要件を満たしていない場合には、作業のやり直しや、裁定を受けられないことがありますので、事前に文化庁に相談することをお勧めします。

ATTENTION!

著作権者の所在や連絡先などが不明で、相当な努力を払って捜しても判別しない場合は、文化庁に申請して利用許可を得られる「裁定制度」があります。申請時に努力の実績を証明し、担保金を供託すれば、裁定の決定を待たずに利用を開始することができます。

関連事項

文化庁「裁定制度」

★裁定申請の対象になる著作物
1. 著作権者の了解を得て公表されている著作物
2. 著作権者の了解を得ているかどうか不明であっても、相当の期間にわたって世間に提供されている実績がある著作物

★裁定申請の手続き
文化庁に裁定申請を行い、文化庁長官の定める担保金を供託すれば、著作者や実演家等が著作物等の利用を廃絶しようとしていることが明らかな場合を除き、裁定の決定前であっても著作物等の利用が開始できます。ただし、法定の要件を満たさなかった等の理由で、裁定を受けられなかった場合（「裁定をしない処分」を受けた場合）には、その時点で著作物等の利用を中止しなければなりません（67条）。尚、原則として手数料（1申請あたり13,000円）が必要になります（70条・著作権法施行令第11条）。

★申請中利用制度
この制度は2009（平成21）年の著作権法一部改正により新設され、2010（平成22）年1月1日から施行されたものです。裁定の決定を待って利用を開始しなければならなかった改正前と比べて、早期に著作物等の利用を開始することができます。ただし、この裁定は、文化庁長官が著作権者に代わって申請者に「利用権」を与えているわけではないので、第三者にその著作物の利用を許諾したり、著作物を利用できる立場を第三者に譲ることはできません。

詳しくは文化庁ホームページ「著作者不明等の場合の制定制度」をご参照ください。
http://www.bunka.go.jp/1tyosaku/c-l/index.html
文化庁官官房 著作権課 管理係
〒100-8959
東京都千代田区霞が関3-2-2
TEL 03-5253-4111（内線2847）

関連リンク 著作者と著作権者 ⇒ P.010　保護期間 ⇒ P.015　例外的保護期間 ⇒ P.016

Q10 出版物に絵画やイラストを引用することはできますか？

× 「公正な慣行」に合致しない引用

- 正当な理由もなくトリミングをする
- 必要以上に大きく扱う

○ 「公正な慣行」に合致する引用

- 著作物を引用する必然性のある文章
- 自分の創作部分が「主」となり引用する著作物が「従」となる
- 出所を明示する

A. 著作権法で定められている「引用」の要件を満たし、実務上の判断基準に従えば引用できます。

※著作権法では、公共の財産でもある著作物の公正な利用を図り、文化の発展を促進するため、特別な場合に著作権を制限し、自由な利用を認めています。そのひとつが他者の著作物を権利者に無許諾・無対価で取り入れることができる「引用」です。

引用したいイラスト

著作権が消滅していない著作物を利用する場合、権利者に許諾を得ることが、著作権法の大原則です。しかし、著作権法では、「公表された著作物は、引用して利用することができる」としています。この場合、「公正な慣行に合致するものであり、かつ、報道、批評、研究その他の引用の目的上正当な範囲内で行なわれるものでなければならない」と定められています（32条）。この「公正な慣行」とは、報道や批評などの素材として必要な著作物の引用、自説の裏付けに必要な引用、自作の展開に必要な引用を行うことなどで、これらに当てはまる場合であれば、自分の著作物の中に他者の著作物を、権利者の許諾を得ずに取り入れて利用することができます。尚、以下（出所明示以外）は著作権法で定められたことではなく、過去の裁判例によって蓄積された引用する際の実務上の判断基準です。

◆主従関係　自分の創作部分が「主」、引用する著作物が「従」でなければなりません。これは「正当な範囲内」を示し、必要最小限度の分量にすべきということです。ただ、引用する著作物の分量は、単に「主」である自分の著作物との分量の比較だけで決まるのではありません。たとえば、俳句など短詩形の場合など、全部を取り込むことが可能な場合もあります。
◆明瞭区分　引用部分が文章の場合は「」カッコでくくったり、デザイン処理を施すなどして、自分の文章（創作部分）とはっきり区分されていなければなりません。
◆必然性　自分の主張を補強・正当化・説明するために、その著作物の挿入が必要であることが明確でなければなりません。
◆改変しない　著作物をそのまま掲載することが大原則です。要約して引用すると翻案権の侵害（27条）、同一性保持権の侵害になる可能性もあります（20条）。絵画の場合、トリミングして掲載すると同一性保持権の侵害になる場合もありますが、スペースの問題などでやむを得ずトリミングして引用する場合は、「一部」と明記すべきでしょう。
◆出所明示　引用部分の近くに、著作物のタイトル、著作者名などが読者（見る人）に分かるよう示さなければなりません。著作者が無名の場合は除きます（48条）。

以上の要件を満たしていれば、権利者の許諾を得ることも、対価を支払うこともなく、自分の作品の中に他者の著作物を取り込む（引用する）ことができます。

ATTENTION!
著作権法で定められている「引用」の要件を満たした利用ならば、権利者の許諾を得なくても著作権侵害にはなりません。引用の要件とは、引用する著作物が公表されたもので、引用する必然性があり、引用する際には、自分の創作部分が「主」で引用部分が「従」であること、必要最小限度の分量にし、出所明示をすることなどです。

関連事項
絵画の引用に関する裁判例「バーンズコレクション事件」
1993（平成5）年、国立西洋美術館で開催された「バーンズコレクション展」（読売新聞社主催）の新聞宣伝記事、入場券、割引引換券、図録などにピカソの絵画を複製・掲載したことに対して、ピカソの著作権の相続人代表者が、複製権侵害として、図録などの印刷の差止、損害賠償などを請求した事件です。読売新聞社は、この絵画の使用は引用に該当すると主張しました。判決は、女優の談話に対して絵画を引用する必然性が希薄であり、また、カラー印刷された絵画が読者に与える印象は大きく、談話が「主」で絵画が「従」とは言えないため主従関係を否定し、適法引用とは認められず、複製権侵害としました（東京地裁1998（平成10）年2月20日）。

美術の著作物の展示に伴う複製（著作権法第47条）
美術作品の原作品の所有者またはその同意を得た者は、著作者・著作権者の許諾を必要とせずに公に展示することができるが（45条）、展示する者は47条の制限規定で、展示する際、観覧者のために展示作品の解説、紹介のための小冊子に対象作品を掲載することができる。

美術品の譲渡等における、複製、公衆送信（著作権法第47条の2）
国税庁が国税滞納者から差し押さえた美術品を公売（ネットオークション）にかけた際、対象美術品の写真をネットに掲載したことが著作権侵害になるのではないかと2007（平成19）年5月31日『日本経済新聞』の記事などで取り上げられ話題になった。このこともあり、美術の著作物の原作品、複製物を譲渡、貸与、競売（オークション）する際、著作権者の許諾なしで、対象美術品について一定の限度で複製、公衆送信することができる著作権法47条の2の規定が新設された（平成23年［2011］1月1日施行）。
複製は50平方cm以下、公衆送信は32,400画素以下（複製防止装置（ガード）がかかっている場合は9万画素）を限度とすると定められている。（著作権法施行令第7条の2、同施行規則4条の2）

関連リンク　権利の制限・自由利用（引用）⇒P.013　判例01　判例09

Q11 他者の作品をコラージュして広告に使っていいのですか？

【作品例】著作権が消滅している絵画をコラージュして使用した広告

ラファエロ・サンティ「フォリーニョの聖母」一部

エドゥアール・マネ「笛吹く少年」

A. 著作権が消滅している著作物であれば、自由に利用できます。

※ただし、著作権が消滅していない著作物を権利者に無許諾で加工（変更・切除などその他の改変）してコラージュすると、複製権・翻案権の侵害になります。また、著作権が消滅している著作物でも、著作者人格権を侵害するような行為は禁止されています。

コラージュ（collage）は、複数の素材を組み合わせて創作する現代絵画の技法のひとつで、フランス語の'糊づけ'という語に由来します。美術の分野では一般的な手法ですが、著作権が消滅していない著作物を権利者に無許諾でコラージュし、その作品を公表したり、広告物として頒布すれば、著作権侵害になります。著作物を原形のまま無許諾で利用すれば複製権の侵害になり、組み合わせるために著作物の一部を改変（変更・切除など）して利用すれば、翻案権及び著作者人格権である同一性保持権の侵害になるということです。

コラージュした作品が全く新しい創作物になっていれば、その著作者に著作権が発生しますが、その作品の全体あるいは一部分からでも、もとの著作物の特徴が感得できるようであれば、複製権・翻案権・同一性保持権の侵害になります。また、著作権が消滅していない著作物を素材に使う場合、もとの著作物の特徴が感得できないような使い方、たとえば、写真を細かく切り刻んで使用する場合などは、もとの著作物の複製とは言えず、権利侵害にはならないでしょう。

ただし、著作権が消滅している著作物をコラージュする場合でも、著作者の人格権を侵害するような行為は禁止されています（60条）。著作者本人が生きていれば著作者人格権の侵害になるような利用の仕方は、使用の差し止めを請求される場合もあります（115条・116条）。

ATTENTION!

著作権が消滅していない著作物を利用してコラージュする場合は、複製権・翻案権・同一性保持権を侵害しないよう、権利者の許諾を得る必要があります。また、著作権が消滅している場合でも、著作者人格権を侵害するような行為は禁止されているので慎重に対応する必要があります。

関連事項
コラージュと人格権
「昭和天皇コラージュ事件」

昭和天皇と人体解剖図などを組み合わせたコラージュ（貼り絵）作品が、不快である、不敬であるなどの理由から、その作品を購入した美術館によって非公開、売却された事件です。このコラージュ作品は、富山県立近代美術館開催の美術展に出品されたのち、作品を買い取った美術館によって公開が中止され、1993年には売却、作品が掲載されているカタログも焼却されました。美術館は非公開にした理由を、同県議員らが不快であるとし、右翼団体から不敬であると抗議を受けたためと説明しました。それに対して作者らは、表現の自由の侵害、観賞する権利の侵害として、作品の買い戻しや損害賠償請求などの訴えを起こしました。一審判決では見る側の権利の侵害が認められたものの（富山地裁1998（平成10）年12月16日）、二審控訴審では、作品を公開すれば美術館の平穏な環境が保てなかった可能性が高かったという美術館側の主張を認め、一審判決を覆し、作者らの訴えを全面的に退けました（名古屋高裁金沢支部2000〈平成12〉年2月16日）。しかし、コラージュ作品に対しては、美術館側の、作品そのものが不快感を与え、天皇の肖像権やプライバシーを侵害する恐れがあるとの主張については、天皇という地位と職務に照らし合わせてプライバシーの侵害には当たらないとした一審同様、控訴審でも退けられました。その後、作者らは上告。富山県立近代美術館が昭和天皇のコラージュ作品を非公開にしたのは、表現の自由や知る権利の侵害に当たると主張しましたが、最高裁は「単なる法令違反を主張するもので上告理由に当たらない」として上告を棄却。作者らの訴えを退けた名古屋高裁金沢支部判決が確定しました（最高裁第二小法廷2000〈平成10〉年10月27日）。天皇や皇室をめぐる表現の是非やタブーなど様々な問題点が浮き彫りにされた判例です。

関連リンク　同一性保持権・複製権・翻案権 ⇒ P.012　　変更・削除などその他の改変 ⇒ Q3　　パロディ ⇒ Q12
判例01

第2章 著作権Q&A

イラスト・絵画・図版

Q12 他者の作品をパロディにして広告を作っていいのですか？

【作品例】 ミレー「落穂拾い」をパロディにして使用した広告。
1870年代に死亡しているミレーの作品はすでに著作権が消滅しているので使用できます

A. 著作権が消滅した作品であれば利用できます。

※ただし、著作権が消滅していない作品を、権利者に無許諾で利用または加工（変更・切除などその他の改変）して利用すると、複製権・翻案権・同一性保持権の侵害になります。

元の絵

パロディは、一般的な解釈では、他の著作物を模倣または一部改変し、揶揄や風刺、批判するために自作として発表することです。しかし、他者の著作物を利用または模倣した場合、その著作物の権利者に無許諾で作成し公表すれば、複製権・翻案権・同一性保持権の侵害になります（20条・21条・27条）。

ちなみに、既存の著作物を利用しないとしても、たとえば、政治家や著名人の似顔絵などを用いて風刺や批判をする場合は、肖像権（プライバシー権およびパブリシティ権）の侵害、名誉毀損など人格権に関する問題も発生する可能性もあります。

日本の著作権法は、著作権の制限の中にパロディを目的とする著作物の利用を掲げていませんが、フランスのように、法律で著作権を制限しパロディを認めている国もあります。アメリカ合衆国では、パロディの創作行為は合衆国著作権法第107条フェアユースの抗弁に基づき許容される場合があると解釈されています。日本でパロディが初めて裁判で争われた判例として、「パロディ・モンタージュ写真事件」があります。他者の著作物を利用し、パロディ作品を制作した原告が、それは正当な引用であると主張したことに対し、適法引用ではないという判決が下った裁判です（第1次最高裁1980〈昭和55〉年3月28日判決・第3次東京高裁1987〈昭和62〉年6月16日和解）。この最高裁判決以降、日本でパロディ作品を作成することは困難な状況が続いていますが、パロディ作品を作ること自体は、著作権法に反することではありません。他者の権利を侵害しなければ作成は可能ということです。

ATTENTION!

著作権が消滅していない著作物を利用する場合、権利者の許諾を得なければ複製権の侵害になり、著作物を加工して利用すれば同一性保持権・侵害翻案権になります。著作権法にパロディに関する規定はありませんが、パロディという手法は禁止されていませんので、権利者の権利を侵害しなければ作成することは可能です。

関連事項

フランスの「文学的及び美術的所有権利に関する法律」

フランスの著作権法では、公表された著作物に関して、たとえ著作者であっても禁止できないことが示されています。「著作物が公表された場合には、著作者は、次の各号に掲げることを禁止することができない（中略）(4) もじり、模作及び風刺画。ただし、当該分野のきまりを考慮する」（フランス著作権法第2節 財産権第122-5条）。これはパロディ法といわれ、フランスにおいてパロディは、独立した表現として認められています。スヌーピーで有名な連載漫画「ピーナツ」のパロディ本が出版された際に、著作者チャールズ・M・シュルツ氏（米国人・2000年死亡）が著作権侵害で訴えましたが、法律で定められたパロディと認められ、敗訴した判例があります（パリ大法廷1977年1月19日）。

アメリカ合衆国のフェアユース（公正使用）

アメリカでは、合衆国著作権法第107条（排他的権利の制限：フェアユース）に基づき、パロディの創作行為は許容される場合があると解釈されています。マーガレット・ミッチェル著の小説「Gone with the Wind 風と共に去りぬ」を、黒人奴隷の視点から批判的に描いたパロディ小説「The Wind Done Gone 風なんぞもう来ねえ」の著作者アリス・ランデルが、ミッチェル財団から著作権違反として提訴された事件では、著作権違反に当たらないことが認められました（第11巡回区連邦控訴裁判所2001年5月25日）。また、映画「プリティ・ウーマン」の主題歌である「Pretty Woman」は、1964年ロイ・オービソン作による「Oh, Pretty Woman」を、ヒップホップグループ「2 Live Crew」がラップバージョンに改変した曲ですが、パロディ（替え歌）としてのフェアユースか著作権侵害かが争われた結果、1994年合衆国連邦最高裁判所は、パロディ版は元曲に新しい表現・意味・主張を加え、元の作品と違う視点で捉え直した作品として、パロディによる引用の範囲内と認めました。したがって、元曲の著作権者に許諾を得ず、使用料を支払うこともなく、レコードを製作し販売することできると判示されました。

関連リンク 同一性保持権・複製権・翻案権 ⇒P.012　変更・削除などその他の改変 ⇒Q3　コラージュ ⇒Q11　判例01

第2章 著作権Q&A

イラスト・絵画・図版

Q13 アイコンやピクトグラムを アレンジして使っていいのですか？

【作品例】トイレのアイコンを使用した広告

A. アイコンやピクトグラムでも、著作物として認められる場合もあるので注意しましょう。

※また、商標登録されているアイコンやピクトグラムは商標としての利用はできませんので、事前に確認すべきでしょう。また、道路・交通標識のようなアイコンは非著作物なので、著作権法の保護の対象ではありませんが、使用方法に注意する必要があります。

アイコン（icon）は、コンピュータ上のファイルの内容やプログラム機能などを絵文字にして表示したものです。ピクトグラム（pictogram）も、絵文字・絵単語と呼ばれ、情報や注意を伝えるために表示される視覚記号（サイン）のことで、主に駅や空港など公共空間で使用され、文字情報の代わりに視覚的な図で表現し伝達内容を直感的に感じることができるようにしたものです。アイコンやピクトグラムは、誰が見ても一目瞭然、瞬時に同じ目的を理解できるようシンプルで分かりやすくなっています。そのため長らく、著作権法で定められている「思想又は感情を創作的に表現したもの」（2条1項1条）とはみなされず、著作物ではないとされてきました。しかし、近年、表現に個性があり、実用的機能を離れても、それ自体が美的鑑賞の対象となる美的特性を備えている場合、著作物として認められるという判例が示されました（関連事項参照）。また、特定の人に分かりやすく創作されたアイコンには、趣味的な連帯性を強調しているため、著作物性が認められる場合もあります。

アイコンやピクトグラムが商標登録されている場合も考えられます。商標法で保護される「商標」とは、「文字・図形・記号若しくは立体的形状若しくはこれらの結合又はこれらと色彩の結合」と定義されています。商法登録されている場合は商標としての利用はできませんので、事前に確認する必要があります。

道路・交通標識は、著作物と認められていないので、著作権法の保護の対象にはなっていません。したがって、道路・交通標識はアレンジして利用できますが、これらは国土交通省が管理し、公安委員会または道路管理者によって設置されるものなので、自由に使えるといっても、本来の目的で設置されている標識などと見間違えたり、多くの人に迷惑となるような利用やアレンジの仕方は、場合によっては軽犯罪法で取り締まりの対象になる場合もあります。

関連事項

商標法第2条（定義）

この法律で「商標」とは、文字、図形、記号若しくは立体的形状若しくはこれらの結合又はこれらと色彩との結合（以下「標章」という。）であって、次に掲げるものをいう。
(1) 業として商品を生産し、証明し、又は譲渡する者がその商品について使用をするもの

ピクトグラムの著作物性を認めた「ピクトグラム著作物性事件」

観光案内冊子に記載されているピクトグラムが、使用契約期間が終了しても無許諾で使われていると、ピクトグラムの権利者であるデザイン会社が、ピクトグラムを使用した大阪市等を訴えた事件です。裁判では、このピクトグラムが相当数の観光案内図等に記載されていることから応用美術の範囲に属するものであると示しました。しかし、大阪城のピクトグラムを例に、一見して大阪城と認識できる実用性はあるが、描かれた城の角度、全体の配色、石垣の強調や簡略化など、表現には個性が表れており、実用的な機能を離れても、それ自体が美的鑑賞の対象となる美的特性を備えていると、この大阪城のピクトグラムを含め19点のピクトグラムの著作物性を認定しました。（大阪地裁2015〈平成27〉年9月24日）

著作物性が認められた大阪城のピクトグラム

ATTENTION!

アイコンやピクトグラムでも、表現に個性があり、美的鑑賞の対象となる場合は、著作物として認められる場合があるので、使用には慎重な見極めが必要です。商標登録されている場合は商標権を侵害する利用はできません。また、公共を目的としている道路交通標識などのアイコンも著作権法の保護の対象にはなっていませんが、利用の仕方によっては軽犯罪に問われる場合もありますので注意が必要です。

関連リンク　著作物とは ⇒ P.006　著作物の種類 ⇒ P.008　商標法 ⇒ P.018・Q40

Q14 古美術品や神社仏閣などの写真を複製利用する場合、誰に許諾を得ればいいのですか?

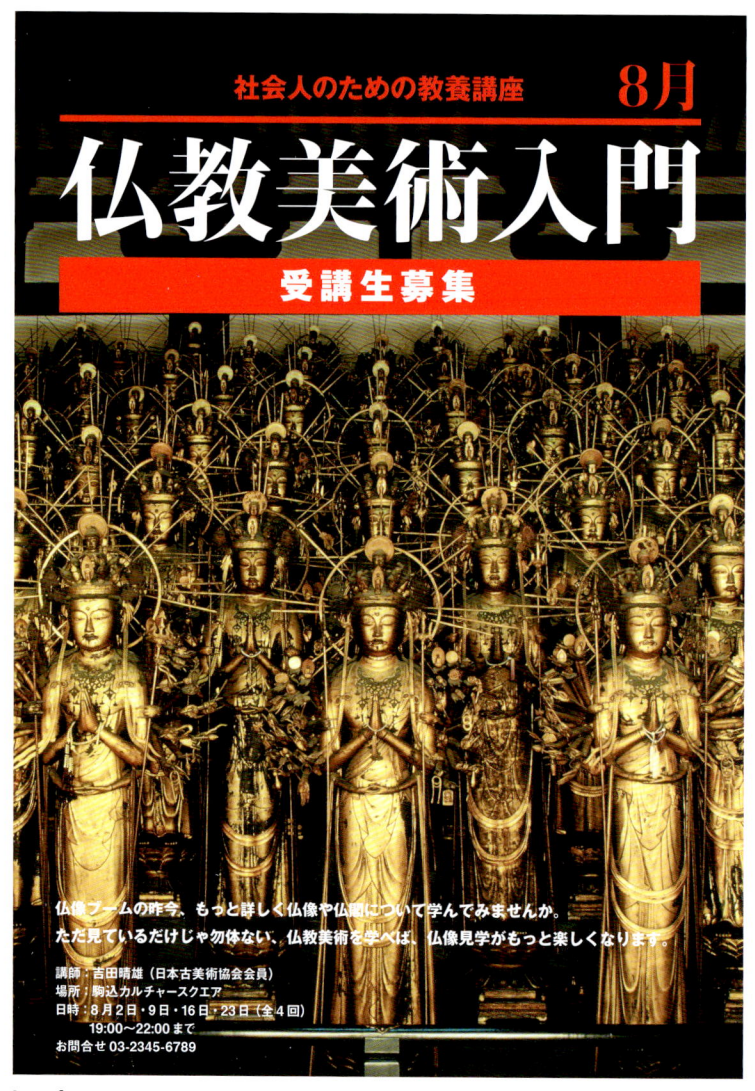

【作品例】著作権が消滅している仏像の写真を使用した広告

A. 著作権法では写真の著作権者の許諾を得れば利用できます。しかし実情は、所有者から使用の許諾や使用料を請求される場合があります。

※所有者に無許諾で利用するとクレームの対象となることもあるので注意が必要です。

著作権が消滅している美術の著作物を撮影した写真や、屋外に恒常的に設置されている神社仏閣の外観写真は、写真の著作権者の許諾を得れば利用できるはずです。古美術品そのものの著作権は消滅しているはずですし、神社仏閣は屋外に恒常的に設置されている建築物なので外観を撮影して利用するのは自由です（45条・46条）。ところが、それらの所有者（所蔵者）が、使用の許諾や使用料を求めてくる場合があります。所有者（所蔵者）から直接、著作物を借り受けたり、撮影の便宜を図ってもらったり、複製写真等の提供を受けるならばそれらの対価の請求は当然です。しかし、撮影者から写真を借りる、あるいは出版物に掲載されている写真を使うなど、所有者と直接やりとりがないのに対価を請求されるケースがあるのはなぜなのでしょうか。それは、多くの場合、著作権と所有権の権利の内容を混同して考えてしまいがちなためです。著作物の無体物（美術的価値）としての権利を有する著作権者と、その有体物を所有する所有権者の権利はまったく別です。所有者（所蔵者）は、所有権に基づいて有体物としての著作物の利用を許諾あるいは禁止する権限を持っているため（民法第206条）使用の許諾や使用料を請求していると考えられます。この著作権（無体物）と所有権（有体物）の関係および所有権の限界については、有名な判例「顔真卿自書建中告身帖事件」があります。裁判では、所有権とは、原作品の有体物としての側面を支配する権利であって、この権利を侵害することなく、著作物の無体物としての側面（美術的価値）を第三者が利用しても、所有権を侵害することにはならないとしています。この判例に従えば、所有者と直接やりとりをせず、無体物としての著作物（美術的価値）を利用するのであれば、所有者の許諾あるいは使用料の支払いなどは必要ないといえます。

しかし、著作権の問題がないといっても、たとえば広告での使用の場合は、所有者からクレームがつくことで広告主や商品のイメージを損なう、出版社の場合は今後の取材を全社的に一切断られる等のトラブルが予想されます。所有者（所蔵者）との友好的な関係を維持するために、こうした要求をむげに断れない実情があります。尚、平面的な絵画とその複製写真の関係については、Q2・Q17参照。

ATTENTION!

古美術品や神社仏閣などの写真を複製利用する際には、写真の著作権者とともに、所有者（所蔵者）の許諾を得ることをお勧めします。著作権とは関係ありませんが、文化財の保存と伝承の観点から、利用の許諾や使用料を請求される場合があり、所有者（所蔵者）との円滑な関係を保つために、実務上、確認しておく必要があります。

関連事項

所有権の内容（民法第206条）

所有者は、法令の制限内において、自由にその所有物の使用、収益及び処分をする権利を有する。

無体物（著作権）と有体物（所有権）

「顔真卿自書建中告身帖事件」
中国の唐代の著名な書家、顔真卿（がんしんけい）の自著「顔真卿自書建中告身帖」を撮影した写真（の乾板）が、写真の所有者から出版社に渡り、出版されました。このことに対して、その当時「顔真卿自書建中告身帖」の原作品を所蔵していた博物館が、出版社に所有権侵害で訴訟を起こした事件です。裁判では、第三者によって複製物の出版が行われ、そのことが有体物としての原作品に対する排他的支配を侵すことなく行われた場合は、公有に帰した（著作権が消滅した）著作物の面を利用するに過ぎないので、原作品の所有権者に経済上の不利益が生じたとしても、それは、第三者が著作物を自由に利用することができるという事実上の結果であると判示されました（最高裁1984（昭和59）年1月20日）。

「追求権」法制化の動き

「追求権」は、美術作品が譲渡により作家の手から離れた後、作品が高額の値段で公売（オークション）された場合、著作者とその相続人が販売価格の一定割合を受け取る権利。ベルヌ条約でも1948年改正条約で規定され、EUでも2002年、「追求権に関する指令2001/84/EC」を発効した。フランス著作権法は122-8条で規定し、追求権の金額は、政令で5万ユーロ以下の作品の場合、売価の4％と定めている。日本でも、オークション制度が整いつつあるので、今後、法制化の方向で検討が進むと思われる。

関連リンク　保護期間 ⇒P.015　所有権・使用収益権 ⇒Q1・Q2・Q15・Q17・Q22・Q29
絵画の複製写真 ⇒Q2・Q17　判例06

Q15 Webに掲載されている画像を自分のWebサイトで使っていいのですか？

【作品例】他者のWebサイトにあった風景写真を自分のWebサイトに使用。著作権が消滅していない画像を著作権者に無許諾で使用すれば著作権侵害となる

他者のWebサイト

A. 著作権が消滅している画像であれば利用できますが、消滅していなければ利用できません。

※ただし、著作権が存続している画像（著作物）を権利者に無許諾で自分のWebサイトに誰でもアクセスできるような状態にアップロードすると、複製権・公衆送信権の侵害になります。著作権が消滅していても、著作者人格権の侵害になるような利用はできません。また、画像が写真の場合は、被写体が非著作物であっても写真の著作物なので写真の著作権者の許諾なしに利用することはできません。

著作権法では、Web上の画像（著作物）について「公衆送信権」すなわち「著作者は、その著作物について、公衆送信（自動公衆送信の場合にあっては、送信可能化を含む。）を行う権利を専有する」（23条）という権利が定められています。つまり、著作者は著作物をテレビ・ラジオなどのメディアを利用して、不特定多数の人々に放映・放送する（広める）権利を独占しているということです。「自動公衆送信」はインターネットのことで、「送信可能化」は、自分のWebサイトに著作物（ファイル・画像）を誰でもアクセスできるような状態にアップロードすることです。「公衆送信権・送信可能化権」は、著作権者だけが専有している権利なので、Web上の画像の著作権が消滅していない場合、権利者に無許諾で自分のWebサイトに設置すれば複製権・公衆送信権の侵害になります。「送信可能化権」については、実際に送受信が行われなくても、送信可能な状態にするだけで「送信」に含まれます。

さて、Web上の画像には絵画・イラスト・写真などがあります。特に写真の場合に注意しなければならないのは、その被写体が自然や風景などの非著作物であっても、写真の著作物は写真の著作権者（撮影者）に著作権があるため、保護期間が満了していない場合は写真の著作権者の許諾が必要ということです。その他、画像の被写体が著作権法ではなく意匠法で保護される自動車・船舶・汽車、また、美術工芸品以外の応用美術品（産業上利用される美の創作物）なども、意匠として使用しないのであれば利用できます。ただし、いずれも画像が写真の場合は複製写真を除き、撮影者への権利処理を行う必要があります。

尚、著作権とは関係ありませんが、使い方によっては、被写体の管理者や所有者から使用料を請求される現状があることも踏まえておいてください。

また、Web上では〈著作権フリー〉とうたって写真やイラストを提供するサイトが多数存在しますが、著作権を放棄していない場合がほとんどなので、どのような使い方をしてもフリー（自由）というわけではありません。それぞれの利用規定などをよく理解し、著作権者の定めたルールに従って使用するという認識が必要です。

ATTENTION!

著作権が消滅していない画像や映像を権利者に無許諾で自分のWebサイトにアップロードすると、複製権・公衆送信権（送信可能化権）の侵害になります。画像が写真の場合は、写真の著作権者（撮影者）に対する権利処理を行わなければ使用できません。

関連事項

インターネットと公衆送信権

インターネットが普及するまでは、画像や映像の〈送信者〉はテレビ・ラジオなどの放送局やアマチュア無線の免許保有者で、利用者は単なる〈受信者〉でした。ところが、インターネットの普及により、それを利用するすべての人が〈送信者〉であると同時に〈受信者〉となることを可能にしました。パソコンと回線をつなげば誰でも送受信が可能な時代に即して、1997（平成9）年の著作権法改正で、公衆送信権と送信可能化権が定められました。したがって、インターネット上で他者の著作物を公開する際には、公衆送信権に対する許諾（インターネット上で公開してもよいという許諾）が必要です。

関連リンク　複製権・公衆送信権・送信可能化権 ⇒ P.012　例外的保護期間（写真の著作物）⇒ P.016
写真の著作権 ⇒ Q21　複製写真 ⇒ Q2・Q17　被写体（風景）⇒ Q5

第2章 著作権Q&A

Q16 著作者に使用許可を得ている著作物を無許諾でトリミングしてもいいのですか？

✕ トリミングをして使用

○ トリミングをせずに使用

著作者に使用許可を得た写真

A. 著作物の使用許可を得ていても、権利者に無許諾でトリミングすると、同一性保持権の侵害になります。

※著作物のトリミングなどの改変を行う権利、また改変を許可する権利は、著作者本人だけが保有する著作者人格権のひとつ「同一性保持権」です。トリミングなどの改変が必要な場合は、著作物の使用許可とともにその許可も得るべきでしょう。

著作権法では、著作者の人格権のひとつとして「同一性保持権」を定めています。これは、「著作者は、その著作物及びその題号の同一性を保持する権利を有し、その意に反してこれらの変更、切除、その他の改変を受けないものとする」という権利です（20条）。トリミングは、この「変更、切除、その他の改変」にあたるため、著作物の使用許可を得ている場合でも、権利者の「意に反して」トリミングを行えば、同一性保持権の侵害になります。したがって、著作物の使用許諾を得たのちに、レイアウトなどの都合でトリミングを行う場合は、事前に著作者の許諾を得る必要があります。

著作権法では、著作者の生存中および著作者の死後も、著作者の人格的権利を侵害するような行為は禁止しています（60条）。たとえば、著作者が生存していたら、「トリミングするならば使用は許可できません」と言われることもあるかもしれません。つまり、著作者の死後であっても、勝手なトリミングなどの改変にあたる行為をしてはならないということです。人格的権利を侵害するような改変が行われた場合、遺族などから使用差し止めなどを請求されるケースもありますので慎重な対応が必要です（116条）。

関連事項

同一性保持権の例外的適用

同一性保持権は、著作者のみが有する重要な権利です。しかし、著作権法第1条に掲げられた著作権法の目的、「文化の発展に寄与すること」に沿って、非常に強い力を持つ同一性保持権の例外的適用が定められています（20条第2項）。以下はその要約です。

1. 学校教育の目的上やむを得ないと認められるもの。
2. 建築物の増築、改築、修繕又は模様替えによる改変。
3. プログラムの著作物を電子計算機（コンピュータなど）においてより効果的に利用し得るようにするために必要な改変。
4. 著作物の性質並びにその利用の目的及び態様に照らしやむを得ないと認められる改変。

この4号で認められる「やむを得ないと認められる改変」にあたる事例として、「スゥイートホーム事件」（東京高裁1998〈平成10〉年7月13日）があります。判決は、映画をテレビ放映したり、ビデオ・DVD化する際に、画面の一部をトリミング（切除）することは、著作権法20条1項に規定する改変に当たるとした上で、原告は本件映画がビデオ化される際には、トリミングが行われることを了解していたこと、ビスタサイズの映画がビデオ化される際には、スタンダードサイズにトリミングされることは当時では通常であったこと、などの事実をあげてやむを得ない改変に該当するとしました。また、他者の漫画を引用する際に、人物が特定できる似顔絵の顔に、似顔絵本人の名誉感情を侵害しないよう目隠しを書き込んだ「脱ゴーマニズム宣言事件」（東京高裁2000〈平成12〉年4月25日・最高裁2002〈平成14〉年4月26日上告棄却）も、同一性保持権侵害にならなかったケースです。

ATTENTION!

権利者から使用許諾を得ている著作物でも、無許諾でトリミングすれば、著作者人格権（同一性保持権）の侵害になりますので、著作物を加工する場合は、あらためて権利者に許諾を得る必要があります。著作権が消滅したのちも著作者人格権を侵害するような行為は禁じられていますので慎重な対応が必要です。

関連リンク 同一性保持権 ⇒ P.012　著作者人格権 ⇒ Q1関連事項　変更・削除などその他の改変 ⇒ Q3

第 2 章 著作権 Q&A

Q17 絵画の複製写真を撮影者の許諾を得ずに流用していいのですか？

【作品例】以前の企画で使用した絵画の複製写真を別の企画に流用
複製写真は著作物と認められないため撮影者に無許諾で使用できます

複製写真を流用

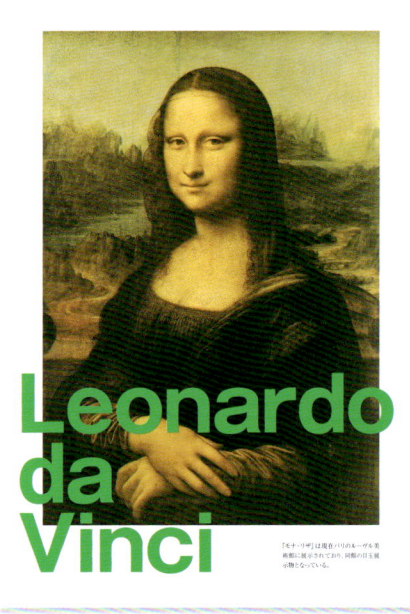

A. 絵画の複製写真には創作性が認められず保護を要する著作物ではないため、自由に利用できます。

※ただし、被写体である著作物（絵画）の著作権が存続している場合は、その著作権者に無許諾で使用すると著作権侵害になります。

絵画のような平面の著作物をそっくりそのまま撮影した写真は、カメラのメカニズムによってコピー（複写）した複製写真といわれています。原画を忠実に再現した複製物には創作性が付加されたとは評価されず、新たな著作物とは認められないため、複製写真そのものに著作権は発生しません。彫刻のように立体的なものを撮影した写真は、撮影する際にさまざまな工夫が創作的に行われるため、著作物として認められています。したがって、絵画の複製写真を撮影者の許諾を得ずに複製し利用しても著作権侵害にはなりません。ただし、複製写真の被写体になっている著作物の著作権が消滅していない場合は、その権利者に無許諾で複製写真を流用すれば複製権の侵害になります（21条）。つまり、著作権が消滅している絵画の複製写真であれば、全く自由に利用できるということです。

ただし、この場合、その著作物の所蔵者から、直接、複製写真等の提供を受けない場合であっても、対価を請求されるケースがあります。これは、著作権とは関係がなく、また、著作物の所蔵者の所有権に直接関係するものでもありません。著作権と所有権の関係および所有権の限界については、有名な判例「顔真卿自書建中告身帖事件」があります。

所蔵者などから著作物の複製写真を借り受ける場合は、所蔵者が提示する使用規定・使用条件などに、流用に関する内容が盛り込まれている例も多くあるようなので、最初に取り決めた使用規定・使用条件をよく確認する必要があります。

関連事項

複製写真の著作物性が争われた「版画写真の著作物事件」

版画雑誌「版画芸術」のために作成された版画の写真・作家のポートレイト・記事が、別の書籍「版画事典」に無許諾で使用されたことに対して、「版画芸術」の版元（X-1）と版画写真の撮影者（X-2）が著作権侵害であるとして、「版画事典」の版元（Y-1）および外部関係者（Y-2）に損害賠償請求を起こした事件です。Y-2は、かつてX-1の依頼でその編集に携わっていました。東京地裁において、Xらは、版画の写真は撮影に工夫を凝らした写真の著作物であり、その著作権はX-1にあり、社員で撮影者だったX-2が退社した後にはX-2に帰属すると主張。記事については、Y-2に依頼したものの、Y-2は主に記事を構成するデータ収集などに労力を費やしたので、X-1に編集著作権があると主張。したがって、それらを無許諾で「版画事典」に掲載したYらの行為は著作権侵害であると主張。一方、Yらは、平面的な版画を撮影した複製写真に創作性はなく、Xらに著作権はないため、著作権侵害ではないと主張。記事についても、依頼を受けたとしても、X-1の従業員ではなく、作成したY-2個人に著作権があると主張しました。東京地裁は、版画写真については、「完全に平面ではなく、凹凸があるものがあるが、それらの凹凸はわずかなものであり、完全に平面ではない作品を撮影した写真についても著作物性を認めることはできない」として、Xらの請求を棄却。記事についてもY-2の著作物であることを認め、Xらの請求を退けました。ただし、Xの写真に含まれる作家のポートレイトには著作物性を認め、Yらに損害賠償の支払いを命じました（東京地裁1998〈平成10〉年11月30日）。

ATTENTION!

複製写真には創作性が認められず新たな著作物ではないため、自由に利用できます。ただし、被写体である絵画などの著作物に著作権が存在していれば、権利者に無許諾で利用した場合は著作権侵害となります。著作権が消滅している場合でも、流用に際しては、その著作物の所蔵者から対価を請求される場合もありますが、これは著作権とは関係ありません。

関連リンク　著作物とは ⇒ P.006　複製写真 ⇒ Q2　写真の著作物性 ⇒ Q2関連事項　複製利用 ⇒ Q14
所有権・使用収益権 ⇒ Q1・Q2・Q14・Q15・Q22・Q29　判例06

Q18 高級外車が写り込んでいる写真を広告に使っていいのですか？

【作品例】クラシックなベンツが背景に写った写真を使用した広告

A. 写真の一部に背景として写り込んでいるだけならば、広告に使用しても問題はありません。

※ただし、高級外車の存在が意識的にアピールされている場合は、その製品の価値に便乗（フリーライド・タダ乗り）しているとみなされ、不正競争防止法や一般不法行為などによって使用差し止めを請求される可能性もあります。

美術品には、絵画や彫刻のように観賞を目的とする純粋美術と、商業的に大量生産される実用品などに施された美術的な技巧・デザインをいう応用美術があります。衣料品・靴・バッグなどの有名ブランド製品や自動車、包装紙などの実用品に施されているデザインは応用美術（産業上利用される美の創作物）の範疇であると考えられています。実用品すべてが応用美術作品であるとは言い切れませんが、これらは著作権法で保護される著作物ではありません。実用品に応用されたり、表面に付されているデザインなどが美術的な作品である場合、一般に応用美術として意匠法で保護されることになっています。意匠法で保護される意匠権とは、登録意匠にかかる物品を業として製作・使用・販売することができる権利なので、意匠として使用するのではなく、あくまでも広告写真の一部（背景）として使用する場合は問題がないと考えられます。

作品例の広告写真にはクラシックなベンツが写っていますが、この広告の目的はベンツをアピールすることではなく、単なる背景（写真の一部）として使用しているだけなので問題はないというわけです。ただし、自動車メーカーの広告に、競合会社の車をおとしめるような形で使用することは営業妨害などの行為にあたります。また有名ブランド製品の場合、そのブランドが持つ顧客誘引力を意識的に利用すると、その製品の価値に便乗（フリーライド・タダ乗り）しているとみなされ、不正競争防止法で規制される「著名表示の使用行為」に抵触する可能性や一般不法行為などによって使用差し止めを請求される場合もあります。できれば、一般消費者の誤認やトラブルを回避するために、なるべく有名ブランド製品などが写り込まないよう配慮すべきですが、よほど、そのブランドや製品のイメージダウンになるような扱い方や顧客誘引力を利用しない限り、問題にはならないでしょう。また、写真に写り込んでいる製品が大量生産のものではなく、一品制作の手工業的な美術品（椅子・壺・織物・刀剣など）の場合は、「美術工芸品」として著作権法で保護される美術の著作物に含まれます（2条2項）。しかしこの場合も、その作品を美術品として鑑賞目的で紹介するのではなく、単に広告写真の背景に日用品として使用する程度であれば問題ありません。

ATTENTION!

高級外車など実用品のデザインは、多くの場合、応用美術として意匠法で保護されます。一品制作の美術工芸品の場合は著作物として著作権法で保護されますが、いずれの場合も、広告写真の一部に背景として写り込んでいる分には、問題にはならないでしょう。ただし、その存在が意識的にアピールされている場合は、不正競争防止法や一般不法行為などによって使用差し止めを請求される可能性もあります。

関連事項

美術工芸品

著作権法で定められる「著作物」とは、「思想又は感情を創作的に表現したもの」（著作権法第2条1項）ですが、同条第2項では、「この法律にいう『美術の著作物』には、美術工芸品を含むものとする」と示されています。

一般不法行為

民法では、他人から損害を加えられた場合、契約関係がなくても、被害者から加害者に対する損害賠償請求権が認められています。
「故意又は過失によって他人の権利又は法律上保護される利益を侵害した者は、これによって生じた損害を賠償する責任を負う」（民法709条）

不正競争防止法第2条

この法律において「不正競争」とは、次に掲げるものをいう。
1. 他人の商品等表示（人の業務に係る氏名・商号・商標・標章・商品の容器若しくは包装その他の商品又は営業を表示するものをいう。以下同じ。）として受容者の間に広く認識されているものと同一若しくは類似の商品等表示を使用し、又はその商品等表示を使用した商品を譲渡し、引き渡し、譲渡若しくは引き渡しのために展示し、輸出し、輸入し、若しくは電気通信回線を通じて提供して、他人の商品又は営業と混同を生じさせる行為
2. 自己の商品等表示として他人の著名な商品等表示と同一若しくは類似のものを使用し、又はその商品等表示を使用した商品を譲渡し、引き渡し、譲渡若しくは引渡しのために展示し、輸出し、輸入し、若しくは電気通信回線を通じて提供する行為（以下略・P018 知的財産を守るその他の法律 参照）

関連リンク　応用美術 ⇒ Q8・Q42　不正競争防止法 ⇒ P.018・Q8・Q31・Q32・Q34・Q35・Q40・Q41　判例08

Q19 古い映画のパンフレットのスチール写真を商品パッケージに使ってもいいのですか?

【作品例】映画のスチール写真を使用したパッケージ
チャップリンの映画は、チャップリン個人の著作物として、保護期間を算出する必要があります。また、撮影現場などを撮影した写真の著作物の場合は、撮影者個人または法人に著作権があります。作品例は写真の著作権者に許諾を得て使用しています

A. スチール写真の著作権が消滅していれば自由に使用できます。

※ただし、映画のスチール写真には、映画フィルムから抽出したものと撮影現場を撮影した場合があります。いずれかによって著作権の保有者とその保護期間が異なりますので確認が必要です。また、写真に人物が写っている場合は肖像権(プライバシー権およびパブリシティ権)の問題にも注意しなければなりません。

映画『キッド』1921年公開のスチール写真

映画のパンフレットに掲載されている写真には、映画のフィルムから抽出したもの（映画のコマ落とし）と、宣伝用などに撮影現場を撮影した写真の場合があります。いずれも創作性が認められる場合は「写真の著作物」として保護されますが、それぞれ著作権の保有者とその保護期間が異なることに注意しなければなりません。

著作権に関していえば、映画のコマ落としの場合は、映画の著作物の一部なので映画製作者に著作権があり、保護期間は公表後70年です。ただし、映画の保護期間が公表後50年から70年に延長されたのは、2004（平成16）年1月1日の改正施行からなので、その改正が施行される前にすでに著作権が消滅したものにはその改正が適用されません。つまり1953（昭和28）年までに公表された団体名義の映画であれば著作権は消滅しています（関連事項およびP.073関連事項参照）。コマ落としの写真を使用することは、映画の著作物の一部を利用することになりますので、保護期間内であれば無許諾での使用はできません。

また、撮影現場などを撮影した写真の著作物の場合は、撮影者がフリーのカメラマンであれば撮影者個人に著作権があり、保護期間は撮影者（著作権者）の死後50年までです。撮影者が法人に属し、その法人の業務として撮影したのであれば、法人または法人の使用者が職務上作成した法人及び団体名義の著作物となり、保護期間は著作物の公表後50年です（創作後50年以内に公表されなかった場合は創作後50年・53条）。いずれの場合も保護期間内であれば、権利者の許諾なしには使用できないことは同様です。尚、写真の著作権は契約で移転している場合がありますので、権利者の確認は重要です。

また、その写真に人物が写り込んでいる場合は、肖像権（プライバシー権およびパブリシティ権）を侵害しないように注意しなければなりません。肖像権は、過去の判例から確立された人格的権利で、その肖像が具現化される場合のプライバシー権（私生活上の情報を秘匿する権利）およびパブリシティの権利（それを経済的に利用する権利）のことです。肖像権は、無名・著名にかかわらず、すべての人が持っている権利ですが、この肖像権を利用せしめるパブリシティ権を無許諾で利用した場合、たとえばその肖像が著名人だとすると、その人が有する顧客誘引力という経済的価値を侵害することになります。したがって、利用に際しては、事前に本人の許諾を得なければ、肖像権（プライバシー権およびパブリシティ権）の侵害を主張される恐れがあり、人格権侵害や名誉毀損で訴えられたり、使用差し止めや損害賠償請求をされる場合もあります。

ATTENTION!

映画のスチール写真は、フィルムのコマ落としでも、現場を撮影した場合でも写真の著作物として保護されます。それぞれの著作権の保護期間は、コマ落としの場合は「映画の著作物」の一部として公表後70年、「写真の著作物」の場合は撮影者（著作権者）の死後50年までです（著作権者が法人及び団体名義ならば公表後50年まで）。また、写真に人物が写っている場合は、肖像権（プライバシー権およびパブリシティ権）を侵害しないよう注意する必要があります。

関連事項

映画の1コマは写真の著作物

★「映画の映像も個々のコマを独立して印刷して利用するような場合には、写真の製作方法によるものといえるから、写真の著作物として保護される。この場合の著作権者は、映画製作者となる」半田正夫『著作権法コンメタール（1）』（勁草書房）

★「映画の1コマを印画紙などに焼き付けてできた画像は創作性が認められるならば写真の著作物である」『著作権事典』（出版ニュース社）

映画の著作権保護期間の移り変わり

★1970（昭和45）年12月31日まで（旧著作権法下）
・独創性があり、個人（自然人）名義（旧法22条の3、3条、52条）
→死後38年
・独創性があり、団体名義（旧法22条の3、6条、52条）→公表後33年
・独創性なし（旧法22条の3、23条、52条）→公表後13年

★1970（昭和45）年制定の現著作権法。[1971（昭和46）年1月1日施行]
→公表後50年 独創性の有無、個人名義、団体名義の区別なし。旧法の保護期間が改正法の期間より長い場合は旧法適用（附則7条）。

★2003（平成15）年の改正法。[2004（平成16）年1月1日施行]
→公表後70年 現在に至る。

1953（昭和28）年公開映画の保護期間

1953（昭和28）年公開の映画の著作権は、2003（平成15）年の改正法により保護期間は20年延長されるかどうかについて争われた「シェーン格安DVD販売事件」裁判で、最高裁判所は、平成15年の改正法附則2条の「この法律の施行の際に改正前の著作権法による著作権が存する映画の著作物」に該当せず、映画「シェーン」（独創性があり、団体名義の映画の著作物）の著作権は2003（平成15）年12月31日で保護期間は満了したと判示した（最高裁三小法廷、2007〈平成19〉年12月18日判決）。

関連リンク 例外的保護期間 ⇒P.016　著作隣接権 ⇒P.017　著作者と著作権者 ⇒P.010
肖像権（プライバシー権およびパブリシティ権）⇒Q6・Q22・Q23・Q24・Q25　著作隣接権 ⇒Q20

Q20 テレビ番組の映像を複製し、CDジャケットに使っていいのですか？

テレビ番組＝映画の著作物、さらに著作権とは別に著作隣接権がある

著作隣接権を有する人

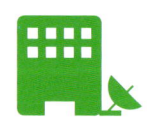

放送事業者・有線放送事業者
放送あるいは有線放送を業として行う者
ex. 日本放送協会・民間放送会社・ケーブルテレビ局など

実演家
実演を行う者
ex. 俳優・舞踏家・歌手・演奏家・指揮者・演出家など

レコード製作者
最初に音を固定した者

A. 著作権法上テレビ番組は、「映画の著作物」です。映画の著作権の保護期間が消滅していなければ、著作権者の許諾なしには使用できません。

※テレビ放送を受信して、その映像・音声を録画・録音・写真撮影する場合は、テレビ番組の著作権のほかに、テレビ放送局の著作隣接権が関係してきます。放送事業者は放送を録画・録音・写真などによる方法で複製することについて許諾する権利を有します。この権利は、番組に著作権があるかないかに関係なく存在します。

著作権法では、映画の著作物には、映画の効果に類似する視覚的又は視聴覚的効果を生じさせる方法で表現され、かつ、物に固定されている著作物を含むものとする」(2条3項)と示されています。したがって、テレビ番組・ビデオ・DVD・ゲームソフト・テレビCMなどは、動く映像がビデオやDVDなどの物に固定されている「映画の著作物」として著作権法で保護されています。生放送で固定されていない場合は、映画の著作物ではありません。映画の著作物の保護期間は公表後70年です。ただし、映画の保護期間が公表後50年から70年に延長されたのは、2004(平成16)年1月1日の改正施行からなので、この改正により保護期間が延長された場合、その改正が施行される前にすでに著作権が消滅したものにはその改正が適用されません。したがって1953(昭和28)年までに放送されたテレビ番組であれば著作権は消滅しています。この場合、注意しなくてはならないのは、テレビ番組の著作権が消滅していても、その映像を、近年あらためて放映されたテレビ番組から複製して使用する場合は、テレビ局など放送事業者の許諾を得なければならないということです。番組自体の著作権の保護期間は過ぎていても、それとは別に、放送事業者には著作隣接権があるからです。テレビ番組には番組の著作権のほかに、その著作物を伝達するために重要な役割を果たす実演家・レコード製作者・放送(有線放送)事業者などが著作隣接権を有しています。放送事業者が持つ著作隣接権の保護期間は放送された時から50年です。映画の著作物としてのテレビ番組の著作権は、番組制作者である放送事業者あるいは制作プロダクションに帰属しますが、その権利関係は複雑なのでよく確認することが必要です。

関連事項

著作隣接権

テレビ局など放送事業者は、番組の著作権とは別に、放送そのもの(音声・映像信号)を受信して複製することなどを許諾・禁止する権利である著作隣接権を有しています。したがって下記のような場合には放送事業者の許諾を得なければなりません。

★複製権(98条)
　放送を録音・録画する場合。写真や写真に類似する方法によって複製する場合(私的使用のための複製は除く)。

★再放送権及び有線放送権(99条)
　放送を受信して放送・有線放送する場合。

★送信可能化権(99条の2)
　放送を受信してネット上のサーバーにアップロードし、自動的に受信できるように設置する場合。

★テレビジョン放送の伝達権(100条)
　テレビ放送を受信して、超大型テレビ・ビルの壁面ディスプレイなどで伝達する場合。

ATTENTION!
テレビ番組には番組自体の著作権とともに、放送事業者・有線放送事業者・実演家・レコード製作者が有する著作隣接権があります。著作権および著作隣接権が消滅していない映像(映画の著作物)を使用する場合は、これらすべての権利者の許諾が必要です。

関連リンク　著作物の種類(映画の著作物)⇒P.008　映画の著作物⇒P.011
　　　　　　例外的保護期間⇒P.016　著作隣接権⇒P.017・Q19

第2章 著作権Q&A

Q21 著名な写真家、たとえば土門拳の写真をチラシに使っていいのですか?

【作品例】土門 拳『水あそび』を使用したチラシ。
1936（昭和11）年に製作された写真のため著作権は消滅している

元の写真

A. 利用に際して、写真の著作権者の許諾が必要か否かは、作品の製作（創作）および公表年を確認する必要があります。

※ただし、著作権が消滅している写真であっても、著作者人格権を侵害するような使用は禁じられています。

旧著作権法における写真の著作物の保護期間は、発行後（発行しない時は種板製作後）10年でした（旧著作権法第23条）。この保護期間が、1967（昭和42）年から12年、13年と暫定的に延長され、1970（昭和45）年の法律改正により公表後50年になり、1996（平成8）年の改正で、一般の著作物と同様に著作者（撮影者）の死後50年となりました。この延長措置がとられたのは、1967（昭和42）年からなので、たとえば1956（昭和31）年発行（公表）の写真は、1966（昭和41）年の12月31日に保護期間が満了しているため、その翌年の1967（昭和42）年7月からの延長措置は適用されません。したがって、1956（昭和31）年12月31日までに発行（公表）された写真の著作権はすべて消滅しているため自由に使用できます。1947（昭和22）年から1956（昭和31）年までに創作（製作）された写真の著作物のうち、創作（製作）後10年以内に発行（公表）され、かつ、その発行（公表）が1957（昭和32）年以降だった場合には、著作者の死後50年まで保護されることになります。同じ1947（昭和22）年から1956（昭和31）年までに創作（製作）された写真の著作物でも、創作（製作）後10年以内に発行（公表）されなかった場合、あるいは、発行（公表）が1947年から1956年の間だった場合は、著作権は消滅しています。1957（昭和32）年以降の製作（創作）・発行（公表）の場合は、著作者の死後50年まで保護されます。

以上のことを踏まえて土門拳の場合の著作権の保護期間を考えてみます。土門拳は1909（明治42）年生まれで1930年代から写真家として活躍し、1990（平成2）年に死亡していますので、著作権が消滅している作品と存続している作品が存在することになります。その作品が1956（昭和31）年までに発行（公表）されたものは著作権が消滅しています。1957（昭和32）年以降に発行（公表）された作品については、旧法の創作後10年以内に発行（公表）されなかったものは消滅するという規定で消滅したものと、権利が存続しているものがあります。作品例の1936（昭和11）年に製作（創作）された写真は既に著作権が消滅していますが、例えば、1953（昭和28）年に製作（創作）された写真は、1957（昭和32）年から1963（昭和38）年の間に発行（公表）された場合のみ、死亡年より50年後の2040年まで著作権が保護され、それ以外の年に発行（公表）された場合、著作権は消滅しているということになります。

ただし、著作権の保護期間を経過している写真であっても、肖像権（プライバシー権およびパブリシティ権）を侵害するような行為、また、著作者人格権の侵害となるような行為は禁止されていますので（59・60条）慎重な対応が必要です。

ATTENTION!

1946（昭和21）年以前に製作（創作）された写真の著作権は消滅していますので、自由に使えます。1947（昭和22）年から1956（昭和31）年までの間に創作され写真は、発行の時が1956（昭和31）年以前であれば消滅、製作（創作）後10年以内で、かつ、1957（昭和32）年以降発行（公表）のものと、1957（昭和32）年以降の製作（創作）・発行（公表）の場合は著作者の死後50年の保護となりますので、注意が必要です。ただし、著作権が消滅した写真であっても著作者人格権を侵害するような使用はできません。

関連事項

発行（公表）時か製作時か

1956（昭和31）年12月31日までに製作された写真は、発行（公表）しなくても1966（昭和41）年12月31日で保護期間は終了しています。したがって1956（昭和31）年12月31日に製作した写真を、平成22年3月に発行（公表）したとしても、その写真の著作権は既に消滅しています。しかし、1956（昭和31）年に製作した写真でも、その写真が1958（昭和33）年に発行（公表）された場合は、当時の発行時起算の原則により、保護期間は発行の翌年の1959（昭和34）年から10年間となり、その後の延長措置により、著作者の死後50年の保護が適用されますので、注意が必要です。

1956（昭和31）年12月31日迄に
発行（公表）
↓
著作権は消滅
↓
許諾は不要

1947（昭和22）年から1956（昭和31）年12月31日迄に製作（創作）
↓
創作後10年以内の発行（公表）であって、かつ、1957（昭和32）年以降の発行（公表）
↓
保護期間は著作者の死後50年

1957（昭和32）年1月1日以降に製作（創作）
↓
著作権の保護期間は著作者の死後50年
↓
権利者の許諾が必要（著作者死亡の場合は著作権を継承した権利者）

関連リンク　著作者人格権 ⇒ P.012　例外的保護期間（写真の著作物）⇒ P.016
肖像権（プライバシー権およびパブリシティ権）⇒ Q6・Q19・Q22・Q23・Q24・Q25

Q22 許諾を得ずに撮った動物の写真を広告に使っていいのですか？

【作品例】動物園のパンダを撮影した写真を使用した広告

A. 基本的に、動物には肖像権がないので使用できますが、顧客誘引力がある動物は、飼い主や管理者の許諾が必要な場合が多いでしょう。

※撮影が制限されている施設内などでは、無許諾で撮影することはもとより、撮影の許諾を得たとしても、その写真の使用が制限される場合もあります。

基本的に、動物には、人格的権利である肖像権（プライバシー権およびパブリシティ権）は適応されませんので、撮影者の許諾を得れば、広告に利用することができます。実在する競走馬の馬名をゲームソフトに無断で使われたとして、そのパブリシティ権が争われた裁判「ダービースタリオン事件」において、パブリシティ権とは人格権に根ざすものと解すべきであって、競走馬の氏名権、肖像権およびパブリシティ権は認めることができないという判決が下されています。

しかし、顧客誘引力があるペットや動物園などの施設内で飼育されている動物、また、日光さる軍団のようにマスメディアなどで有名になった動物の場合は、飼い主や管理者（所有者）にはその所有権に基づく使用収益権があります。使用収益権とは、所有者がその所有物を使用することによって利益を得る権利のことです。民法では、「所有者は、法令の制限内において、自由にその所有物の使用、収益及び処分をする権利を有する」と定められています（民法第206条）。したがって、撮影およびその写真を使用する許諾を得なければ利用できない場合が多いでしょう。このような有体物の所有権とその撮影に関して参考になる判例として「かえでの木事件」があります。

また、動物園などのように管理者が撮影を制限している施設内では、あらかじめそのことを承知した上で入場することが前提となりますので、そうした施設内において無許諾で撮影すると契約違反になります。また、施設内における撮影の許諾は得ていたとしても、その写真の利用に管理者が使用条件を定めている場合もあります。さらに、このような顧客誘引力を有する動物を無許諾で被写体として利用した場合には、所有者から使用の制限を受ける場合や使用料を請求される場合もあります。トラブルを回避するためには、実務上、確認しておくことが必要でしょう。

関連事項

競走馬の名前のパブリシティ権「ダービースタリオン事件」「名馬の名前パブリシティ権事件」

実在する競走馬の馬名をゲームソフト「ダービースタリオン」に無断で使われたとして、競走馬の所有者である馬主20人が制作会社に損害賠償と販売の差し止めを求めた事件です。東京高裁は、馬名をゲームソフトに使用できるとした一審判決（東京地裁）を支持し、馬主側の控訴を棄却。パブリシティ権とは人格権に根ざすものと解すべきであって、競走馬の氏名権・肖像権およびパブリシティ権は認めることができないと判示しました（東京高裁2002〈平成14〉年9月12日）。また、別件ですが同様に、名馬の名前にパブリシティ権があるかどうかが争われた「名馬の名前パブリシティ権事件」があります。一審（名古屋地裁）、二審（名古屋高裁）とも、範囲を絞ったもののパブリシティ権を認め、実名を使用したゲームソフトの販売会社に馬主側への損害賠償を命じました。しかし、最高裁（第二小法廷）では、競走馬の名称が顧客吸引力を有するとしても、物の無体物としての面の利用の一様態である競走馬の名称等の使用につき、法的根拠もなく所有者に排他的な使用を認めることは相当でないとして、物である馬にパブリシティ権はないと判断。一・二審判決を破棄する逆転判決の結果、馬主側の請求を退けました（最高裁第二小法廷2004〈平成16〉年2月13日）。

物の所有権「かえでの木事件」

観光地としても有名な、巨大なかえでの木を無断で撮影し写真集を出版されたとして、土地の所有者がその所有権に基づき、出版社に対して写真集の出版・販売の差し止めと損害賠償を求めた事件です。東京地裁は、所有者の権利の内容は、有体物としてのかえでを排他的に支配する権能（権利を行使する権利）にとどまるのであり、かえでを撮影した写真を複製したり、複製物を掲載した書籍を出版したりする排他的権能を包含するものではない。そして、第三者がかえでを撮影した写真集を出版・販売したとしても、有体物としてのかえでを排他的に支配する権能を侵害したということはできない。したがって、所有権が侵害されたと言うことはできないと、所有者の請求を棄却しました（東京地裁2002〈平成14〉年7月3日）。

ATTENTION!

基本的に動物には人格的権利である肖像権（プライバシー権およびパブリシティ権）はないので、写真の著作権者である撮影者の許諾を得れば動物の写真を広告に使用できます。ただし、マスメディアなどで著名な顧客誘引力がある動物の場合は、管理者（所有者）の許諾が必要な場合もあります。また、野生動物以外は、現実的には撮影や写真の使用を制限されたり、管理者（所有者）から使用料などを請求される場合もあります。

関連リンク　例外的保護期間（写真の著作物）⇒P.016　肖像権（プライバシー権およびパブリシティ権）⇒Q6・Q19・Q23・Q24・Q25　所有権（使用収益権）⇒Q1・Q2・Q14・Q15・Q17・Q29　屋外の撮影⇒Q28・Q29　施設内の撮影⇒Q30

Q23 一般人が写っている写真を広告に使っていいのですか？

【作品例】 観光客が写っているスイスアルプスの写真を使用した広告。人物が特定できる写真はその人物に使用の許諾を得なければならない

A. 一般人でも著名人でも、人物が特定できる肖像は、本人の許諾を得なければ使用できません。

※ただし、報道目的の写真や、公園・街路など公の場所で不特定多数の撮影が予測されるイベントや集会においての写真は、肖像権を主張できない場合もあります。しかし場合によっては、権利侵害か否かの判断が微妙になるため、慎重な配慮が必要です。

たまたま写真の一部に写り込んでいる場合でも、被写体になった人が誰であるか判別・特定できる場合は、本人の許諾を得ずに使用するとクレームの対象になることが考えられます。これは、すべての人に肖像権があるからです。肖像権は、法律で明文化された権利ではありませんが、過去の判例から確立された人格的権利で、その肖像が具現化される場合のプライバシーおよびパブリシティの権利のことです。つまり、自分の肖像をみだりに撮影されたり、絵に描かれたりしない権利がプライバシー権で、逆にそれを経済的に利用する権利がパブリシティ権です。肖像権は、これらを総合して、自己の情報をコントロールする権利ともいわれています。一般人・著名人にかかわりなく誰にでも適用される権利ですが、たとえば、その肖像が著名人だとすると、無許諾で使用することによって、その人が有する顧客誘引力という経済的価値を侵害することになります。したがって、一般人・著名人いずれの場合も、肖像を公開したり、広告に利用する場合は、事前にその目的や方法を伝えた上で、撮影と使用の同意（許諾）を本人に得なければ、プライバシー権およびパブリシティ権侵害を主張される可能性があるということです。この場合、口頭だけではなく文書で許諾を得ることが望ましいでしょう（未成年の場合は保護者の承諾が必要）。

しかし、特定できる人物の写真や映像を使用できないとなると、公の場所やイベントなどでの撮影やその写真の公表ができなくなってしまいます。そのため、肖像権およびパブリシティ権が主張できない場合もあります。たとえば、公共の利益が優先される報道目的の写真、公園や街路など公の場所で行われる集会やイベントなどに参加した場合、不特定多数の人によって撮影されることが予測される場合などです。ただしこの場合も、特定できる人物の撮影や公表が、肖像権侵害にはあたらないという判断が難しいことも事実です。トラブルを回避するためには、人物の顔をアップで撮影することは避け、後ろ姿を撮影するなどして、その人が特定できる写真の使用は避けることが賢明でしょう。

ATTENTION!

すべての人は、本人の意に反してその姿をみだりに撮影・公表されない人格的権利、肖像権（プライバシーおよびパブリシティ権）を有しています。
人物が特定できる写真（肖像）を利用する場合は、無名・著名にかかわらず、本人に撮影および公表することへの許諾を得る必要があります。許諾を得ていない場合は権利侵害になりますので、人物が特定できる写真の使用は避けるべきでしょう。

関連事項

プライバシー権

プライバシー権は古典的には〈ひとりで放っておいてもらう権利 The right to be let alone・個人の私生活がみだりに公開されない権利〉といわれています。情報化が進んだ現代社会においては、国家などが保有する個人に関する情報の訂正・削除などを求めることもできる積極的権利として、〈自己情報コントロール権〉ともいわれています。皇室関係者や政治家などの公人の肖像権は、公的領域での活動が多いため肖像権侵害にならない場合が多いようですが、公人であっても、私的生活領域での撮影、その写真や映像を公表する場合は肖像権・プライバシー権侵害を主張される場合もあります。写真や映像を商品・広告などに利用するとパブリシティ権の侵害、また、名誉を傷つけるような利用には名誉毀損を主張されることもあります。

写真撮影の適法性
「京都府学連事件」

警察官がデモ行進中の人を犯罪捜査のために写真撮影したことに対する適法性などが争われた事件です。最高裁大法廷において、「個人の私生活上の自由の一つとして、何人も、その承諾なしに、みだりにその容ぼう・姿態（以下「容ぼう等」という。）を撮影されない自由を有すものというべきである。これを肖像権と称するかどうかは別として、少なくとも、警察官が、正当な理由もないのに、個人の容ぼう等を撮影することは、憲法13条＊の趣旨に反し、許されないものといわなければならない」と判示されました。これは、捜査手段である写真撮影が肖像権との関係で述べられた最高裁大法廷における最初の判決で、実質的に肖像権が認められたものと考えられています（最高裁大法廷1969（昭和44）年12月24日）。

＊）日本国憲法第13条（個人の尊重と公共の福祉）
「すべて国民は、個人として尊重される。生命、自由および幸福追求に対する国民の権利については、公共の福祉に反しない限り、立法その他の国政の上で、最大の尊重を必要とする」（第3章国民の権利及び義務）

関連リンク　例外的保護期間（写真の著作物）⇒P.016　肖像権（プライバシー権およびパブリシティ権）⇒Q6・Q19・Q22・Q24・Q25　判例03

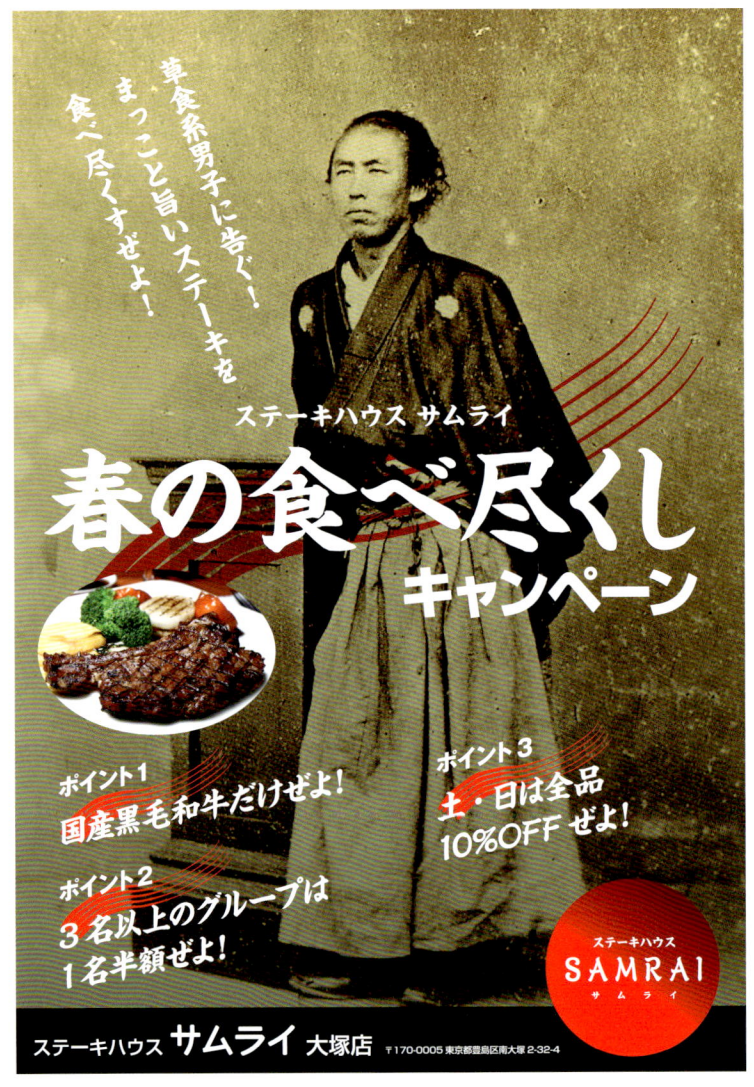

Q24 故人の肖像を無許諾で広告に使っていいのですか？

【作品例】坂本龍馬の肖像写真を使用した広告
坂本龍馬のような歴史上の人物ならば、肖像権を考慮せず使用しても問題ないと考えられます

A. 故人の肖像権については、法律で明文化されていませんが、使用に際しては遺族に許諾を得る必要がある場合もあります。

※ただし、肖像権とは別に、肖像が写真や美術の著作物の場合は、著作者に著作権があるため、保護期間内であれば権利者の許諾が必要です。

人の姿や顔を写した絵や写真・彫刻などには、肖像権のほかに著作物としての写真や美術の著作権が含まれています。

まず、肖像権についてですが、人にはすべて肖像権があります。肖像権は、過去の判例から確立された人格的権利で、その肖像が具現化される場合のプライバシー権（私生活上の情報を秘匿する権利）およびパブリシティの権利（それを経済的に利用する権利）のことです。この肖像権が故人にも及ぶかどうかについて、法律では規定されていませんが、人格的権利は、原則的に生存者に与えられている権利なので、本人死亡とともに消滅すると考えられています。しかし、氏名・肖像が有する財産的価値に由来する財産権パブリシティ権という立場からすると、相続の対象ともなり得るので、故人の死後も権利主張が可能になります。幕末に撮影された坂本龍馬のように、歴史上の人物についてはこれらの権利を考慮する必要がないのは自明ですが、いつから歴史上の人物となるのか議論があるところでしょう。著作権法の著作者死後の人格的権利の保護規定、「著作者が存しているとしたならばその著作者人格権の侵害となるべき行為をしてはならない」（60条）という条文は、故人の肖像権を考える上で参考にはなりますが、明文化された規定がない以上、故人の肖像の保護期間などは学説と司法判断に当面委ねられているのが現状です。たとえば、「通常の著作物と同等に、本人死亡もしくは公表後50年まで保護される」と解釈する学説や、「肖像権は人格的権利なので著作者人格権と同様に永久に存続する」と解釈する場合など様々なので、いずれにしても、生前本人から肖像権の使用許諾を得ている場合を除き、遺族の許諾を得て使用するほうが安全でしょう。この場合、肖像がイラストや似顔絵であっても、その人と特定できる場合は肖像権（プライバシー権およびパブリシティ権）が及ぶと考えられています。

さて、著作権についてですが、肖像が写真で「写真の著作物」の場合、絵画やイラスト（似顔絵）・彫刻など「美術の著作物」の場合は、著作権の保護期間内であれば著作権者の許諾が必要です。坂本龍馬の写真は、著作権法上は保護期間が消滅しているので自由に利用できますが、上記のように著作者本人の死亡後も著作者人格権を侵害するような行為は禁止されています（60条）。

ATTENTION!

故人の肖像に関しては、法律で明文化されていませんが、名誉・声望を害するような使用は避け、使用に際しては遺族の許諾を得るべきでしょう。また、肖像が写真や美術の著作物の場合、著作権の保護期間内であれば権利者の許諾を得る必要があります。著作権が消滅していても、著作者人格権を侵害するような行為は禁じられています。

関連事項

海外の故人（著名人）の肖像権

日本では、死亡後の著名人のパブリシティ権は法制化されていませんが、海外では法的に保護されている国もあります。米国では州によって肖像権を認めており、保護期間も州によって定められています。また、肖像権が法制化されていない州でも、裁判によって肖像権が認められることも多いようです。

肖像権管理エージェント

日本国内で海外の著名人の死亡後の肖像を使用する場合は、日本の法律が適用されますが、管理エージェントが存在し有料化されている場合も多いので、エージェントや相続人に利用の許諾および使用料を支払って使用するほうが、後々のトラブルを回避できるでしょう。たとえば、女優オードリー・ヘプバーン（1993年死亡）の肖像パブリシティ権は、「オードリー・ヘプバーン子供基金」の設立者である長男ショーン・ヘプバーン氏ら遺族側の意向で、厳正な管理が行われています。日本国内の権利処理窓口になっているのは株式会社東北新社。世界各国で開催されるヘプバーン関連展示会や出版など、同基金の収益の大部分が彼女の意志を継いで子供救護活動に使用されていることから、肖像使用料は協力的に納められているようです。

関連リンク　例外的保護期間（写真の著作物）⇒ P.016　肖像権（プライバシー権およびパブリシティ権）⇒ Q6・Q19・Q22・Q23・Q25　写真の保護期間 ⇒ Q21

Q25 著名人の氏名・署名・似顔絵を広告に使っていいのですか?

【作品例】福沢諭吉の似顔絵を使用した広告
福沢諭吉のような歴史上の人物ならば、似顔絵にして使用しても問題ないと考えられます

A. 著名・無名にかかわらず、無許諾による使用はできませんが、歴史上の人物ならば肖像権を考慮しなくてもいいでしょう。

※似顔絵であっても、その人が特定できる場合は、肖像権を侵害するような扱いはできません。似顔絵が美術の著作物の場合は、著作権の保護期間内であれば権利者の許諾が必要です。

俳優やスポーツ選手などの著名人は、マスメディアなどに露出することよって、著名人としての地位を確立していると考えられているため、よほど、その人のプライバシーを侵害したり、名誉を傷つけたりしなければ、氏名・署名・似顔絵（肖像）を書籍やマスメディアなどで利用することに関しては寛容な場合もあるようです。しかし、広告や宣伝に使用するとなると、著名人の氏名や肖像には、その人が有する顧客誘引力から生まれるパブリシティ権がありますので、無許諾で使用すると権利を侵害することになります。もともと著名人でも一般人でも、人にはすべて肖像権があります。肖像権は、過去の判例から確立された人格的権利で、その肖像が具現化される場合のプライバシー権（私生活上の情報を秘匿する権利）およびパブリシティの権利（それを経済的に利用する権利）のことです。パブリシティ権は、氏名や肖像が有する経済的な利益や価値を、本人のみが占有できる財産的な権利なので、広告・宣伝に使用することはもとより、カレンダーや商品などへの使用も、無許諾であれば、パブリシティ権を侵害する可能性があります。したがって、権利者に無許諾で広告に使用して権利を侵害することは不法行為（民法709条）として使用差し止めや損害賠償請求の対象になる恐れがあり、最高裁判所はパブリシティ権侵害となる3つの類型を示しています（関連事項参照）。また名誉を毀損するような内容であれば、名誉毀損罪に問われる場合もあります。似顔絵でも、その人と特定できる場合は、肖像権が及ぶと考えられています。

関連事項

パブリシティ権を認定した「ピンク・レディーパブリシティ権事件」

往年のアイドルグループ ピンク・レディーが、週刊誌「女性自身」の記事に無断で写真を掲載され、肖像権を侵害されたとして、発行元の出版社に損害賠償を求めた事件です。この記事は、タレントがピンク・レディーの曲の振り付けを利用したダイエット方法を紹介する内容で、ピンク・レディーのモノクロ写真が計14枚掲載されました。写真は過去に、ピンク・レディーの承諾を得て撮影したものでしたが、この記事に使用することについては、承諾を得ていませんでした。最高裁は、写真はモノクロで小さく、雑誌全体の数ページの使用にすぎないこと、記事の内容を補足する目的で使われたことなどを理由に、ピンク・レディーの肖像が有する顧客誘引力の利用を目的とした使用とはいえず、違法性はないと判断しました。この事件で、ピンク・レディーの請求は棄却されましたが、これまで法的に明確な規定がなかった著名人のパブリシティ権を最高裁判所が「法的に保護される権利」と明確に認定し、「パブリシティ権を侵害する3つの類型」を示した注目すべき裁判となりました。（最高裁2012（平成24）年2月2日）

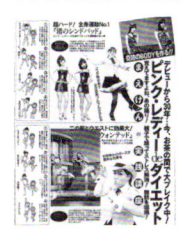

『女性自身』平成19年2月27日号光文社 刊

パブリシティ権を侵害する不法行為となる3類型

1. 肖像等それ自体を独立して鑑賞の対象となる商品として使用すること。（例：ブロマイド・グラビア）
2. 商品の差別化を図る目的で肖像等を商品に付けること。（例：キャラクター商品）
3. 肖像等を商品などの広告として使用すること。

顧客誘引力のある肖像等を上記のように、無断使用した場合は不法行為となります。

ATTENTION!

すべての人が肖像権（プライバシー権およびパブリシティ権）を有していますが、特に著名人の氏名・署名・似顔絵には経済的利益や価値があり、その財産的価値を利用する権利であるパブリシティ権を有していると考えられているので、権利者に無許諾で使用すると権利侵害になる可能性があります。似顔絵が著作物として認められる場合も、権利者に無許諾で使用すると著作権侵害になる恐れがあります。

関連リンク　著作物の種類 ⇒P.008　肖像権（プライバシー権およびパブリシティ権）⇒Q6・Q19・Q22・Q23・Q24　一般不法行為 ⇒Q18

第2章 著作権Q&A

Q26 他者の絵画やイラストを実写で表現して広告に使っていいのですか？

東山魁夷の絵画「緑響く」を実際の風景に白馬を配して絵画の絵柄、そっくりに表現した液晶テレビAQUOSの広告（2008年 シャープ）。東山魁夷（1999年没）の著作権は保護期間内なので著作権者の許諾を得て制作された

A. 著作権が消滅している絵画やイラストであれば自由に利用できますが、消滅していなければ使用できません。

※また、保護期間内の著作物を権利者に無許諾で、そっくりまたはアレンジし、実写で表現すると複製権の侵害になります。

美術の著作物である絵画やイラストを実写化した場合、その原作品の著作権が存続している場合は、具体的な表現や細部までそっくりに実写化すると、元の著作物の複製と考えられ、権利者に無許諾で作成すれば複製権侵害になります（21条）。これは絵画（イラスト）と写真というように、表現方法が異なる場合でも同じです。また、全く同じではなく多少アレンジして実写化した場合でも、複製あるいは翻案・変形と考えられ、翻案・変形の場合は二次的著作物を作成したことになります。したがって、権利者に無許諾で複製または翻案し公表した場合は、複製権・翻案権の侵害となります（27・28条）。

たとえば、フェルメールの絵画などを同様に実写化する場合、フェルメール（1632～1675年）は没後300年以上経過しており、著作権は消滅しているため自由に利用できます。ただし、著作権が消滅している著作物でも、著作者の人格権を侵害するような行為は禁じられています（60条）。また、左頁は東山魁夷の「緑響く」を実写化した実際の新聞全面広告です。東山魁夷は1999年に亡くなりました。したがって作品は著作権の保護期間内なので、著作権者の許諾を得て制作されました。どうしても他者の著作物を基に作品を創作したい場合は、著作物としての大きな特徴が感得できないよう、全く新しい作品に仕上げれば、著作権侵害にはならないでしょう。

ATTENTION!
著作権が消滅している絵画やイラスト（美術の著作物）であれば自由に実写化して利用できますが、保護期間内の著作物を無許諾で利用すれば複製権の侵害、アレンジして利用した場合は翻案権の侵害になる可能性があります。保護期間内である他者の著作物を基に実写化する場合は、元の著作物の特徴が感得できないよう新たな作品として創作すれば著作権侵害にはなりません。

関連リンク　二次的著作物 ⇒ P.009　翻案権 ⇒ P.012　イラストのアレンジ ⇒ Q3　写真を模写したイラスト ⇒ Q5　判例02

関連事項
漫画やアニメのキャラクターを演じるコスプレの写真集
漫画やアニメのキャラクター（登場人物）を模して、人が扮装するコスチュームプレイ（コスプレ）を撮影し、写真集を作成する際には、元の漫画・アニメの著作者にも許諾を得る必要があります。コスプレ（実写版）は平面である原画を立体的に複製した物なので、漫画やアニメの著作者には原作者としての著作権があるからです。この写真を個人的に楽しむ分には著作権侵害になりませんが、写真集にして公表するような場合は、著作権法第30条で認められた「私的使用のための複製」の目的外使用になるため、許諾を得る必要があります（著49条）。

コスプレ衣装の著作権
子供向けテレビ番組「獣拳戦隊ゲキレンジャー」の衣装を、著作権者である東映に無許諾で複製・販売していた男性が著作権法違反で逮捕され、罰金100万円の略式命令を受けた事件がありました。この男性は茨城県つくば市のご当地ヒーロー「時空戦士イバライガー」として活躍。以前から自ら衣装の製作もしていたところ、愛知県在住の男性と共謀し、無許諾で複製したゲキレンジャーの衣装をネットオークションで販売したことが逮捕理由。当時の新聞記事に、『コスプレに詳しい評論家の牛島えっさいさんは、今回の逮捕を「コスプレではなくコピーの問題」とみる。コスプレとは、自分が好きなキャラやアイドルに同化したいという愛情表現で、自分で工夫して作るところに意味がある。「コピーをして商売にしたらアウト」と話す。「ヒーローそのものに対する裏切り行為で、到底許されない」と刑事告訴に踏み切った東映も、「コスプレ文化を否定するものではない。著作権法の『私的利用』の範囲内であれば、むしろ思う存分楽しんで欲しい」（テレビ商品化権営業部）』という意見が紹介されています（朝日新聞2008年10月21日）。

Q27 ミッキーマウスのネクタイをしている人物の写真を雑誌に掲載できますか？

【作品例】ミッキーマウスのネクタイをした人物が写るインタビュー記事

A. 意識的にではなく、たまたま写り込んでいる写真であれば、掲載しても著作権侵害にはならないと思われます。

※ただし、たまたま写り込んでいる場合でも、いわゆる既存のキャラクターの無許諾による使用は、のちのトラブルを回避するためにも避けるほうが賢明でしょう。また、ミッキーマウスを主体に紹介するような場合は、無許諾であれば権利者から著作権侵害を主張される可能性があります。

ご存じのように、ミッキーマウスはディズニーのキャラクターです。キャラクターとは、漫画・アニメ・小説などに登場する架空の人物（動物）などのことで、容貌や姿態などが視覚的に表現されているキャラクターは美術の著作物として保護されると考えられます。また、その名称・容貌・姿態・役柄などには、特有の顧客誘引力があるため、商標法・不正競争防止法などによって保護されています。したがって、利用に際しては権利者の許諾が必要です。

では、作品例のように、ミッキーマウスが描かれている商品を購入し、その商品がたまたま写り込んでいる写真でも、権利者に無許諾で雑誌などに掲載すれば著作権侵害などを主張されるのでしょうか。一般的に考えれば、そのキャラクターを意識的にアピールしなければ著作権侵害にはならないと思われます。しかし、雑誌などで公表する場合は、何らかのクレームの対象になることも考えられるので、事前に掲載の可否などを問い合わせることが賢明な方法といえるでしょう。

ちなみに、ミッキーマウスの保護期間が満了し著作権が消滅すれば自由に利用できるのでしょうか。著作物であるならば、著作権が消滅する時がくるはずです。しかし、たとえ、著作権が消滅する時がきても、ミッキーマウスは商標として保護されているため、商標・商品として自由に使えるわけではないと考えるのが現実的です。

ATTENTION!

ミッキーマウスなどの視覚化されたキャラクターは、利用法によって著作権法や商標法・不正競争防止法などで保護されています。ミッキーマウスおよびその他のキャラクターの紹介を主体とする際の利用や、企業や商品のイメージキャラクターとして使用する際には、許諾（契約）が必要です。雑誌記事・広告写真などに偶然、キャラクターが写り込んでいる実例もあるようですが、できれば、そのような使用も避けたほうが賢明といえるでしょう。

関連リンク 著作物の種類 ⇒ P.008　例外的保護期間（映画の著作物）⇒ P.016　戦時加算 ⇒ P.017・Q4
映画の著作物 ⇒ Q19・Q20　判例04

関連事項

ミッキーマウスの保護期間

米国におけるミッキーマウスの著作権は、1928年製作のアニメーション映画「蒸気船ウィリー」が初出とされているので、米国の著作権法（保護期間95年）によって2023年まで保護されています。一方、日本では、1929年＋公表後50年（団体名義の映画のため）＋戦時加算3794日＝閏年も含め厳密に日数計算すると、1989年5月21日までとなり、映画の著作物としての著作権は消滅しています。しかし、たとえば、「蒸気船ウィリー」がウォルト・ディズニー個人の映画の著作物だとすれば、1967年＋38年（旧著作権法で計算）＋戦時加算3794日＝2015年5月22日まで。また、初出がウォルトによる原画（美術の著作物）だとすれば、1967年（ウォルト没年）＋50年（新著作権法による計算）＋戦時加算3794日＝2027年5月22日まで。実際に絵を描いた人物が、ウォルトとの共同著作者と解釈されるアブ・アイワークスであれば、1971年（アイワークス没年）からの計算になり、2031年5月22日まで保護されることになります。以上のように映画の著作物として使用する場合の著作権は消滅していますが、キャラクターとして使用する場合は話が複雑になります。

ミッキーマウス保護法

ミッキーのデビューは、1927年製作の第1作アニメーション映画「プレーン・クレイジー（飛行機狂）」でしたが、第1作目も同年製作の第2作目もサイレントで全く売れませんでした。1928年製作の第3作目「蒸気船ウィリー」からトーキーになって人気を博し、日本でも1929年に公開されました。日本では、この映画がNYで公開された1928年11月18日がミッキーの誕生日とされているので2012年には84歳になるわけですが、設定上、ミッキーは永遠のティーンエイジャー。ちなみに着ぐるみのミッキーの登場は1922年です。米国では、ミッキーマウスの著作権は、保護期間が切れる直前に何度も延長されてきたためミッキーマウス保護法と呼ばれる場合もあり、こうした体制を批判する向きもあるようです。

Q28 グリコのネオンサインを含んだ景観写真を広告に使っていいのですか？

【作品例】グリコのネオンサインを含む景観写真を使用した旅行パンフレット

A. 屋外に恒常的に設置されている美術の著作物の原作品は、本文で説明する例外を除き、自由に利用することができるため、広告の使用も可能です。

※ただし、グリコのネオンサインが美術の著作物か否か、また、その原作品か複製物であるかは不明ですが、仮に美術の著作物の原作品ではなく複製物である場合は、著作権法第46条は適用されませんので、無許諾で利用することはできません。

著作権法では、「美術の著作物でその原作品が前条第2項に規定する屋外の場所に恒常的に設置されているもの又は建築の著作物」は、「屋外の場所に恒常的に設置するために複製する場合」、「専ら美術の著作物の複製物の販売を目的として複製し、又はその複製物を販売する場合」を除き、「いずれの方法によるかを問わず、利用することができる」と定められています（46条）。

グリコのネオンサインが美術の著作物の原作品であるか否かは不明ですが、仮に「美術の著作物の原作品」である場合、そのネオンと同じネオンを複製して長く屋外に設置すること、そのネオンサインだけをクローズアップしたハガキ・ポスター・携帯ストラップなどを作り販売することを除けば、著作権法では自由に使用できるとされています。ただし、グリコのネオンサインに描かれている絵柄が商標として登録されている場合、商標権を侵害するような使用はできません。また、著作者の人格権を侵害するような行為は禁じられています（60条）。作品例のようにグリコのネオンが風景の一部（点景）として写っている景観写真であれば、「専ら美術の著作物の複製物」ではないので、権利者に無許諾で複製・販売しても著作権侵害にはなりません。ただし、利用に際して出所明示をする慣行がある時は、その慣行に従って出所明示をする必要があります（48条1項3号）。

さて、著作権法でいう「屋外」とは、街路・公園など一般公衆に開放されている場所、その屋外にある建造物の屋上・外壁など誰でも自由に鑑賞できる場所のことです（45条2項）。「恒常的」というのは、一般に、ある程度の長期にわたって継続して不特定多数の人が鑑賞できる状態に置くこととされていますので、短期間のイベントや展示などで数日〜数週間だけ展示される場合は「恒常的な設置」とはみなされません。

ショーウインドウの内部は建築物の屋内と考えられていますが、ショーウインドウ内に恒常的に固定されている作品の場合は、実質的に壁面と同じ「屋外の場所」と同じであるという解釈が可能な場合もあります。しかし、展示物が適時、模様替えされるのであれば、恒常的とはいえません。また、そこに展示されている美術・言語・写真などの著作物が写り込んでいる写真は、著作者に無許諾で利用すると複製権の侵害になる可能性があります。ただし、これらの著作物が景観写真にたまたま写りこんでいるだけで、その著作物をことさらにアピールするような扱いでない場合は、権利侵害にならないこともあります。また、特定できる人物が写り込んでいる場合は、肖像権にも留意する必要があります。

ATTENTION!

屋外に恒常的に設置されている美術の著作物の原作品は、その著作物を複製して屋外に恒常的に設置することや、専ら美術の著作物として複製・販売する場合を除き、自由に利用できます。

関連リンク 著作物の種類 ⇒ P.008　公開の美術の著作物の利用 ⇒ P.014
高級外車が写り込んでいる写真 ⇒ Q18　建築の著作物 ⇒ Q29　屋外の著作物 ⇒ Q30

関連事項

恒常的な設置と認められた「市営バス車体絵画掲載事件」

横浜市内を循環するバスの車体に絵を描いた画家が、そのバスの写真を無許諾で出版物に掲載した出版社を著作権侵害で訴えた事件です。裁判では、「市営バスは、『一般公衆に開放されている屋外の場所』である公道を運行しているものであるから、バスに描かれた絵も、『一般公衆に開放されている屋外の場所』または、『一般公衆の見やすい場所』にあるというべきである。また、市営バスは、特定のイベントのために短期間運行されていたのではなく、継続的に運行されているものであるから、美術の著作物を『恒常的に設置した』というべきである。また、出版社がバスの写真を出版物に掲載し販売したことは、その出版物『はたらくじどうしゃ』は幼児向けの写真集絵本であり、各種自動車の説明のための掲載であるから、『専ら美術の著作物の複製物の販売を目的として複製し、又はその複製物を販売する場合』には該当しない」などの理由で画家の請求を棄却しました（東京地裁2001〈平成13〉年7月25日）。

原作品

著作権法では、原作品に関する定義はありませんが、通常、オリジナルがひとつしか存在しない作品が原作品と考えられています。版画のように同じ作品が複数存在し、オリジナルか複製物（コピー）か判別しにくい場合は、著作者が原作品であると定めたものが原作品という解釈がなされています。写真については、ネガではなく、印画紙に写されたものが原作品と考えられています。

第2章 著作権Q&A

Q29 東京タワーや六本木ヒルズの外観写真を雑誌広告に使っていいのですか？

【作品例】東京タワーの外観写真を使用した広告

A. 著作権法では、建築の著作物はその建築物と同じ建築物を建てること、その建築物を販売すること以外であれば自由な利用が認められています。

※ただし、東京タワーや六本木ヒルズが建築の著作物か否かは一概に断定できません。しかし、東京タワーや六本木ヒルズの外観が含まれる街の風景には、基本的に著作権はありません。

著作権法によれば、建築物も「建築の著作物」として認められる場合があります。ただし、東京タワーや六本木ヒルズが建築の著作物であるかどうか、その見解は見識者の間でもさまざまに分かれており、一概に断定することはできません。しかし、著作権法では、「建築の著作物を建築により複製し、又はその複製物の譲渡により公衆に提供する場合」（46条2項）を除き、「いずれの方法によるかを問わず、利用することができる」と定められています。したがって、東京タワーや六本木ヒルズが建築の著作物であるとしても、東京タワーや六本木ヒルズそのものと同じ建築物を建てることや、その建築物を販売する以外であれば、自由に利用することができます。東京タワーを撮影しその写真を広告物に利用することも、映像として放映することも、ジオラマを制作することも、ミニチュア模型を作って販売することも、漫画の背景の絵に利用することも、変形（アレンジ）して利用することもできます。ただし、著作物ならば、著作者の人格権を侵害するような行為は禁じられています（60条）。

また、建築物のショーウインドウ内にある美術・写真・言語の著作物などが写りこんでいる写真は、それを権利者に無許諾で利用すると、複製権侵害になることも考えられます。建築物を含む写真に、その人と特定できる人物が写り込んでいる場合は、肖像権についても留意する必要があります。

また、著作権法に基づく権利の主張ではありませんが、建築物のイメージや経済的利益、評判や信用などを損なう恐れがある使用は、クレームの対象になることも考えられます。同様に、著作権法上は利用が許されていても、その建築物の著作権者や所有者などから使用料を請求される場合もあるようです。広告制作の現場などでは、所有者などとの今後の関係を考慮し請求に応じざるを得ない現状もあるようです。

関連事項

建築の芸術性

どのような建築物が建築の著作物なのかについては、以下のように見識者の間でも意見が分かれています。

★「宮殿や凱旋門などの歴史的建築物に代表されるような、知的活動によって創作された建築芸術でなくてはなりません」（加戸守行著『著作権法逐条講義』改訂新版）。

★「教会、市役所、博物館、学校、橋などの建造物が建築の著作物となる。瀬戸大橋、レインボーブリッジのような橋、東京タワーのような塔や記念碑も含まれる」（斉藤博著『著作権法』第3版）。

★「通常のありふれたビルとか一般住宅は通常、著作物として保護されないが、かといって芸術性の高い寺院とか公会堂だけが保護されるというように限定的に介すべきではなく、一般住宅などにおいてもそれが社会通念上美術の範囲に属すると認められる場合には建築著作物に含めて差し支えない」（半田正夫著『著作権法概説』第14版）。

★「建築物を『建築の著作物』として保護する趣旨は、建築物の美的形象を模倣建築による盗用から保護するところにあり、一般住宅のうち通常ありふれたものまでも著作物として保護すると(中略)後続する住宅建築、特に近時のように、規格化され、工場内で製造された素材等を現場で組み立てて、量産される建売分譲住宅等の建築が複製権侵害となるおそれがある。そうすると、一般住宅が(中略)『建築の著作物』であるということができるのは、客観的、外形的に見て、それが一般住宅の建築において通常加味される程度の美的創作性を上回り、居住用建物としての実用性や機能性とは別に、独立して美的鑑賞の対象となり、建築家・設計者の思想又は感情といった文化的精神性を感得せしめるような造形芸術としての美術性を備えた場合と解するのが相当である」（高級注文住宅の著作物性事件・大阪高裁2004〈平成16〉年9月29日）。

ATTENTION!

東京タワーや六本木ヒルズなどが「建築の著作物」か否かは一概に断定できませんが、建築の著作物だとしても外観写真であれば、著作権法では自由に利用することができるとされています。また、建築物の外観を含む街の風景には、基本的に著作権はありません。

関連リンク 著作物の種類 ⇒ P.008　公開の美術の著作物の利用 ⇒ P.014　屋外の著作物 ⇒ Q28・Q30
肖像権（プライバシー権およびパブリシティ権）⇒ Q6・Q19・Q22・Q23・Q24・Q25

Q30 太陽の塔をイラスト化して装幀や口絵に使用してもいいのですか？

【作品例】
太陽の塔のイラストを使用した書籍の装幀

太陽の塔

A. 屋外に恒常的に設置されている美術の著作物の原作品は、いくつかの場合を除き自由な利用が認められています。

※ただし、その著作物を複製し屋外に恒常的に設置する場合や、販売を目的とする複製・販売は著作権侵害になります。

太陽の塔は、1970年に開催された大阪万国博覧会の象徴として、岡本太郎氏（1996年死亡）によって建てられた彫刻（美術の著作物の原作品）です。著作権はまだ保護期間内にありますが、著作権法では、「美術の著作物でその原作品が（中略）屋外の場所に恒常的に設置されているもの」は、下記に掲げる場合（例外）を除き、「いずれの方法によるかを問わず、利用することができる」と定められています（46条）。例外とは、「彫刻を増製し、又はその増製物の譲渡により公衆に提供する場合」、「屋外の場所に恒常的に設置するために複製する場合」、「専ら美術の著作物の複製物の販売を目的として複製し、又はその複製物を販売する場合」のことです。つまり、太陽の塔を複製して屋外に設置すること、それを販売すること、販売を目的とするハガキ・ポスター・フィギュアなどに複製して販売すること以外であれば、自由に利用できるというわけです。作品例のように書籍の装幀にイラスト化して使用する場合も、太陽の塔を「専ら美術の著作物の複製物」として扱っているわけではないので、権利者に無許諾でイラスト化しても著作権侵害にはなりません。同様に、たとえ販売を目的として作ったハガキなどであっても、太陽の塔が周囲の風景の一部（点景）として写っている（描かれている）のであれば問題ありません。また、無料頒布であれば、美術の著作物として複製することもできます。ただし、出所明示をする慣行がある時は、その慣行に従って出所明示をする必要があります（48条1項3号）。

さて、著作権法で示される「屋外」とは、社会一般に開放されている市街地の道路・街路・公園など、誰でも自由に出入りできる場所のことです（45条2項）。では、入場料が必要な施設内の屋外の場合はどうなのでしょう。この場合は屋外に該当しないという説もあります。ただし、万博記念公園のように、入場料さえ支払えば資格を問わず誰でも入場できる場所は、一般公衆に「開放」されている場所と解釈できるので、その中の屋外であれば、著作権法で示される屋外に該当する（自由に撮影できる）と考えてよいでしょう。また、屋外であっても、もとから撮影が禁止されている施設内での撮影は、施設管理者との契約違反になります。

関連事項

恒常的な設置

屋外の場所に恒常的に設置されている美術の著作物というのは、『著作権法逐条講義』（加戸守行著・著作権情報センター発行）によると、「常時継続して公衆の観覧に供するような状態におくことをいい、上野の西郷隆盛の銅像のように、容易に分離することができない状態で土地上の台座に固定する場合とか、壁画のように建造物そのものと一体となっているものとする場合とか、建造物の外壁にはめ込んで固定する場合とかがこれであります。時季によって作品の掛け替えができるような場合は、これに該当いたしません」と説明されています。

美術、建築の著作物以外の屋外著作物

屋外に恒常的に設置されている著作物であっても、石碑に刻まれている文芸作品などの「言語の著作物」、歌碑から流れる「音楽の著作物」、「写真の著作物」の言語・音楽・写真は当然のことして、著作権法46条に示されている「美術または建築の著作物」とは別個のものです。たとえば、石碑の写真を複製して利用する場合は写真の著作物の複製権の侵害、碑面の文字がはっきり読み取れるように使用する場合は言語の著作物の複製権の侵害になる場合もありますので、利用に際しては権利者の許諾が必要です。

ATTENTION!

屋外に設置されている美術の著作物の原作品は自由に利用できます。ただし、その著作物の複製物を屋外に恒常的に設置する場合や、販売を目的とする複製・販売は、権利者の許諾を得ないと著作権侵害になります。

関連リンク　著作物の種類 ⇒ P.008　公開の美術の著作物の利用 ⇒ P.014　原作品 ⇒ Q28関連事項
屋外の著作物 ⇒ Q28・29

Q31 小説「走れメロス」のタイトルを別の新刊本のタイトルに使っていいのですか?

【作品例】「走れメロス」のタイトルを使用した新刊本「走れメロス GO!」

A. 著作物のタイトル（題号・題名）自体には多くの場合著作物性が認められず、著作物として保護されないので、既存のタイトルを新刊本に使用することは可能です。

※ただし、著作者は、著作物および著作物のタイトルの同一性を保持する著作者人格権を有していますので、既存の著作物を新たに複製する際などに、権利者の許諾を得ずにタイトルの変更・切除・改変などを行うと権利侵害に問われます。

著作権法では、「思想又は感情を創作的に表現した」文芸・学術・美術または音楽の範疇に属する創作物を「著作物」として定めています。小説そのものはアイディア（思想、感情、着想・構想・思いつき）を表現した「言語の著作物」として保護されますが、そのタイトルの多くは、いかにその命名に苦労するところであっても、平易な単語の組み合わせで作られている単純な表現のため、著作物には該当しないでしょう。タイトル自体は、著作物と一体を成して著作物の内容を表すもので、独立した著作物ではなく、著作権法上の保護の対象にはならないとされているからです。したがって、作品例のように「走れメロス」を新たな著作物のタイトルとして使用しても著作権侵害にはなりません。ただし、たとえば俳句や短歌のような創作性のある表現のタイトルの場合は、そのタイトル自体が著作物として保護されることは当然あり得ます。

尚、著作者は、著作物およびタイトルの同一性を保持する人格的権利（同一性保持権）を有していますので、たとえば、元々の作品である「走れメロス」を複製（再版）する際に、そのタイトルを、「メロス」や「走れメロスくん」などのように、権利者に無許諾で変更・切除・その他の改変を行うことは権利侵害とみなされる可能性があります（20条1項）。

また、著作権侵害にならなくても、タイトルの保護は著作者や出版社にとって重大な関心事であることは事実です。著作物（作品集）のタイトルの創作性が争われた「『父よ母よ！』和解事件」の和解勧告において、東京地裁は、「同一題号の書籍の出版が、場合によっては著作者の人格的利益の侵害となる場合があると考える」と示しています。著作権侵害にあたらないといっても、既存のタイトルを使用することは、他者が築き上げた「財産的価値」に便乗（フリーライド・タダ乗り）することになります。よほどの事情がない限り、著名な著作物と同一のタイトルを用いるのは自粛すべきではないでしょうか。

関連事項

タイトルの著作物性が争われた「父よ母よ！」和解事件

高校教師（Y）が、生徒に「父よ」「母よ」で始まる一行詩が多く含まれる詩を作成させ、その秀作を集めた作品集の題号を「一行詩父よ母よ」として出版したことに対して、「父よ母よ！」という題号のルポルタージュ作品の著者（X）が、同様の題号を使用するのは著作権侵害であるとして損害賠償を求めた事件です。Yの「一行詩父よ母よ」は、Xの「父よ母よ！」を原作とした木下恵介監督の同名映画に感銘を受け作成したものです。東京地裁は、『題号のみを客観的に検討すると、「父よ」「母よ」という使用頻度の高いシンプルで重要な言葉を組み合わせたものであり、その意味で題号そのものとしてみた場合に、高度の独創性があるものということはできず、このようなシンプルで重要な言葉の組合せからなる題号を特定の人にのみ独占させる結果となることは、不正の目的が認められる等の特段の事情がない限り、表現の自由の観点から見て相当ではない』と示しました。また、Yの行為は『著作者の人格的な利益を侵害する違法な行為であるということはできないが（中略）同一の題号と誤解されないように、道義的に配慮することが望ましかった』とも考えられるという見解を示した上、両者に和解を勧めました（東京地裁1997〈平成9〉年1月22日和解）。

ATTENTION!

著作物のタイトル（題号・題名）は、著作物と一体を成して著作物の内容を表すもので、多くの場合、タイトルのみでは独立した著作物として認められません。しかし、タイトルは著作物と深い関係を持つ重要なもので、著作者の人格的権利の尊重という観点からも、できれば同一タイトルの使用は避けるべきでしょう。

関連リンク　著作物とは ⇒ P.006　著作物の種類 ⇒ P.008　著作者人格権 ⇒ P.012　楽曲のタイトル ⇒ Q34
アイディア ⇒ Q34関連事項　映画タイトル ⇒ Q35　小説の一節 ⇒ Q38　判例05

Q32 有名なキャッチコピーをそのまま別の広告に使っていいのですか？

【作品例】「そうだ京都、行こう」のキャッチコピーを使用した大学の案内広告

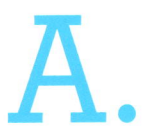

A. キャッチコピーやスローガンは、多くの場合、平易な言葉の組み合わせのため創作性が認められず、著作権法の保護の対象ではないため使用できます。

※ただし、すでに社会一般で著名なキャッチコピーの場合は、不正競争防止法で規制される「著名表示の使用行為」に抵触する可能性もあり、使用差し止め請求をされる場合もありますので、広告への使用は注意したほうがよいでしょう。

JR東海が1993年から展開している京都観光キャンペーンのキャッチコピー「そうだ京都、行こう」は、コピーライターが知恵を使い、苦心して創作したものです。しかし、このような少ない語彙の組み合わせでできている短い言葉は表現に創作性が乏しく、「思想又は感情を創作的に表現したものであって文芸、学術、美術又は音楽の範囲に属するもの」（2条1項1号）という著作権法で保護される著作物には該当せず、「非著作物」と解釈されています。また、言葉は意志の伝達手段として誰もが自由に使えなければならず、仮に短い言葉に著作権を与えると、これらの言葉を使用する際に、いちいち権利者の許諾を得る必要が生じるためです。著作権法では、「事実の伝達にすぎない雑報及び時事の報道」は、著作物に該当しないとされています（10条2項）。したがって、タイトル（題号・題名）・スローガン（標語）・見出しなどの多くの場合と同様に、キャッチコピーも著作権法上「非著作物」と考えることが妥当とされています。

ありふれた表現に著作物性が認められなかった例として、雑誌を休刊・廃刊する際の最終号に、出版社・編集者から読者に宛てられた挨拶文に著作権があるかどうかが争われた「ラストメッセージin 最終号事件」があります。ただし、短くありふれた言葉で表現されたスローガンや標語のすべてが非著作物と言い切ることはできません。短くても、俳句や短歌などのように創作的な表現であれば「言語の著作物」として保護される場合もあります。また、著作権侵害にならなくても、作品例のように著名なキャッチコピーを使用することは、他者が築き上げた財産的価値に便乗（フリーライド・タダ乗り）することになります。資本主義社会では自由競争が基本的権利ですが、事業者の営業上の利益を守りつつ、市場競争における公序良俗・信義平衡に反する不正な行為（不正競争）を規制する不正競争防止法で規制される「著名表示の使用行為」に抵触する恐れがあるため注意が必要です。

関連事項
雑誌最終号挨拶文の著作権
「ラストメッセージin 最終号事件」

休刊および廃刊となった雑誌の最終号に、出版社が巻末などに掲載した挨拶文の著作物性が問題となった事件です。東京地裁は、個性的な表現の挨拶文には著作物性を認めたものの、休・廃刊に際しての挨拶の内容として「(1) 今号限りで休刊又は廃刊となる旨の告知、(2) 読者等に対する感謝の念、お詫びの表明(以下省略)の5つの内容になるのは当然であるが、その内容をありふれた表現で記述しているものは、創作性を欠くものとして著作物であると認めることはできない」として、ありふれた言い回しの文章の著作物性を否定しました（45件のうち7件）。否定例は、「○○は今号で休刊といたします。ご協力いただきました○○学会はじめ執筆者の方々、ご愛読いただきました読者の皆様に厚く御礼申し上げます」など（東京地裁1995〈平成7〉年12月18日）。

ATTENTION!
キャッチコピーは多くの場合、著作物としての創作性が認められず、著作物性がないため既存のものでも利用できますが、不正競争防止法に抵触する可能性もあるので、広告への利用は注意すべきでしょう。また、言葉が短くても著作物性が認められる作品もあります。

関連リンク 著作物とは ⇒ P.006 著作物の種類 ⇒ P.008 商標法・不正競争防止法 ⇒ P.018・Q13・Q18・Q31・Q34・Q35・Q40・Q41 歌詞 ⇒ Q33 アイディア ⇒ Q34関連事項 漫画の台詞 ⇒ Q36 著名人の台詞 ⇒ Q37 小説の一節⇒Q38 判例05

Q33 楽曲「花」の歌詞「泣きなさい 笑いなさい」を商品名に使っていいのですか？

【作品例】歌詞の一節「泣きなさい」と「笑いなさい」をワインの商品名に使用

A. 楽曲「花」は、音楽の著作物として著作権法で保護されていますが、その歌詞の一部、「泣きなさい 笑いなさい」という言葉そのものは著作物とは認められないため、使用することができます。

※ただし、「泣きなさい 笑いなさい」を商品名にする場合は、商標法の指定商品の分野において商標登録されているか否かを調査確認することが必要です。

「泣きなさい 笑いなさい」は楽曲「花」の歌詞として繰り返し登場します。楽曲自体は音楽の著作物として著作権法で保護されており、確かに「泣きなさい 笑いなさい」という言葉を見たり聞いたりすると楽曲「花」を思い浮かべる人が多いかもしれません。しかし歌詞の一部「泣きなさい 笑いなさい」のみを著作物と評価することは困難なので、それを商品名に使用しても著作権法上、問題はありません。キャッチコピーなどに使用することも可能です。

ただし、商品名にする場合は、その指定商品の分野において、すでに商標登録されている場合は使用できませんので、登録分野と登録出願されているか否かを調査確認することが必要です。

ちなみに「音楽の著作物」は、著作権法で保護される著作物として例示されていますが（10条1項2号）、『著作権法逐条講義』（加戸守行著・著作権情報センター発行・第2章第1節 著作物「10条」）によれば、「音によって表現されている著作物」のことで、「音階・リズム・ハーモニーなどを要素とする楽曲だけではなくて、楽曲と同時に利用されて音的に表現されるべき歌詞も、音楽の著作物の概念に含まれる」とあります。つまり歌詞も「音楽の著作物」となるわけですが、この場合も、「たとえば、島崎藤村の『椰子の実』のように、本来は、文芸作品である純粋詩（言語の著作物）として作られたものであっても、のちに楽曲がつけられ、音楽作品として利用される場合もあります。この場合は、歌詞として歌曲集などに利用されるときは、音楽の著作物として取り扱い、詩として詩集などに掲載されるときには、言語の著作物として取り扱うということになります」と同書で説明されているように、詩歌は、「言語の著作物」である文芸作品の場合も「音楽の著作物」の場合もあるということです。

関連事項

著作権管理団体
日本音楽著作権協会（JASRAC）

音楽著作物の著作権は、多くの場合、日本音楽著作権協会（JASRAC）等の著作権等管理事業法にもとづく管理事業者が管理しています。管理事業者は管理作品の使用料規程を整備していますから、所定の手続きにより申請すれば利用の許諾が得られます。利用したい作品がJASRAC管理であるかどうかは、照会すればすぐに判明します。また、文芸作品の管理団体としては、日本文芸家協会があります。

ATTENTION!

歌詞は音楽・言語の著作物として保護の対象になっていますが、「泣きなさい 笑いなさい」という言葉（歌詞の一部）は著作物としてみなされませんので、使用することは可能です。ただし、商品名として使用する際には、その分野において商標登録されているかどうかを調査確認する必要があります。

関連リンク　著作物とは ⇒P.006　著作物の種類 ⇒P.008　商標法・不正競争防止法 ⇒P.018・Q13・Q18・Q31・Q34・Q35・Q40・Q41　キャッチコピー ⇒Q32　楽曲タイトル ⇒Q34　漫画の台詞 ⇒Q36　著名人の台詞 ⇒Q37　小説の一節 ⇒Q38　判例05

第2章 著作権Q&A

Q34 楽曲のタイトルをTシャツにして販売してもいいのですか？

【作品例】楽曲タイトル「We Are The World」をプリントしたTシャツ

A. タイトル（題号・題名）は著作物性が認められないため利用できます。

※しかし、使用したいタイトルが商標としてTシャツの分野で商標登録されていれば、それをプリントして販売することはできません。ただし、商標登録されていない場合でも、不正競争防止法で規制される「著名表示の使用行為」に抵触する可能性があります。

楽曲や小説・映画などの著作物のタイトル（題号・題名）は、それぞれの内容を端的に表し、他の著作物と区別するため、工夫が凝らされてつけられます。著作物のタイトルは著作物の内容と一体のものですが、タイトルだけを取り出した場合、いかに苦心して作られたタイトルであっても、その行為はアイディアであって、著作権法で示される「思想又は感情を創作的に表現したもの」（2条1項1号）には該当しないため、著作物として保護されていません。したがって、「We Are The World」というタイトルは、自由に使用することができます。しかし、Tシャツにプリントして販売する場合は、すでに「We Are The World」がTシャツの分野で商標登録されていれば、商標として使用することはできません。商標登録されていない場合でも、市場競争における公序良俗・信義平衡に反する不正な行為（不正競争）を規制する不正競争防止法で規制される「著名表示の使用行為」に抵触する恐れがあるため注意が必要です（不正競争防止法第2条）。

関連事項

長いタイトル

楽曲のタイトルの中には、BEGINの、「それでも暮らしは続くから 全てを 今 忘れてしまう為には 全てを 今 知っている事が条件で 僕にはとても無理だから 一つづつ忘れて行く為に 愛する人達と手を取り 分けあって せめて思い出さないように 暮らしを続けていくのです」（2002年発表）などのように長いものもあります。このような場合には、著作物性が認められる可能性が十分にあると考えられます。

アイディアについて

「特許権や実用新案権の登録には時間も費用もかかるので、発明やアイディアを保護するため、比較的簡単な著作権の登録をしたいという相談がよくあります。発明やアイディアそのものは著作物ではありませんから、著作権による保護はありません。しかし、発明やアイディアを解説した論文や図面等は著作物となり得ますから、その場合は著作権により保護されることになります。では、論文や図面等が著作物として保護されることによって、発明やアイディアまでもが保護されることになるのでしょうか。答えはノーです。なぜなら、著作物の保護とは表現の保護ですから、表現された論文や図面そのものの保護であって、その内容までを保護するわけではないからです。例えば、著作権者に無断で論文をコピーすることは原則として許されませんが、論文の中のアイディアを理解し、それに基づいて新たな著作物をつくることは可能であるということです。つまり、著作権によって発明やアイディアを保護することはできないということです」（文化庁HPより）

ATTENTION!

楽曲のタイトル（題号・題名）は著作物として認められていないので使用できますが、Tシャツにプリントして販売する場合は、商標法での登録の有無を確認する必要があります。また、商標登録されていない場合でも、不正競争防止法によって規制される可能性があります。

関連リンク　著作物とは ⇒P.006　著作物の種類 ⇒P.008　商標法・不正競争防止法 ⇒P.018・Q13・Q18・Q31・Q32・Q34・Q35・Q40・Q41　アイディア ⇒Q34関連事項　書籍タイトル ⇒Q31　歌詞 ⇒Q33　映画タイトル ⇒Q35　漫画の台詞 ⇒Q36　判例05

第2章 著作権Q&A

Q35 映画のタイトルを旅行のツアー名や雑誌の特集名に使っていいのですか？

【作品例】映画タイトル「ローマの休日」を商品名に使用した広告

A. 映画のタイトルとしては有名でも、タイトル（題号・題名）は著作物ではないため、旅行のツアー名などに使用しても支障があるとは考えられません。

※ただし、すでに他社が同じ名称のツアーを連続して実施している場合は、その人気などに便乗（フリーライド・タダ乗り）していることになり不正競争防止法の「著名表示冒用」に該当する可能性があります。

映画「ローマの休日」は、作品もタイトルも非常に有名ですが、著作物のタイトル自体は単語の組み合わせで作られている単純な表現のため、著作権法第2条1項1号で示される「思想又は感情が創作的に表現された」著作物とは認められません。したがって、旅行のツアー名・雑誌の特集名に使用することはできます。ただし、ツアー名として利用する場合、すでに他社が同じ名称でツアーを組み、連続して実施している場合は、他者が築き上げた財産的価値に便乗（フリーライド・タダ乗り）することになり、不正競争防止法で規制される「著名表示の使用行為」に抵触する恐れがあるため注意が必要です。不正競争防止法では、既存の商品などの表示として社会的に有名なものと同じ名称、あるいは非常に類似している表示を使用することで、既存の商品との混同を招くような行為を不正行為（不正競争）として、先に使用している事業者に使用の差し止めや損害賠償などを請求できる権利を認めています（不正競争防止法第2条）。「マンション名ヴォーグ事件」は、ファッション雑誌「ヴォーグ」と同じ名称のマンションを販売することが不正行為であると認められた判例です。一方、類似タイトルの使用が不正行為に該当しないとされた判例には、既存のアニメ映画のタイトルと類似したタイトルのアニメ作品を製作した「超時空要塞マクロス標章事件」があります。

関連事項

不正行為に該当する「マンション名ヴォーグ事件」

世界的に有名なファッション誌「VOGUE（ヴォーグ）」の発行元などが、分譲マンションに「LaVogue Minami Aoyama（ラヴォーグ南青山）」と命名・販売しようとした不動産会社に対して、同誌の標章は著名で、不正競争防止法第条2項1号で保護されるべきであり、利用されると同誌の商標と誤認混同するとして、同誌のロゴと似たアルファベットやカタカナ交じりの標章の使用差し止めなどを請求した事件です。東京地裁は、同誌の主張を認め、雑誌と関係があると誤信させるものであり、不正競争防止法違反に当たるとして、不動産会社に標章の使用差し止めと損害賠償の支払いを命じました（東京地裁2003〈平成15〉年7月2日）。

不正行為に該当しない「超時空要塞マクロス標章事件」

テレビアニメ映画「超時空要塞マクロス」および劇場用アニメ映画「超時空要塞マクロス 愛おぼえていますか」などの製作プロダクションが、アニメ映画「マクロスⅡ」「マクロスセブン」などを製作した会社などに対し、「マクロス」の表示は商品の混同をさせるもので、不正競争防止法違反に当たるとして、損害賠償を求めた事件です。東京地裁は、「超時空要塞マクロス」ほかの題号は、著作物であるアニメーション映画自体を特定するものであって、商品やその出所ないし放映・配給事業を行う営業主体としての映画製作者等を識別する機能を有するものではないから、不正競争防止法第2条1項1号・2号にいう商品等表示に該当しないとし、被告の表示も商品等表示として使用されているということもできないとして、原告の請求を棄却しました（東京地裁2003〈平成15〉年7月1日）。尚、「超時空要塞マクロス」のキャラクターをめぐり、アニメ企画会社などが製作会社に著作権の確認を求めた訴訟の経緯もあります。一審・東京地裁、控訴審・東京高裁ともに企画会社に著作権があることを認めました（「超時空要塞マクロス」の著作権確認事件・東京高裁2002〈平成14〉年10月2日）。

ATTENTION!

映画のタイトル（題号・題名）は著作物として認められていないため、ツアー名や雑誌の特集記事のタイトルに使用することは可能です。ただし、すでに著名な同じツアー名が継続して存在している場合は、不正競争防止法によって差し止めなどを請求される場合があります。

関連リンク　著作物とは ⇒ P.006　著作物の種類 ⇒ P.008　商標法・不正競争防止法 ⇒ P.018・Q13・Q18・Q31・Q34・Q35・Q40・Q41　書籍タイトル ⇒ Q31　キャッチコピー ⇒ Q32　楽曲タイトル ⇒ Q34　漫画の台詞 ⇒ Q36　判例05

Q36 有名な漫画の台詞を書籍名や雑誌の特集タイトルに使っていいのですか？

【作品例】
漫画の有名な台詞を使用した雑誌の特集タイトル

A. この台詞そのものは、誰もがよく使う短い言葉（文章）なので、著作権法で示されている著作物として保護されないため使用できます。

※ただし、三〜四文以上にわたる長い台詞を使用すると著作権侵害になる場合もあります。

「お前はもう死んでいる」という台詞は、漫画「北斗の拳」の主人公の名台詞として有名です。漫画作品そのものは美術の著作物として保護されていますが、この台詞（言葉）自体は、誰もがよく使う言葉からなる短い文章で、著作権法で定められている「思想又は感情を創作的に表現したもの」（2条1項1号）には該当しないため、著作物として保護されていないと考えられます。したがって、新刊書籍の書名、雑誌の特集記事のタイトルとして使用しても問題ないと思われます。ただし、三〜四文以上にわたるもっと長い台詞を使用すると著作権侵害になる可能性もあります。漫画や小説など著作物の登場人物の台詞のほかにも、著名人がインタビューで応えた言葉についても同じことが言えます。毎年、流行語大賞などで話題になるタレントや著名人が使った言葉でも、著作物性はなく、言葉を発した本人にも著作権は発生しません。

漫画の中の台詞が盗用されたとして、漫画家・松本零士氏と歌手・槇原敬之氏の間で争われた「約束の場所」事件があります。松本氏の作中の台詞を槇原氏が自作の歌詞に盗用した、と松本氏がマスメディアで指摘したことで槇原氏に訴えられた事件ですが、最終的には両者の和解が成立しました。

関連事項
槇原敬之氏VS松本零士氏「約束の場所」事件

歌手・槇原敬之氏が、漫画家・松本零士氏から、漫画「銀河鉄道９９９」の台詞を盗用したと非難されたことに対して、名誉を傷つけられたとして損害賠償などを求めた事件です。問題になったのは、槇原氏作詞作曲の「約束の場所」の歌詞の一節、「夢は時間を裏切らない 時間も夢を決して裏切らない」の部分を、松本氏が、漫画の台詞「時間は夢を裏切らない、夢も時間を裏切ってはならない」の盗用であるとマスメディアで指摘したことです。東京地裁は、盗用の事実は認められないと松本氏の名誉毀損を認め、損害賠償金の支払いを命じていました（2008〈平成20〉年12月26日）。その後、知財高裁において、松本氏が、盗用を指摘したことを陳謝することなどを条件に和解が成立。槇原氏は歌詞について異議を述べないことなどで合意を示しました（産経新聞2009〈平成21〉年11月26日より）。

ATTENTION!
漫画の作品自体は、美術の著作物として保護されていますが、個々の短い台詞は著作物として保護されないため、新刊書籍や雑誌の特集タイトルに使用することは可能です。

関連リンク 著作物とは⇒P.006 著作物の種類⇒P.008 書籍タイトル⇒Q31 楽曲タイトル⇒Q34
映画タイトル⇒Q35 著名人の台詞⇒Q37 小説の一節⇒Q38 判例05

第2章 著作権Q&A

Q37 北島康介選手の「超きもちいい！」をキャッチコピーに使ってもいいのですか？

超きもちいい！

太極拳教室
受講者大募集

いくつからでも無理なくはじめられます。
ご都合のよい日にご参加ください。

場　所：大塚森林公園　雨天中止
日　時：月曜日〜金曜日　AM6:30〜7:00
参加費：1回 500円

大塚わくわく健康づくり協会

【作品例】流行語にもなった「超きもちいい！」をキャッチコピーに使用した広告

A. 「超きもちいい！」は、北島選手がインタビューで発して有名になった台詞ですが、一般的な表現であり、著作物性はないので使用できます。

※ただし、インタビューをまとめた記事はインタビューの対象者・取材をした人・記事を制作した人などの著作物となります。

「超（チョー）きもちいい」は、2004（平成16）年のアテネ五輪水泳競技で金メダルを受賞した北島康介選手がインタビューで応え、同年の流行語大賞にもなった超有名な台詞です。いわゆる当時の若者言葉ですが、通常、誰もが使う一般的な表現なので、著作権法第2条1項1号で示される「思想又は感情を創作的に表現したものであって、文芸、学術、美術又は音楽の範囲に属するもの」と定められる著作物ではありません。したがって、キャッチコピーに使用しても問題はありません。

ほかにも、五輪選手がインタビューで応え有名になった台詞に、1996（平成8）年アトランタ五輪マラソン競技で銅メダルを受賞した有森裕子選手の「自分で自分をほめたい」があります（同年流行語大賞）。ちなみに、この言葉は有森選手のオリジナルではなく、有森選手が高校時代、駅伝の開会式に訪れたフォークシンガーでマラソンランナーとしても活躍している高石ともや氏の言葉が元になっているそうです。有森選手の代名詞もしくはキャッチフレーズともいえるこの台詞も、元になった言葉があり、その高石ともや氏の言葉にも著作物性はないので、有森選手が利用しても、さらにそれを第三者が利用しても著作権法上の問題はないという実例でしょう。

ただし、インタビューをまとめた記事は、質問の内容や記事を制作する過程などによって、インタビューの対象者・取材をした人・記事を制作した人など著作者が異なります。

関連事項

インタビュー記事の著作権「スマップインタビュー記事事件」

本裁判において、インタビュー等の口述を基に作成された文書は、文書作成への関与の態様及び程度により、下記のパターンがあると示されました（東京地裁1998〈平成10〉年10月29日）。

1. 口述者（インタビューを受けて回答した者）が、インタビュー記事の執筆者とともに共同著作者となるケース。
2. インタビュー記事を二次的著作物と考え、口述者がその基となった原著作物（口述の著作物）の著作者となるケース（口述内容に基づいて作成された原稿を口述者が閲読し表現を加除訂正して文書を完成させた場合など。ただし、口述した言葉を逐語的にそのまま文書化した場合は、口述者が単独で文書の著作者となると考えられます）。
3. インタビュー記事等の作成のために、口述者が素材を提供したにすぎず、著作者とはいえないケース（あらかじめ用意された質問に口述者が回答した内容が、執筆者側の企画、方針等に応じて取捨選択され、執筆者により更に表現上の加除訂正等が加えられて文書が作成され、その過程において口述者が手を加えていない場合など）。

本件で作成された記事は、『インタビュー内容を一字一句そのまま機械的に文章化したものではなく、インタビューの結果の中から記事の企画に沿う話題を適宜取得選択し、会話の順序を並べ替えたりするなどして所定の文字数の文章を作り上げたもの』であり、『口述者は単に文章作成のための素材を提供した者にすぎないと評価される可能性が高く、その場合には、この記事の著作者は記事の制作者側である』と判断されました。

対談などの著作権

対談や鼎談、座談会や討論会などの記事は、それぞれの発言がお互いに影響し合って完成するものです。二人以上でひとつの著作物を制作し、個々が著作した部分を分離して利用できない場合は著作権を共有する共同著作物となり、著作者全員が共同して権利を行使することになります（64・65条）。

ATTENTION!

著名人が発したことで有名になった台詞でも、著作物ではないので、キャッチコピーに使用しても問題はありません。

関連リンク 著作物とは ⇒ P.006　著作物の種類（共同著作物）⇒ P.008　キャッチコピー ⇒ Q32　漫画の台詞 ⇒ Q36　共同著作物 ⇒ Q56　判例05

Q38 小説「雪国」の一節を広告のコピーに使っていいのですか？

【作品例】小説「雪国」の一節をキャッチコピーに使用した広告

国境の長いトンネルを抜けると雪国であった。

雪国生まれ、雪国育ち。
降り積もる雪がおいしいお米とお酒を育てます。
新潟の地酒「ゆきぐに」。

清酒 ゆきぐに　大塚駅前ビル2F TEL 03-0123-4567

A.

小説「雪国」は言語の著作物として保護されていますが、冒頭の1フレーズだけを抜き出した場合は著作物として認められないため、コピーに使用しても著作権法上の問題はありません。

※ただし、もっと長いフレーズを使用すると著作権侵害になる可能性があります。

小説「雪国」は、著者である故川端康成氏（1972年没）の著作権継承者が著作権を保有している文芸作品「言語の著作物」です。著作権法第2条1項1号では、著作権が発生する著作物を、「思想又は感情を創作的に表現したもの」としています。この「創作的」とは、特段、高尚な創作である必要はなく、「他人の著作物の真似ではなく、著作者の個性が現れていればいい程度」とされています。しかし、ある事実・場面・状況などを、いくつかの語彙と組み合わせによって表現する場合、その語彙の組み合わせには限度があり、誰が著作しても同じような表現になる場合は、「創作的に表現したもの」とはいえないとされています。この「雪国」の冒頭の1フレーズだけを取り出した場合、表現には限界があり、創作性を欠く表現として、著作物ではないと考えられます。

ただし、もっと長いフレーズあるいは、3～4フレーズを利用すると著作権侵害となる可能性が高いと考えられます。

関連事項

1フレーズ以上の使用について

北海道大学の田村善之教授は、「著作権法概説 第14版」（有斐閣）の中で、「この一文自体は、国境のトンネルを出たならば雪国であったという状態（＝アイディア）を文章にすることが決まっているのであれば誰でも思いつく文章の一つであるから創作性を欠く。この程度の長さの文章に著作物性を認めると、幾人目か以降はこのアイディアを表現することができなくなるということを勘案しなければならない。(中略) かといって、このことは小説『雪国』の創作性を否定する趣旨では毛頭ない。たとえば、三、四文位のまとまりをもつと、そこでの思想を表現する手段は非限定的となってくるから、その一を構築したことに創作性を認めることができる。つまり、『国境の長いトンネルを抜けると雪国であった』という文章のみを複製することは、著作物を複製することにはならないから著作権侵害にならないが、それ以上に三、四文以上を複製すると、著作物を複製したことになり、著作権に抵触しうることになる」と述べています。

ATTENTION!

小説は言語の著作物として著作権法で保護されていますが、本文の1フレーズだけを取り出して、それが著作物として保護されることはないので、広告のボディコピーやキャッチコピーにも使用することができます。

関連リンク　著作物とは ⇒ P.006　著作物の種類 ⇒ P.008　書籍タイトル ⇒ Q31　歌詞 ⇒ Q33　漫画の台詞 ⇒ Q36
著名人の台詞 ⇒ Q37　判例05

Q39 「オリンピック」という言葉やマークを広告に使っていいのですか？

【作品例】
「オリンピック」をフェア名とし、五輪マークも使用した広告。オリンピック委員会に無許可でこうした広告を作成することはできません。

A. 「オリンピック」という名称や五輪マークの商業上の利用は、不正競争防止法により規制されているので、広告に使用することはできません。

※五輪マークの商業的利用は、IOC（国際オリンピック委員会）の規定により、公式に認められた協賛会社以外は禁止されています。

オリンピックという名称や五輪マークは、著作権法で保護される著作物ではありません。東京オリンピックが開催された1964（昭和39）年、五輪マークの使用を巡って争われた「オリンピック標章事件」において、東京地裁は、比較的簡単な図案模様にすぎないから、直ちにこれを著作物というには躊躇せざるを得ないと判断を下しています。では、著作物ではないので自由に使えるのかというと、そうではありません。上記判決の中で「オリンピック標章」と示されたオリンピックという言葉や五輪マークは、IOC（国際オリンピック委員会）のオリンピック憲章の規則により、IOCおよびその国のオリンピック委員会、日本ではJOC（日本オリンピック委員会）の承認がなければ使用できません。つまり、公式スポンサーとして認められた協賛企業しか使えないことになっているのです。公式スポンサーは多額の協賛金を提供することによって、標章の商業上の使用が許可されます。したがって、作品例のようなオリンピック開催を記念して行うセールやキャンペーンなど商業的な目的でオリンピック委員会の標章を無許諾で使用すると、国際機関の標章の商業上の使用を禁止している不正競争防止法によって規制されることになります（不正競争防止法第17条）。また、オリンピック商標の商標登録もできません。

ちなみにオリンピック標章とは、五輪マーク、オリンピック・オリンピアードという言葉（文字）、「より速く・より高く・より強く」という標語（オリンピック・モットー）、大会開催地と年号が組み合わされた標章などのことです。また、五輪マークは、エール・ド・クーベルタンが1914年に創作・公表したもので、1926年IOC総会で公認された際にこれを同委員会に譲渡したものです。

ATTENTION!
オリンピックという名称や、五輪マークなどのオリンピック標章は、IOC（日本ではJOC）に公式スポンサーと認められた場合にしか使用できません。無許諾での使用は、国際機関の標章の商業上の使用が規制されている不正競争防止法第17条の不正行為にあたります。

関連事項
国際機関の標章の商業上の使用禁止（不正競争防止法第17条）

何人も、その国際機関（政府間の国際機関及びこれに準ずるものとして経済産業省令で定める国際機関をいう。以下この条において同じ。）と関係があると誤認させるような方法で、国際機関を表示する標章であって経済産業省令で定めるものと同一若しくは類似のもの（以下「国際機関類似標章」という。）を商標として使用し、又は国際機関類似標章を商標として使用した商品を譲渡し、引き渡し、譲渡若しくは引き渡しのため展示し、輸出し、輸入し、若しくは電気通信回線を通じて提供し、若しくは国際機関類似報償を商標として使用して役務を提供してはならない。ただし、その国際機関の許可を受けたときは、この限りではない。
※IOC（国際オリンピック委員会）は「政府間国際機関」ではなく「民間国際機関」ですが、経済産業省令「別表第4」に、国際機関として、IOC（国際オリンピック委員会）の名が記載されています。

美術の著作物か否か「オリンピック標章事件」

東京地裁は、「いわゆる五輪マークがオリンピックのしるしとして一般に広く認識され、国際的に尊重されていることは周知の事実であるけれども、これはオリンピック行事が意義ある国際的行事として広く知られるようになるにつれて、その象徴として認識されるに至ったものと考えられ、五輪マーク模様それ自体の美術性によるものとは考えられないから、右事実によって著作物に該当するに至るとも認めがたいのである（なお、五輪マークと標語とが組合わされた場合にも、事情は右と同様であって、標語自体の文芸性を認めるのは困難であり、また組合せによって文芸および美術の範囲に属する著作物となるとも考えがたい。）」と示しました（東京地裁1964（昭和39）年9月25日）。

関連リンク　著作物とは ⇒P.006　著作物の種類 ⇒P.008　不正競争防止法 ⇒P.018・Q18・Q31・Q32・Q34・Q35・Q40・Q41　アイコン・ピクトグラム ⇒Q13　世界の国旗 ⇒Q46

Q40 他社のコーポレートカラーと似た色の広告やパッケージを作っていいのですか？

【作品例】
他社のコーポレートカラー（商標登録されている図柄）を真似して作った商品パッケージ。

永谷園「お茶づけ海苔」のパッケージに用いられる4色のボーダー柄「定式幕」は登録商標（登録番号：3065950号／登録日：1995年9月29日／権利者：永谷園）。作品例のように4色のボーダー柄を使った類似のパッケージを使用することは商標法違反となります

A. 商標として登録されている色と、同じ登録分野では使用できません。

※登録商標と類似のデザインは同じ登録分野では使用することはできません。また、商標として登録されていなくても、消費者の混同を招くような類似のデザインも不正競争防止法の不正競争にあたる可能性があります。

コーポレートカラーが含まれるコーポレートアイデンティティー（CI）のデザインは、著作権法ではなく、商標法で保護される場合が多いと考えられます。商標法で保護される商標とは、文字・図形・記号もしくは立体的な形状、もしくはこれらの結合又はこれらと色彩の結合とされています。さらに平成26年の商標法改正で、新たに色彩商標・音商標などが認められました（関連事項参照）。商標として登録されている要素（色、文字、図形、記号、立体的形状など）を真似したデザインは、同じ登録分野では使用できません。

また、商標の登録の有無にかかわらず、他社の広告・商品に類似のデザインを使用することは、他社の財産的価値に便乗（フリーライド・タダ乗り）することになり、不正競争防止法で規制される「著名表示の使用行為」に抵触する恐れがあるため注意が必要です（不正競争防止法第2条）。不正競争防止法では、既存の商品などの表示として社会的に有名なものと同じ名称、あるいはきわめて類似している表示を使用することで、既存の商品との混同を招くような行為を不正行為（不正競争）として、先に使用している事業者に使用の差し止めや損害賠償などを請求できる権利を認めています。類似点が判断される基準として、外観（見た目）・発音（称呼）・観念（連想される意味合い）などがあり、このうちのひとつでも似ていたり、紛らわしさがあれば不正競争と判断される可能性があります。

関連事項

商標の構成種類

平成26年の商標法改正で、現在、日本で認められているのは、下記の10種類の商標構成となりました。

★文字商標
　普通の文字だけで商品名・サービス名を表したもの

★記号商標
　文字を使わず、記号で商品・サービスなどを表したもの

★図形商標
　記号とは違い、絵を使って商品・サービスを表したもの

★立体商標
　文字商標・記号商標・図形商標などとは異なり、立体的になった商標

★結合商標
　文字・図形・記号・立体的形状の二つ以上が結合した商標

★動き商標
　テレビやコンピュータ画面等に映し出される変化する文字や図形など

★ホログラムの商標
　見る角度により別の表示面が見えるホログラムによる商標

★色彩商標
　色彩のみからなるもので企業のイメージカラーや商品のブランドカラーなどの色

★音商標
　サウンドロゴ、パソコンの起動音など

★位置商標
　文字や図形の組み合わせを付する位置が特定された商標

ATTENTION!
色味を含めた文字・図形・記号もしくは立体的な形状の組み合わせが、商標登録されている場合は、同じ登録分野であれば使用できません。商標登録されていなくても、外観（見た目）などが似ていたり、紛らわしさがあれば不正競争と判断される可能性があります。

関連リンク　著作物とは ⇒P.006　著作物の種類 ⇒P.008　商標法・不正競争防止法 ⇒P.018・Q13・Q18・Q31・Q32・Q34・Q35・Q41　応用美術 ⇒Q8　パッケージデザイン（特許・実用新案・商標法・意匠法）⇒Q48

Q41 昔からある伝統文様「ちどり文様」を包装紙のデザインに使っていいのですか？

【作品例】ちどり文様を使用しデザインした包装紙・紙袋

A. 伝統文様が美術的な著作物であるとしても、著作権・意匠権ともに存在しないので包装紙のデザインに使用できます。

※ただし、すでにその文様を使用したものが社会的に有名な場合、無許諾で利用すると不正競争防止法に抵触する可能性があります。

ちどり文様や千鳥格子、唐草模様などのデザイン自体は、デザインされた年代が古く著作権は存在しません。同様に意匠法上も問題はありません。意匠法は物品のデザインの創作性を保護するものなので、物品から離れた模様・モチーフ・デザインなどは意匠とは認められません。たとえば、ちどり文様が施されている装飾品や家具、食器などは意匠登録の対象になりますが、模様そのものは保護されないということです。したがって、著作権法でも意匠法でも独占的な権利が発生していない模様そのものであれば、包装紙のデザインに使用しても問題はありません。ただし、文様の配列の仕方や、ほかのものとの組み合わせ方に創作工夫があれば、新たな美術の著作物として評価される可能性もあります。また、問題になるとすれば、すでに、その文様が使用されている周知の包装紙などが存在する場合です。これと同じような包装紙として使用すると、利用者の混同を招く恐れがあります。これは、他者が築き上げた財産的価値に便乗（フリーライド・タダ乗り）することになり、不正競争防止法で規制される「著名表示の使用行為」に抵触する恐れがあるため注意が必要です（不正競争防止法第2条）。不正競争防止法は、既存の商品などの表示として社会的に有名なものと同じ名称、あるいは非常に類似している表示を使用することで、既存の商品との混同を招くような行為を不正行為（不正競争）として、先に使用している事業者に使用の差し止めや損害賠償などを請求できる権利を認めています。

関連事項

意匠権

意匠法で保護される意匠とは、美感を起こさせる外観を持つ工業製品などの形状・模様・色彩などのデザインです。そこに新規性と創作性があれば、特許庁の審査を経て登録することができます。登録設定から20年間保護されますが、保護期間の終了以降は、誰でも自由にその意匠を使えるようになります。

著作権と意匠権の比較

★著作権
　著作物の保護が目的
　発生主義（無登録）
　保護期間が長い
　新規性は不要
　類似のものを禁止できない

★意匠権
　製品のデザインの保護が目的
　方式主義（要登録）
　保護期間が短い
　新規性が必要
　類似のものを禁止できる

ATTENTION!

伝統的な文様は、著作権法・意匠法の保護の対象になっていないので、自由に使うことができます。ただし、すでに同じ文様を使用した周知の包装紙がある場合は、不正競争防止法の「著名表示の使用行為」に抵触する可能性があります。

関連リンク　著作物とは ⇒ P.006　著作物の種類 ⇒ P.008　商標法・不正競争防止法 ⇒ P.018・Q13・Q18・Q31・Q32・Q34・Q35・Q40・Q41　包装紙（応用美術）⇒ Q8　不正行為 ⇒ Q35関連事項

Q42 ベストセラー書籍と似た装幀デザインの書籍を出版していいのですか？

類似の装幀　　　　　　　　　ベストセラー書籍

【作品例】
右：ベストセラー書籍
左：右のベストセラー書籍に似せたデザインの装幀

A. 作品例のように、ごくありふれたデザインには著作物性がないと考えられます。しかし、既存の装幀デザインを真似することは、クリエイターとして好ましくない行為ではないでしょうか。

※装幀デザインは、著作物性があれば「美術の著作物」として著作権法の保護の対象になると考えられます。また、意匠として意匠法で保護される場合もありますが、現実的には装幀が意匠登録されている例はほとんどないようです。しかし、装幀デザインの中に写真や美術の著作物が含まれていれば、その部分は著作物として保護されます。

書籍の外箱・カバー・表紙・見返しや扉などの装幀（装丁）デザインは、本の衣装ともいうべきものなので、編集者は工夫を凝らしますが、装幀デザインそのものが著作権法やその他の法律で保護されることは難しいのが現状といえます。
著作権法上、装幀デザインに「思想又は感情を創作的に表現したものであって文芸・学術・美術又は音楽の範囲に属するもの」（2条1項1号）という要素があれば「美術の著作物」として著作権法で保護されると考えられますが、たとえば、活字のみからなるデザインや、作品例のようなごくありふれたデザインには著作物性はなく、著作権は発生しないでしょう。しかし、装幀デザイン自体が著作物と認められない場合でも、装幀の中に写真や美術の著作物が含まれていれば、部分的に著作物として保護される場合もあります。
一方、装幀デザインなど大量生産される実用品のデザインは、応用美術と呼ばれ、意匠として意匠法によって保護されるとも考えられます。意匠法施行規定に定められている「物品の区分」の中に、印刷物として書籍・パンフレットなどが例示されていますので、装幀デザインが意匠として登録されれば、意匠権者には、登録意匠にかかる物品の製造・販売をする権利が発生します。この場合、意匠である装幀デザインを真似て制作すると意匠権侵害となります。しかし、意匠登録が認められるためには「新規性」が必要で、原則として製造・販売する前に出願し、登録料も必要なので、装幀デザインが意匠登録されている例はほとんどないと思われます。

ただ、最近では書籍の表紙のデザインが、制作者の「思想又は感情を創作的に表現した」純粋美術に当たるとして著作物性が認められた「医学書の表紙デザイン類似事件」の判決があります（東京地裁2010〈平成22〉年7月8日）。この一審判決には、今後、異論が出ると思われますが、表紙デザインの著作物性が争われた数少ない判例です。装幀デザインは書籍の「顔」として売れ行きにも大きく影響する重要な仕事です。それだけに、出版社などが「このような装幀で」とベストセラー書籍などを実例に示し、条件・希望をつけて装幀を依頼する場合も多いと思われます。クライアントの希望を取り入れ、他の作品を参考にすることも当然のことですが、これらを自分の中で消化し、新たな作品を生み出すことが本来の創造者ではないでしょうか。

ATTENTION!

装幀デザインが著作権法や意匠法で保護されるか否かについて、法的に明言するのは難しい面もありますが、たとえ違法行為ではなくても、他者の財産である装幀デザインを真似ることは好ましいことではなく、あくまでも参考とするにとどめ、クリエイターとして新しい作品を創作すべきでしょう。

関連事項

著作物性が認められた表紙デザイン
「医学書の表紙デザイン類似事件」

「入門漢方医学」（図版A）を刊行した原告・南江堂は、被告・ブレーン出版刊行の「入門歯科東洋医学」の表紙（図版B）を、原告書籍の図版を無断で複製又は翻案したものと主張して提訴。東京地裁は、原告図版は著作物であると判断した上、被告図版は原告図版の複製とまではいえないが、原告図版を翻案したものとして、翻案権、譲渡権および同一性保持権侵害と認定。被告書籍の印刷、出版、販売、頒布の差し止めと総額50万円の損害賠償の支払いを命じました（東京地裁2010〈平成22〉年7月8日）。

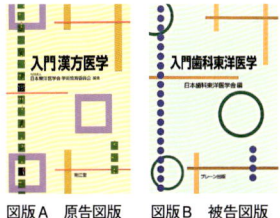

図版A　原告図版　　図版B　被告図版
「入門漢方医学」　　「入門歯科東洋医学」
南江堂発行　　　　ブレーン出版発行

応用美術の保護に関する現著作権法立法時の議論

デザインなどの応用美術の保護については、1975（昭和45）年に改正された現著作法の立法時から議論のあったところです。文化庁著作権課長として中心的に改正作業に携わった佐野文一郎氏は、鈴木敏夫氏との対談形式の共著「新著作権法問答」（1970年新時代社刊）の中で、「応用美術についても著作権の保護を及ぼすかどうかは、非常にむずかしい問題です。というのは、片方では意匠法による保護があるわけです。……そういったこともあって、デザインの保護について著作権法上どう取り扱うかは、今後の宿題にしようということで、今回の改正では、立法を見送ったわけです。」と述べています。

関連リンク　著作物とは ⇒ P.006　商標法・不正競争防止法 ⇒ P.018・Q13・Q18・Q31・Q32・Q34・Q35・Q40・Q41
　　　　　応用美術 ⇒ Q8　書籍・雑誌のレイアウト ⇒ Q43　Webサイトのレイアウト ⇒ Q47　類似作品 ⇒ Q54

Q43 書籍・雑誌のレイアウトをそのまま真似して使ってもいいのですか？

元の雑誌

【作品例】
上：既刊の雑誌レイアウト
下：上の雑誌レイアウトを真似したデザイン

似たレイアウトの雑誌

A. 既存の書籍・雑誌などのレイアウトを真似して使用しても著作権侵害にはなりません。

※しかし、社会的良識として、既存のアイディアに便乗（フリーライド・タダ乗り）することは、避けるべきではないでしょうか。

書籍や雑誌、Webのレイアウトやフォーマットデザインは、それ自体がアイディアであり、著作物として著作権法の保護の対象にはなっていません。したがって、既存のレイアウトやフォーマットをそのまま、あるいは真似して使用しても著作権侵害にはなりません。

レイアウトの著作物性が否定された判例に「知恵蔵事件」があります。朝日新聞社発行の年度版用語辞典「知恵蔵」の1990年～1993年版のブックデザイナーが、それ以降の94・95年版のレイアウトが、それ以前の素材の選択・配列の創作性を再製しているのは編集著作権の侵害、また、ブックデザイナーの創作したレイアウト・フォーマット用紙を使用しているのは著作権侵害として訴えた事件です。裁判所は、いずれも独立して著作物性があると思われないとして、編集著作権およびレイアウトの著作物性を否定しています。ここでいう編集著作権とは、著作権法では、「その素材の選択又は配列によって創作性を有するものは、著作物として保護する」としていますが（12条1項）、同裁判において、レイアウト・フォーマット用紙自体に著作権法上保護されるべき独立の著作権が成立するものと認めることはできないと判断され、デザイナーの編集著作権も否定されています。また、カレンダーのデザインの著作物性に関して争われた「万年カレンダー事件」においても、万年カレンダーの構成およびその索引表の色彩を採用した着想（アイディア）そのもの自体に、著作権法は著作物性を与えていないと、その著作物性が否定されています。しかし、著作権法上アイディアとみなされ、著作物性はないとしても、そのレイアウトやフォーマットデザインの極めて斬新的・独創的なアイディアに直ちに便乗（フリーライド・タダ乗り）することは、クリエイターとして潔い行為とはいえないのではないでしょうか。

関連事項

レイアウトの著作物性が否定された「知恵蔵事件」

「知恵蔵」は1994年版から、内容のリニューアルに伴い、デザイナーも交代することになりました。その際に初代デザイナーは、本文フォーマットデザインの著作権を主張し94年版以降は大幅に変更したレイアウト・フォーマットデザインを使用すること、基本的デザインを行った原著作者としての氏名表示をすることを条件に94年版に限ってデザインの使用などを了解しました。しかし、朝日新聞社は、フォーマットデザインに著作権は認められないと主張し、94年・95年版ともに従来と同一のフォーマットデザインを使用して発行。これに対してデザイナーが、2年分のデザイン料と精神的損害賠償を請求した事件です。デザイナーは、レイアウト・フォーマットは本文の字数などを決定する〈かたち〉として内容と密接に関係し不可分であるから、「知恵蔵」はデザイナーと朝日新聞社（「知恵蔵」編集部）が共同で作成した〈編集著作物〉であり、両者の共同著作物としてデザイナーにも著作権があると主張しました。しかし、東京地裁・高裁ともに、レイアウト・フォーマット用紙の作成も、デザイナーの知的活動の結果であるといえても、それは、「知恵蔵」の刊行までの間の編集過程において示された編集あるいは割付け作業のアイディアが視覚化された段階のものにとどまり、本件レイアウト・フォーマット用紙自体に著作権法上保護されるべき独立の著作権が成立するものと認めることはできないとしてデザイナーの請求を棄却しました（東京高裁1999〈平成11〉年10月28日）。

ATTENTION!
書籍・雑誌などのレイアウト・フォーマットデザインには著作物性が認められないため、そのまま真似して使用しても著作権侵害にはなりません。しかし、クリエイターとしては社会的良識に基づき、独創的な作品を生み出すべきでしょう。

関連リンク　著作物とは ⇒ P.006　意匠法・不正競争防止法 ⇒ P.018　アイディア ⇒ Q34関連事項　装幀デザイン ⇒ Q42　Webサイトのレイアウト ⇒ Q47　類似作品 ⇒ Q54

Q44 既存の書体を使用しロゴマークを作っていいのですか？

【作品例】 既存の書体を使って制作したロゴマーク

A. 既存の書体（タイプフェイス・フォント）は著作権法で保護される著作物とは認められていないため、自由に利用することができます。

※そのまま使用することも、変形して使用することも可能です。

書体とは、文章を印刷するためにデザインされた文字セット（印刷用活字書体）のことで、タイプフェイスまたはフォントとも呼ばれています。代表的なものに明朝体やゴシック体などがあり、これらの書体は、コストと時間をかけて作られたものなので、制作者に著作権法上の保護を与えるべきとの議論がされていますが、現在のところ、書体は、著作権法で保護される「思想又は感情を創作的に表現した」文芸・学術・美術または音楽の範疇に属する著作物ではないとされています（2条1項1号）。これは、書体には情報伝達の手段としての実用的機能があり、いかに創意工夫された成果であっても、特定の制作者に独占的な権利を認めると著作物の公正な利用を阻害し、「文化の発展に寄与する」という著作権法の目的に反することになってしまうからです（1条）。日本の書体開発の双璧ともいえる株式会社写研と株式会社モリサワの間で、両社が独自に開発した書体をめぐり、著作権侵害が争われた裁判「印刷用書体ゴナU対新ゴチック体U事件」では、書体自体に独創性及び美的特性を備えているということはできないから、著作権法所定の著作物に当たるということはできないとして、書体の著作物性が否定されています。

一方、毛筆を用いて制作される書作品は、純粋美術として、「美術の著作物」と認められています。この書を含め、一般的に美術は、絵画や彫刻などのように、専ら美の表現を目的として制作され、鑑賞自体を目的とした実用性のない純粋美術と、実用性のある実用品に美的な感覚や技術を応用した応用美術とに分けられています。しかし、書体が応用美術にあたるかどうかという点も、同裁判において否定されています。したがって、書体（タイプフェイス・フォント）には著作権が認められていないため、既存の書体をそのまま使用しても、変形して使用しても自由なので、ロゴマークを制作しても著作権侵害にはなりません。

関連事項
「タイプフェイス」と「フォント」
活字書体が「タイプフェイス」で、このタイプフェイスをコンピュータ処理の際に使用する文字セットが「フォント」と呼ばれています。

書体に著作権はない「印刷用書体ゴナU対新ゴチック体U事件」
写真植字用ゴシック活字書体をめぐって、その著作物性が争われた事件です。裁判所は、書体は、純粋美術として成立する書とはかなり趣を異にし、一般的に、知的・文化的活動の所産として思想又は感情を創作的に表現する美術作品としての性質まで有するに至るものではなく、これに著作権の成立を認めることは困難といわなければならない。また、このように独創性及び美的特性を備えていないゴナ書体が、ベルヌ条約上保護されるべき応用美術の著作物であるということもできないなどの理由から、書体は美術の著作物にはあたらない、また、不正な意図を持って模倣されるほどの特徴ある書体でもないので、不法行為にもならないとしました。書体について最高裁で初めて判断が下った事例です（最高裁2000（平成12）年9月7日）。

ATTENTION!
書体（タイプフェイス・フォント）は、著作権法で保護される著作物ではないので、既存の書体を自由に利用することができます。

関連リンク　著作物とは ⇒ P.006　応用美術と純粋美術 ⇒ Q8・Q18・Q42　オリンピック・五輪マーク ⇒ Q39
　　　　　　ロゴマーク ⇒ Q45

Q45 すでにあるロゴマークを真似してロゴマークを作ってもいいのですか？

「アサヒビール・ロゴマーク事件」（関連事項参照）の原告アサヒビールのロゴマーク

アサヒビールに著作権侵害で訴えられたアサックスのロゴマーク。よく似たロゴマークだが、著作権侵害は認められなかった

A. ロゴマークには、著作物性が認められていないため、真似して作っても著作権侵害にはあたりません。

※ただし、そのロゴマークが商標登録されている場合は、それと同一または類似したマークを商標的に使用すると商標権侵害になる可能性があります。

Q44のタイプフェイスと同様に、ロゴマークは、「思想又は感情を創作的に表現した」文芸・学術・美術または音楽の範疇に属する著作物には該当せず（著作権法第2条1項1号）著作物性は認められていないので、既存のロゴマークを真似て新たなロゴマークに利用することは可能です。ただし、そのロゴマークがすでに商標登録されている場合は、同じマークまたは類似するマークを商標として使用すると、商標権の侵害になる可能性があります。

左頁は、「アサヒビール」のロゴとそれに類似した「アサックス」のロゴマークです。アサヒビールは自社のロゴマークの著作物性を主張し、著作権侵害などの理由でアサックスにロゴマークの使用差し止めなどを請求しました。しかし、裁判では、アサヒビールのロゴマークのAの書体はほかの文字に比べてデザイン的な工夫が凝らされたものとは認められるが、右程度のデザイン的要素の付加によって美的創作性を感得することはできず、右ロゴマークを著作物と認めることはできないとして、その著作物性が否定されています。同様に、「住友建機文字ロゴマーク事件」でも、「住友建機株式会社」という文字のみを使ったロゴマークの著作物性は、その字体が基本であることから、裁判所は、ロゴマークが美術の著作物であるためには、書体のデザイン的要素が、見る物に特別な美的感興を呼び起こすに足りる程の美的創作性を備えているような、例外的場合に限られるというべきであると、厳しい美的創作性と美的鑑賞性を要求しています（東京地裁2000〈平成12〉年9月28日）。

ただし、著作権および商標権の侵害にならなくても、他者の創造物を安易に真似る行為は原則的に差し控えるべきでしょう。

関連事項

Asahi 対 Asax
「アサヒビール・ロゴマーク事件」

アサヒビールは左頁上のロゴマーク（標章）を1986（昭和61）年に商標登録しています。一方、アサックスは商号変更とともに1991（平成3）年より左頁下の商標を使用し始めました。アサヒビールは商標法および不正競争防止法に基づき、アサックスの標章の使用差し止めを請求しましたが、東京地裁はこの請求を棄却。そこでアサヒビールは、新たに著作権侵害を主張し控訴しましたが、東京高裁でも、文字は万人共有の文化的財産ともいうべきものであり、また、本来的には情報伝達という実用的機能を有するものであるから、文字の字体を基礎として含むデザイン書体の表現形態に著作権の保護を与えるべき創作性を認めることは、一般的には困難であると考えられる。仮に、デザイン書体に著作物性を認め得る場合があるとしても、それは、当該書体のデザイン的要素が美術の著作物と同視し得るような美的創作性を感得できる場合に限られることは当然であるなどの理由により棄却。上告審でも棄却され高裁判決が維持されました（最高裁1998〈平成10〉年6月25日）。

ATTENTION!

ロゴマークに著作権は認められていないので、既存のロゴマークを真似てロゴマークを作っても著作権侵害にはなりませんが、商標登録されている場合は、同一または類似のロゴマークを作ると商標権の侵害になる可能性があります。ただし、著作権・商標権を侵害しないといっても、他者の作品を安易に真似る行為は慎むべきではないでしょうか。

関連リンク　著作物とは ⇒P.006　商標法・不正競争防止法 ⇒P.018・Q13・Q18・Q31・Q32・Q34・Q35・Q40・Q41
アイコン・ピクトグラム ⇒Q13　タイプフェイス ⇒Q44　オリンピック・五輪マーク ⇒Q39

Q46 世界各国の国旗を シンボルマークに使ってもいいのですか？

【作品例】国旗をカフェのシンボルマークとして使用した看板

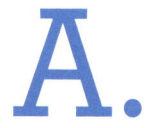

A. 国旗は、商標法・不正競争防止法において商業上の利用が禁止されていますので、シンボルマークとして使うことは難しいでしょう。

※ただし、その国旗の使用許可を行う外国官庁の許可を受ければ、使用が可能になる場合もあります。

国旗はその国家を象徴する標章であり、シンボルマークはその団体や社会活動などの活動内容を象徴する標章です。そもそも、国旗のデザインは著作権法で保護される著作物ではありません。したがって、たとえば、「世界国旗総覧」という書籍や事実の説明のために、変形せず、国旗の尊厳を守って、国旗を国旗として複製する限りにおいては問題ありません。ただし、シンボルマークとして使う際には、商標法・不正競争防止法で、商業上の利用が禁止されていますので、どうしても使用したい場合は、その国旗の使用許可を行う外国官庁の許可を得る必要があります。作品例のように、イギリスの国旗をカフェのシンボルマークとして利用したい場合は、イギリス大使館などへの打診が必要ということです。

また、刑法によれば、侮辱を加える目的で外国の国旗を毀損した場合は、その国旗が自分の所有物か否かに関わらず、外国政府からの請求があれば処罰の対象になります（刑法第92条）。

関連事項

国旗に関する国内法

★刑法第92条「外国国章損壊罪」
1. 外国に対して侮辱を加える目的で、その国の国旗その他の国章を損壊し、除去し、又は汚損した者は、2年以下の懲役又は20万円以下の罰金に処す。
2. 前項の罪は、外国政府の請求がなければ公訴を提起することができない。

★商標法 第2章第4条
（商標登録を受けることができない商標）次に掲げる商標については、前条の規定にかかわらず、商標登録を受けることができない。
1. 国旗、菊花紋章、勲章、褒章又は外国の国旗と同一又は類似の商標

★不正競争防止法 第16条
（外国の国旗等の商業上の使用禁止）
1. 何人も、外国の国旗若しくは国の紋章その他の記章であって経済産業省令で定めるもの（以下「外国国旗等」という）と同一若しくは類似のもの（以下「外国国旗等類似記章」という）を商標として使用し、又は外国国旗等類似記章を商標として使用した商品を譲渡し、引き渡し、譲渡若しくは引き渡しのために展示し、輸出し、輸入し、若しくは電気通信回線を通じて提供し、若しくは外国国旗等類似記章を商標として使用して役務を提供してはならない。ただし、その外国国旗等の使用許可を（許可に類する行政処分を含む、以下同じ）行う権限を有する外国の官庁の許可を受けたときは、この限りではない。
2. 前項に規定するもののほか、何人も商品の原産地を誤認させるような方法で、同項の経済産業省令で定める外国の国の紋章（以下「外国紋章」という。）を使用し、又は外国紋章を使用した商品を譲渡し、引き渡し、譲渡若しくは引渡しのために展示し、輸出し、輸入し、若しくは電気通信回線を通じて提供し、若しくは外国紋章を使用して役務を提供してはならない。ただし、その外国紋章の使用の許可を行う権限を有する外国の官庁の許可を受けたときは、この限りでない。

ATTENTION!
外国の国旗は商標法・不正競争防止法によって商業上の利用は禁止されていますので、シンボルマークなどへの使用に際しては、その国旗の使用許可を行う外国官庁の許可が必要です。

関連リンク　著作物とは ⇒ P.006　商標法・不正競争防止法 ⇒ P.018・Q13・Q18・Q31・Q32・Q34・Q35・Q40・Q41
アイコン・ピクトグラム ⇒ Q13　オリンピック・五輪マーク ⇒ Q39　タイプフェイス ⇒ Q44

Q47 Webサイトのレイアウトを真似してもいいのですか?

既にあるWebサイト

【作品例】上のWebサイトを真似したレイアウト

A. レイアウト自体はアイディアであり、著作権法の保護の対象ではないため、真似して使用しても問題はありません。

※ただし、特定の工夫を凝らしたレイアウトが周知のものであれば、権利侵害のクレームの対象になる可能性がありますので、留意すべきでしょう。

レイアウトとは、配置・配列・割付のことです。Q43の書籍・雑誌の本文レイアウトの場合と同様に、これらはアイディアであって、著作権法で示される「思想又は感情を創作的に表現した」文芸・学術・美術または音楽の範疇に属する「著作物」としては認められていないため、既存のレイアウトをそのまま、あるいは真似して使用しても著作権侵害にはなりません。つまり、ごく一般的なレイアウトを参考にして画面を作成することは問題ないということです。しかし、特定の工夫を凝らしたレイアウトに基づいて表現された画面は、多くの場合、一見してどのサイトか判別することが可能です。こうしたレイアウトを模倣すると、権利侵害のクレームの対象になる可能性があると考えられます。権利侵害とは、Q32・43と同様に、著作権侵害にならなくても、すでにあるWebサイトのレイアウトを利用することは、他者が築き上げた財産的価値に便乗（フリーライド・タダ乗り）することになり、場合によっては、市場競争における公序良俗・信義平衡に反する不正な行為（不正競争）を規制する不正競争防止法で規制される「著名表示の使用行為」に抵触する恐れがあるということです（不正競争防止法第2条）。基本的に、安易な模倣はクリエイターとして慎むべき行為ではないでしょうか。

関連事項

ネット上の素材

例えば、Yahoo! Japan・Google・mixiなど、周知のサイトのレイアウトその他を模倣することは違法ではなく、一般的になっているようですが、ネット上に配置されている素材（写真・イラスト・文章など）が著作物であれば、著作権法の保護の対象になるので注意が必要です。

ATTENTION!

レイアウト自体はアイディアであり著作物として保護されていないため、自由に利用することは可能です。しかし、どのサイトであるかが一見して判別できる周知なレイアウトの模倣の場合、知的財産権侵害を主張される可能性があります。

関連リンク 著作物とは ⇒P.006 著作物の種類 ⇒P.009 商標法・不正競争防止法 ⇒P.018・Q13・Q18・Q31・Q32・Q34・Q35・Q40・Q41 Webサイトの画像 ⇒Q15 書籍・雑誌のレイアウト ⇒Q43 類似作品 ⇒Q54

第2章 著作権Q&A

Q48 すでにある折り方を真似してパッケージを作っていいのですか？

実用新案登録・意匠登録されている
パッケージ。株式会社織部提供

A. その折り方が特許や実用新案として登録されていなければ使用できますが、折り方でなく「完成した形」が意匠登録されていると、意匠権が主張されます。

※ただし、登録されていなくても、高度な美術性が認められる場合は、「美術の著作物」として著作権法で保護される場合もありますので、調査確認が必要です。

パッケージデザインが他のデザイン分野と大きく異なるのは、著作権法で保護される著作物ではなく、商品や役務の出所を認識する商標権、形状や外観を保護する意匠権、折り方などを保護する特許権・実用新案権など、複数の権利で構成、保護されている場合が多いということです。商標権・意匠権・特許権・実用新案権は、いずれの場合も権利を取得するためには申請と審査登録が必要です。たとえば、パッケージの折り方が、すでに実用新案権に登録されている場合は、無許諾で折り方を真似することはできません。また登録に際しては、一つの折り方から派生するいくつかのアレンジした折り方までを含めて申請されている可能性が高いので、多少のアレンジを加えても無許諾で使用することは難しいと思われます。伝統的な折り方、誰にでも考えられる単純な折り方などは登録されている可能性は少ないと思いますが、トラブルを回避するために、まず、利用したいパッケージの折り方が登録されているかどうかを調査確認する必要があります。特許庁のホームページにアクセスすれば、誰でも検索することができます。たとえば、素材や形態で検索することも、発明者や出願者など具体的なキーワードからも検索できますが、出願数が多く内容が複雑なため、正確に調査確認するためには専門家に任せることをお勧めします。意匠権・特許権・実用新案権などの知的所有権にはそれぞれ異なる保護期間があります。いずれにしても権利が生きている間は原則的に同じまたは類似のものは使用できません。ただし、パッケージデザインに高度な美術性が認められる場合は、著作権法で保護される場合もあります。折り方とは別に、パッケージの面に施されているイラストや写真はそれぞれ「美術の著作物」「写真の著作物」として保護されます。また、意匠権・特許権・実用新案権などの登録の有無にかかわらず、一般によく知られている商品パッケージに似ていると判断されると、「混同惹起」の恐れがあるとして不正競争防止法で使用の差し止めを請求される場合もあります（不正競争防止法第2条1項）。

ATTENTION!

パッケージの折り方が特許・実用新案として登録されていなければ、それを真似てパッケージを作ることは可能です。ただし、完成した形が意匠登録されている場合、登録されていなくても周知の商品パッケージを模倣すると不正競争防止法で使用の差し止めを請求される場合もあります。また、高度の美術性がある場合は美術の著作物として著作権法で保護される場合もあります。

関連事項

知的所有財産権の保護期間

★特許権（原則として出願の日から20年間）
★実用新案権（出願の日から10年）
★意匠権（登録の日から20年）
★商標権（登録の日から10年間・何度でも更新可能）
★不正競争防止法（商品形態模倣行為については、その商品が日本国内で 最初に販売された日から3年間）

混同惹起行為規制（不正競争防止法第2条1項1号、2号）

他者の商品等表示として一般に広く認識されているものと同一または類似の商品表示などを使用し、他者の商品または営業と混同を生じさせる行為は不正競争行為として規定されています。商品の形態を一見しただけでその特徴が「あの会社のもの」と分かる程度であっても「商品等表示」に該当します。この不正競争防止法第2条で保護されるためには、下記の要件を満たす必要があります。
1. 商品表示性（商品の形態が、商品の印として機能していること）
2. 周知性（商品の形態が需要者の間で広く認識されていること）
3. 類似性（商品形態が全体として類似していること）
4. 著名性（周知性より一段と広く、全国的に誰でも認知していること）
5. 混同の恐れ（両者の商品に対して、需用者が混同を起こす恐れがあること）

模倣行為規制（不正競争防止法2条1項3号）

この法律において「不正競争」とは、次に掲げるものをいう。
3. 他人の商品の形態（当該商品の機能を確保するために不可欠な形態を除く。）を模倣した商品を譲渡し、貸し渡し、譲渡若しくは貸し渡しのために展示し、輸出し、又は輸入する行為
※上記「模倣行為規制」によって、製品形態の模倣はある程度規制できますが、この規制には「最初の発売日から3年」と限られているため、重要なデザインについては意匠権を取得しておく必要があります。

関連リンク 著作物とは ⇒ P.006 特許法・実用新案・意匠法・商標法・不正競争防止法 ⇒ P.018・Q13・Q18・Q31・Q32・Q34・Q35・Q40・Q41 包装紙（意匠法）⇒ Q8 装幀デザイン（意匠法）⇒ Q42 類似作品 ⇒ Q54

Q49 ⓒ（マルシー）マーク（記号）をつけないと著作権法で保護されないのですか？

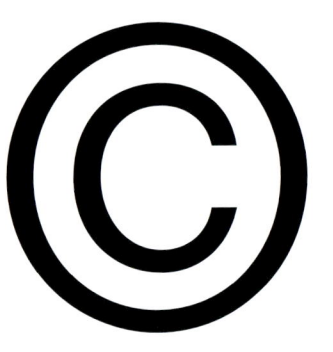

ⓒ
= Copyright
対外的に著作権を主張する
意味で付されるマーク

Ⓟ
= Phonogram
実演家の録音権とレコード製作者の
複製権の保護に関するマーク

Ⓡ
= Registered trademark
登録商標に付くマーク

TM
= Trade Mark
登録出願中の商標に付くマーク

A.
ⓒマークには、法的な意味はありませんので、ⓒマーク記載の有無にかかわらず、著作物であれば著作権法で保護されます。

※ただし、®やTMは登録や申請の事実がないのに記載をすると虚偽表示として取り締まりの対象となる場合もあります。

日本の著作権法は、著作物を創作した時点で自動的に著作権が発生し、何の手続きをしなくても著作権は著作者に帰属し保護されます（17条2項）。これは世界共通の制度で〈無方式主義〉といいます（ベルヌ条約5条2）。しかし、国によっては、公的機関などに登録して初めて著作権が認められる制度を採用している場合もあり、この制度を〈方式主義〉といいます。したがって、無方式主義を採っている日本の著作権法では、ⓒの記載は権利の発生とは関係なく、それが著作物であれば保護の対象になるということです。では、なぜ、イラストや写真、文章などにⓒがついているのをよく見かけるのでしょう。1952年当時、北米や中南米には、登録を著作権保護の要件とする諸国が存在していました。アメリカ合衆国がその代表で、無方式主義の国の著作物がアメリカで保護されるためには、アメリカで登録手続きをする必要がありました。この煩雑さを解消し、無方式主義の国と方式主義の国との橋渡しを目的とする万国著作権条約（ユネスコ条約）が作成されました。この条約の第3条で、著作物のすべての複製物にⓒマーク・最初の発行年・著作権者名の三つを表示していれば、方式主義の国においても保護される旨が定められました。ⓒのCはCopyrightの頭文字で、以来、世界的にⓒ表示の慣行が定着しましたが、アメリカが1989年に方式主義を放棄し、無方式主義のベルヌ条約に加盟したことにより、ⓒ表示を付す実質的必要性・法的意味は失われました。現在見られるⓒ表示は、不正確なものが多いようですが、表示するもしないも全くの任意で、今では単に、権利主張を示す記号として用いられているようです。もちろん、ⓒ表示があるなしにかかわらず、著作物であれば、著作権法で保護されます。

尚、音楽レコードやCDのジャケット等に表示されているⓅ（マルピー）マークは、1961年に締結された「実演家等保護条約」に規定されている実演家の録音権とレコード製作者の複製権の保護に関するマークです。PはPhonogramの頭文字で、方式主義の国で保護を受ける際に、Ⓟマーク・レコード（CD）の最初の発行年を表示する必要があります。

また、同じようによく見かけるⓇ（マルアール）、TM（ティーエムマーク）についてですが、Ⓡは登録商標であることを意味するRegistered trademarkの頭文字であり、TMはTrade Markの略称で、登録される以前（出願中）の商標などに付されています。これらも、ⓒと同様に法的根拠はなく、マークが付されていなくても商標権が認められないわけではありません。これらは、登録商標であることをアピールすることが目的で付されている場合が多いようですが、登録商標ではないのに、あたかもそうであるかのようにⓇなどを付す行為は、虚偽表示として取り締まられる場合もあります。

関連事項

万国著作権条約（ユネスコ条約）第3条

締約国は、自国の法令に基づき著作権の保護の条件として納入・登録・表示・公証人による証明、手数料の支払又は自国における製造若しくは発行等の方式に従うことを要求する場合には、この条約に基づいて保護を受ける著作物であって自国外で最初に発行されかつその著作者が自国民でないものにつき、著作者その他の著作権者の許諾を得て発行された当該著作物のすべての複製物がその最初の発行の時から著作権者の名及び最初の発行の年とともにⓒの記号を表示している限り、その要求が満たされたものと認める。ⓒの記号、著作権者の名及び最初の発行の年は、著作権の保護が要求されていることが明らかになるような適当な方法でかつ適当な場所に掲げなければならない。

実演家、レコード製作者及び放送機関の保護に関する国際条約11条（略称は「実演家等保護条約」または「ローマ条約」）

締約国は、レコードに関するレコード製作者若しくは実演家又はその双方の権利の保護の条件として国内法により一定の方式に従うことを要求する場合において、発行されたレコードの複製物であって市販されているもののすべて又はその容器に、保護が求められていることが明らかになるような適当な方法で最初の発行の年とともに [Ⓟ] の記号が表示されているときは、その要求が満たされたものと認める。もっとも、その表示には、当該複製物又はその容器にレコード製作者又はレコード製作者の許諾を得た者がその名、商標その他の適当な表示によって明らかにされていないときはレコード製作者の権利を保有する者のものとし、当該複製物又はその容器に主たる実演家が明らかにされていないときは固定が行われた国において当該実演家の権利を保有する者の名も含めるものとする。

※尚、1971年に締結された「許諾を得ないレコードの複製からのレコード製作者の保護に関する条約（レコード条約・ジュネーブ条約と省略されている）」の第5条に同じ規定が盛り込まれています。

ATTENTION!

ⓒ（マルシー）マーク（記号）の表示は任意のもので、著権法上の意味はないので、ⓒの記載の有無にかかわらず、著作物であれば著作権法の保護の対象になります。

関連リンク　権利の発生と消滅 ⇒ P.015　国際的保護 ⇒ P.017　商標法 ⇒ P.018・Q13・Q40・Q48
実演家・レコード製作者 ⇒ Q20　音楽の著作権管理団体（JASRAC）⇒ Q33関連事項

Q50 企画書やプレゼンテーション資料に著作権はありますか？

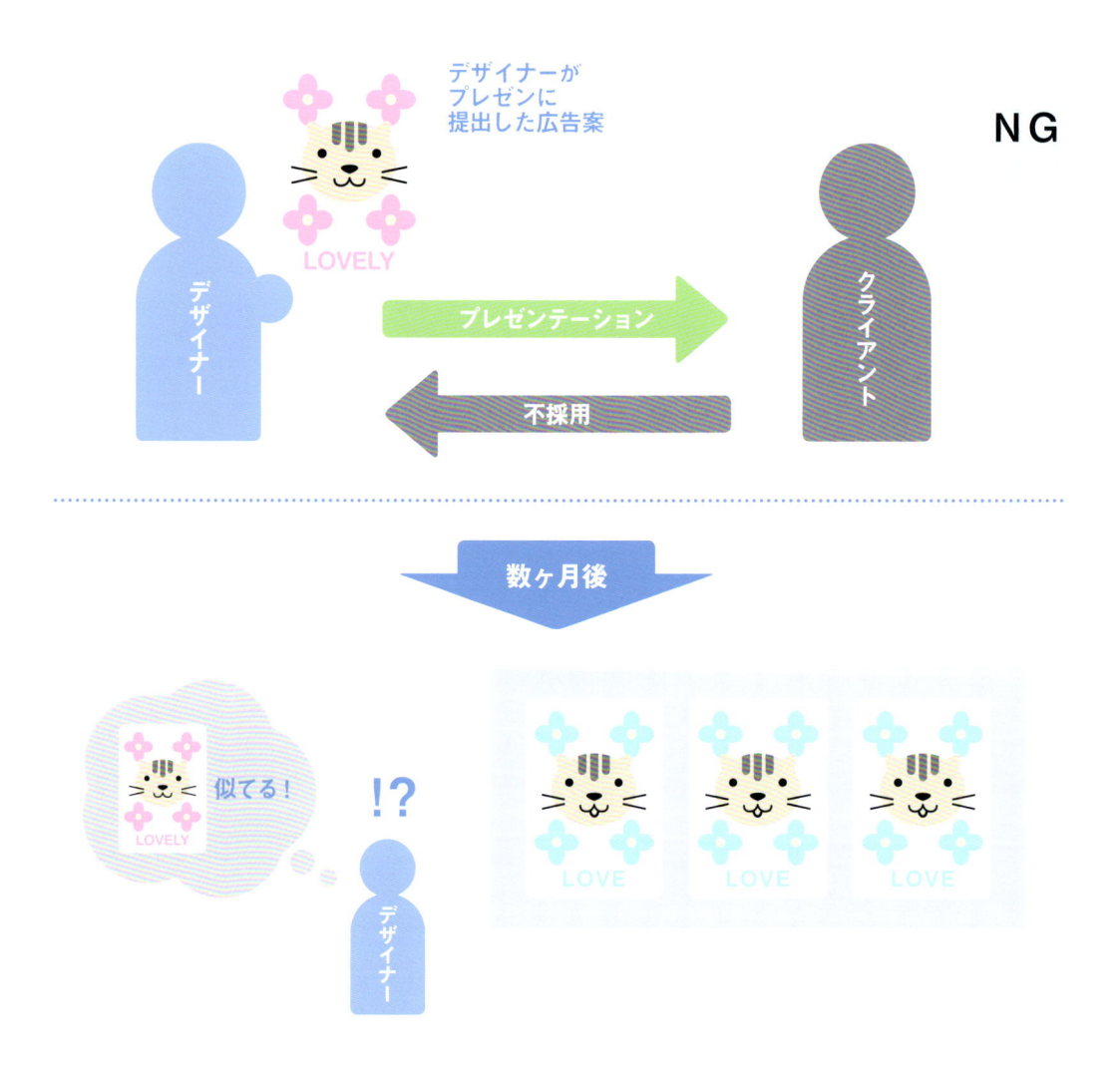

デザイナーがプレゼンに提出した広告案

NG

デザイナー

プレゼンテーション

不採用

クライアント

数ヶ月後

似てる！

!?

デザイナー

LOVE LOVE LOVE

A. 企画書やプレゼンテーションの資料自体が著作物と考えられる内容であれば、著作権はあると考えるべきでしょう。

※ただし、著作権は制作者に帰属しますが、法人に所属する人が職務として著作した場合は、法人に著作権が帰属します。

企画書やプレゼンテーションの際に使用する資料などは、ペラ1枚のメモのような簡単なものから、写真・イラスト・図表などを駆使した数10頁にわたる形式のものまでさまざまなスタイルがあります。どのような形式であっても、多くの場合、企画書には企画の意図・概要・企画推進の体制・進行予定などが盛り込まれています。内容に濃淡があるにしても、起案者の「思想又は感情」が個性を持って表現されているならば著作物といえるでしょう（2条1項1号）。文章だけで構成されているものは「言語の著作物」、絵コンテなどは「美術の著作物」として認められるはずです（10条）。この企画書の著作権は制作者に帰属します。ただし、企業や団体の名義のもとで、そこに所属する従業員が職務として制作した場合、著作権はその法人に帰属します。この著作物である企画書が、著作権者以外によって無許諾で変更された場合は、複製権・翻案権の侵害、また、著作者人格権である同一性保持権の侵害とみなされる可能性があります。企画の無断流用はあり得ないことではなく、制作の現場では深刻な問題です。その実例として、会社案内の企画書とラフ案を提案した広告会社が、その内容を他社に複製されたとして訴えを起こし、編集著作権が保護された「会社案内企画流用事件」があります。

関連事項
編集著作権が保護された「会社案内企画流用事件」

広告制作会社Aが、クライアントに会社案内の企画書とラフ案を提出したところ、クライアントは、見積金額が高いことを理由に、A社には会社案内を制作しないと告げ、同企画内容でB社に会社案内を作成させ配布しました。A社は、提出した企画書とラフ案は「編集著作物」であるため、B社制作の会社案内は複製権の侵害であることを主張しました。しかし、東京地裁は、テーマやレイアウトにおける類似性は認めたものの、その素材である写真・イラストおよび記事については基本的に全く異なる素材を用いているという理由で編集著作物の著作権が及ぶものと解することはできないと請求を棄却しました。しかし、東京高裁は、A社の主張を認め、素材そのものは異なるが、イメージ写真を記事内容を象徴するものとして使用し、効果的に配置した空白部分など、レイアウトと構成する要素自体も編集著作物の素材とした編集著作物と判断し、クライアントに会社案内の使用差し止めと損害賠償に応じることを命じました（東京高裁1995〈平成7〉年1月31日）。

ATTENTION!
企画書が著作物としての内容を備えていれば、言語および美術の著作物として、企画起案者に著作権が認められます。

関連リンク　著作物とは ⇒ P.006　著作物の種類 ⇒ P.008　著作者と著作権者 ⇒ P.010　著作者人格権・著作財産権 ⇒ P.012
著作権の帰属先 ⇒ Q51　プレゼン使用料 ⇒ Q52　判例10

Q51 途中でデザイナーが変わった場合、著作権は元のデザイナーにあるのですか？

著作権者は誰か

発注先の制作会社の従業員の場合、著作権はその制作会社に帰属。同じ社内でデザイナーを変えても著作権の帰属先は変わらない。

デザイナー個人として、広告主または制作会社から発注を受けた場合、著作権はそのデザイナーに帰属。

デザイナー（従業員ではない）を交代する際に確認すべきこと

著作権を譲渡する場合
譲渡する著作財産権の内容を決める。翻案権、二次的著作物の利用に関する権利も含めるかどうかetc.

著作権を譲渡しない場合
制作途中のデザインを自由に利用することへの承認etc.

A. デザインの著作権の帰属先は、発注者とデザイナーとの契約関係、また、デザイナーが法人に属しているか否かなどその立場によって異なります。

※ただし、デザイナーから著作権が譲渡されても譲渡できるのは著作財産権のみです。

まず、デザインの発注者とデザイナーとの関係で考えられるパターンを整理して考えてみましょう。

広告主からの発注で広告制作会社がデザインを制作する場合

(1) デザイナーが制作会社の社員（従業員）としてデザインする場合は「職務上作成する著作物」となり、著作権は制作会社に帰属します（15条）。

(2) デザイナーが制作会社または広告主から直接発注され、請負契約でデザインする場合は、著作権は原則的にそのデザイナーに帰属します。

(2) の場合デザイナーが広告主または制作会社に著作権を譲渡するかどうかは両者の契約で取り決めます。ただし、仮に著作権を譲渡する場合でも、譲渡できるのは著作財産権（複製権・翻案権など）だけで、著作者人格権（公表権・氏名表示権・同一性保持権）は譲渡できないため、双方でこの権利関係を整理しておくこと、その後のデザインの使用目的などを把握しておく必要もあります。

以上を踏まえた上で、製作途中でデザイナーが交代する場合、トラブルを回避するためには、広告主または広告制作会社と、仕事から外れるデザイナーとの間で、制作途中のデザインの著作権がどこに帰属するか、また、その後のデザインの変更（改変）についても事前に取り決めておくことが重要です。

具体的には、デザイナーから広告主または制作会社に著作権を譲渡する場合、その著作財産権の内容、また、翻案権（27条）、二次的著作物の利用に関する原著作者としての権利（28条）も含めるのかについて取り決めておくこと。また、著作権を譲渡しない場合は、発注者が製作途中のデザインを自由に利用することへの承認、また、人格権についても話し合っておくことが大切です。できれば契約書を交わしておくと万全でしょう。

関連事項
製作途中でイラストレーターが交代した場合

作品の内容やギャラその他の問題で、製作途中でイラストレーターが交代することも考えられます。また、プレゼンテーションで案が通ったのちに、イラストレーターを交代しなくてはならない場合もあるでしょう。クライアントからは、プレゼン時のイラストのようにと要求されることがあるかもしれませんが、イラストの著作権者はイラストレーター本人なので、許諾なしに同じイラストを利用したり、一部改変して使用すると、複製権・翻案権の侵害になりかねません。したがって、イラストレーターを交代する際には、元のイラストレーターからそのイラストの改変を含む利用について明確な承諾がない限り、新たなイラストレーターに、元の作品が感得できないようなオリジナル作品に仕上げてもらうことが、著作権侵害にならないベストな方法でしょう。

ATTENTION!
製作途中でデザイナーが交代する場合は、なかば必然的にデザインの修正・改変が伴うと考えられるので、トラブルを避けるためには、きちんとした事前の取り決め、具体的に契約書を交わすことなどの対処が必要でしょう。

関連リンク 二次的著作物 ⇒ P.009　著作者と著作権者 ⇒ P.010　著作者人格権・著作財産権 ⇒ P.012
権利の譲渡 ⇒ P.011　企画書（プレゼン資料）の著作権 ⇒ Q50　二次使用（契約書）⇒ Q55　判例10

Q52 自分の写真が複製されてプレゼンだけに使われた場合、使用料を請求できますか？

私的使用のための複製の範囲

OK

良い写真なので
コピーしておこう
個人的な使用は ○

良い写真なので
妻にあげよう
家庭内での使用は ○

良い写真なので
親友たちにも
あげよう
ごく少人数の親しい友人間での使用は ○

NG

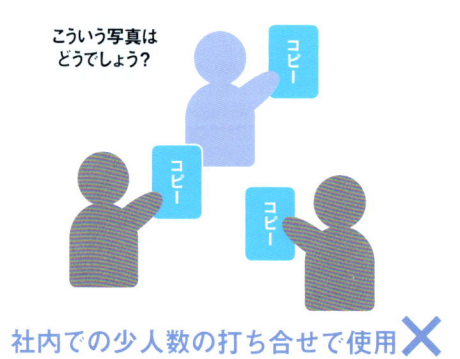

こういう写真は
どうでしょう？
社内での少人数の打ち合せで使用 ✕

このような写真を
使い購買意欲を…
社外でのプレゼンに使用 ✕

A. プレゼンテーションだけに使用された場合でも、著作権使用料を請求することはできます。

※少人数の打ち合わせの会議で使用された場合でも、著作権が制限されている「私的利用」の範囲を超えていますので、使用に際しては対価を請求することは可能です。

写真の著作物の著作権は、原則的に著作者（撮影者）にあります。利用者との特別な約束（契約）がない限り、その写真がプレゼンテーションだけに複製され使用されたとしても、その使用に関しての著作権使用料を請求することはできます。カメラマンが手持ちの写真の保管や貸し出しの業務を委託するレンタルフォトなどのシステムでは、通常、その利用の範囲や使用料に関して、事前に取り決め（契約）がなされている場合が多いと思われます。しかし、質問のように、プレゼンテーションだけに使用する場合の取り決め（契約）がなされていないことも想定できます。この場合、プレゼンテーションであっても写真を使用したことには変わりないのですから、採用された時の使用料を参考に、利用者と協議して使用料を決めるのが通常の方法でしょう。

また、プレゼン用の資料を作成する段階の打ち合わせで複製され使用された場合にも同様のことがいえます。少人数の会議の場であっても、業務上の利用であれば著作権法で権利が制限されている私的利用の範囲を超えているので、写真が著作物である限り、無許諾で使用されれば複製権の侵害にもあたります。このようなことは、製作の現場ではありがちなことですが、トラブルを回避するためにも、事前に、写真の使用範囲・使用期間・プレゼンテーション使用料・本採用時の使用料など、細かく取り決め、契約書を交わしておくことが最良の方法でしょう。

関連事項
私的使用のための複製（著作権法第30条）

「著作権の目的となっている著作物（中略）は、個人的に又は家庭内その他これに準ずる限られた範囲内において使用すること（中略）を目的とするときは（中略）その使用する者が複製することができる」
これは、私的利用を目的に著作物を複製するのであれば、著作権者にそれほど経済的損失を与えないだろうということから認められたものです。たとえば、CDから音楽を個人的にダビングする行為などが私的利用にあたります。ただし、著作権法第30条で認められる「私的利用のための複製」であっても、その複製物を企業などの業務で使用した場合は、規定で許された範囲を超えた利用として、複製物の目的外使用となり（49条）、その時点で複製権侵害になります（21条）。また、公衆への送信までは認められていないので、個人的に開設しているHPでも、他人の著作物を複製（コピー）して掲載することはできません。

ATTENTION!
プレゼンテーションにだけに複製され使用され、本採用されなかった場合でも、写真を使用したことに変わりないので、著作者がプレゼンテーション使用料という名目で請求することは可能です。トラブルを回避するためには事前の細かい確認が必要でしょう。

関連リンク　権利の制限・自由利用 ⇒ P.013　企画書（プレゼン資料）の著作権 ⇒ Q50
二次使用（契約書）⇒ Q55　判例10

Q53 クライアントのアイディアを参考に広告を製作した場合、著作権はクライアントにあるのですか？

アイデアのみの場合

著作権は実際に制作をした
デザイナーにある

クライアント　明るい感じで、お花があったり…　→　デザイナー

制作に具体的な関与があった場合

クライアントとデザイナーは
共同著作者となる

クライアント　このネコとこの花のイラストを使ってください。　→　デザイナー　LOVELY

全て細かな指示通りに制作した場合

著作権は細かな指示をした
クライアントにある

クライアント　ネコは上、花は下、コピーは天から3cm下で、背景色はピンクで…　→　デザイナー　LOVELY

A. アイディア自体は著作物ではありません。著作権は、アイディアを具体的な広告として表現した制作者に帰属します。

※ただし、アイディアを出した人が具体的に制作に関与した度合いによって著作権の帰属先が変わることもあります。

アイディアは尊重すべきものですが、著作権法によれば、「思想又は感情を創作的に表現したもの」が著作物とされていますので、アイディアそのものは著作物としては認められていません。そのアイディアを、具体的に文書や画像・映像などで表現されたものが著作物として保護されます（2条1項1号）。

ただし、アイディアの提供者であるクライアントに、広告制作過程で具体的な関与があったと評価できる場合は、クライアントがその広告の共同著作者となる可能性があります。また、制作過程での主導権のほとんどをクライアントが持ち、枝葉末節に至るまでその指示に従って作業が進行し、クライアントが頭の部分で、制作者が手足として製図工のように忠実に作業したような場合は、著作者はクライアントであると考えるべきでしょう。

実際に、クライアントが製図家に対して、収集した資料を提供すると同時に、記載事項や記載方法を細部まで具体的に指示したことで、クライアントが著作者になると示された「現代世界総図事件」があります。また、イラストの著作物性およびそのイラストの著作者は誰かということが示された「日本の城の基礎知識事件」では、イラストの枝葉末節までイラストレーターに細かに指示をした「日本の城の基礎知識」の著作者がイラストの著作者であると示されています。

関連事項

細かな指示をしたクライアントが著作者「現代世界総図事件」

Y社が企画した仕事において、Y社従業員であるY1は地図の製図家Xに原図を交付するとともに、細部にわたって詳細な指示を与え地図の製作を依頼。Xが完成させた地図にY社は経年変化その他を補修追加して「現代世界総図」として出版しました。出版に際して、製図者としてXの氏名が、版権所有者としてY1の名義が記載されました。Y1は、のちにY2とY3に原版を貸与し、Y2とY3は、共同発行している「週刊アルファ大百科」に「現代世界総図」を折り込んで頒布しました。このことがXに無許諾で行われたことに対して著作権侵害であるとし、また、週刊誌に縮小されて掲載されたことが同一性保持権の侵害であるとしてXが損害賠償を求めた事件です。東京地裁は、Y社従業員らが業務として種々調査を重ね、資料を収集し、記載項目も細部にわたって取捨選択した上、記載方法についても、数多くの資料を提供し、枝葉末節に至るまで具体的に指示しており、Y社の著作名義で公表されるべきものであったことは明らかであると示した上で、Xは、Y社従業員らの指示に基づき、単に製図家として製図作業に従事したにすぎない、と判断。また、Xがした工夫は、限りなく原画に近似し、出来上がりのきれいな模写画にしようとして技術上の工夫努力に類するもので、それ相当の価値を有するものではあるが、その表現において創作的要素が見られない（または希薄である）ため、著作権法でいう創作的表現行為ということはできない、と示され、Xの請求は棄却されました（東京地裁1979〈昭和54〉年3月30日）。

ATTENTION!

アイディアに著作権はありませんが、そのアイディアが具体的に表現・創作されていく過程において、アイディアを出した人（法人）が具体的に制作に関与した度合によって、アイディア提供者も著作者になり得る場合もあるでしょう。

関連リンク　著作物とは ⇒P.006　著作者と著作権者 ⇒P.010　共同著作物 ⇒P.009・Q56
著作権の帰属先（日本の城の基礎知識事件）⇒Q3関連事項　アイディアについて ⇒Q34

Q54 自分の作品が他者の作品に偶然似ていた場合、著作権侵害になりますか?

以前に発表された
Aの作品

Aの後に発表された
Bの作品

ケース1:偶然似た場合は著作権侵害にはならず、A・Bそれぞれに著作権が発生

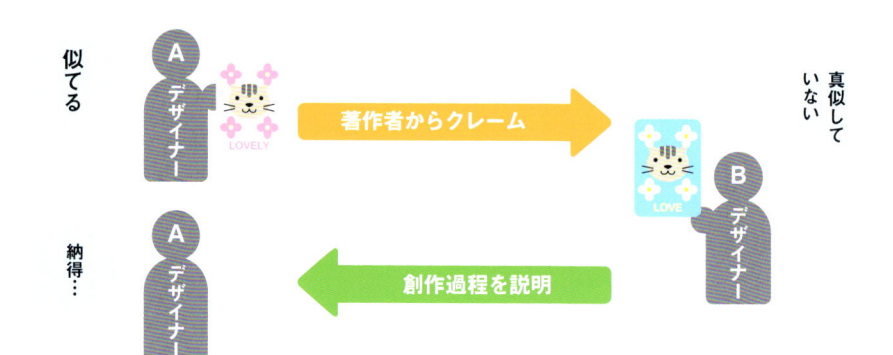

似てる → 著作者からクレーム → 真似していない

納得… ← 創作過程を説明 ←

ケース2:うっかり真似をしてしまった(故意ではない)

民事的解決
侵害行為の中止、損害賠償の請求

ケース3:明らかに意図的に真似をした

A 告訴 → 捜査機関 → 刑事上の立件
刑事罰
(懲役刑・罰金刑)

A. 似ていることが偶然であれば著作権侵害にはなりません。

※ただし、故意に真似たことが明らかな場合は、著作権侵害にあたります。

特許権・意匠権・商標権は、登録することによって権利が発生します。これらは先に登録した権利者に独占的な権利が与えられる「先願主義」を採っていますので、後から出願した者は権利が認められず、同じものが同時に存在することはありません。一方、著作権は、「著作者人格権及び著作権の享有には、いかなる方式の履行をも要しない」（17条2項）と明示され無方式主義を採用しているため、登録の必要は一切ありません。つまり、著作権は著作物の創作と同時に発生し、その著作者に帰属しますので、理論的に他に同一の著作物が複数存在したとしても矛盾せず、同一の著作物が複数存在し得るのが著作権の特徴ともいえるでしょう。したがって、自分の作品が他人の作品に似てしまった場合も、自分の作品と似ている作品があった場合も、全くの偶然であるならば、双方の著作物に著作権が発生し、著作権侵害にはなりません。別々の著作者による同一の音楽の著作物が並存し、その複製権侵害が争われた「ワン・レイニー・ナイト・イン・トーキョー事件」では、既存の著作物に依拠して再製されたものでない時は、その複製をしたことには当たらず、偶然の一致は著作権侵害にならないと判示されています。しかし、現実的には、同一性のある、あるいは類似する著作物に対して、他人から著作権侵害のクレームがつくこともあります。この場合、一方の作品が一方の作品に依拠（真似）して作られたことが明らかであれば、著作権を侵害したことになります。しかし、理屈から言って、同一の内容の作品が同時に存在することはあり得ることなので、依拠したのでないならば、自分の作品の創作過程を説明して、偶然であることなどを納得してもらうことが必要です。明らかな著作権侵害に対して、著作権法では、損害賠償を請求できることが定められています（114条1項3号）。また、民事上の救済、刑事上の立件を求めることができます。ただし、刑事罰（懲役刑・罰金刑）が科されるのは、著作権を故意に侵害した場合のみで、過失により著作権を侵害した場合は、刑事罰は科されません（刑法38条1項）。著作権法違反者には、刑事罰が科されることもありますが、その多くは、権利者（被害者）の捜査機関への告訴を前提とする親告罪となっています（123条）。しかし、現実的には、相手に著作権侵害と思われる事実を通知し、先方の意思を確認した上で相手が侵害事実を認めれば、侵害行為の中止および損害賠償の請求など民事的に解決する方法が一般的でしょう。

ATTENTION!

著作権は著作物の創作と同時に発生しますので、同一の著作物が同時に複数存在しても、偶然であれば著作権侵害には問われず、それぞれに著作権が発生します。ただし、故意に依拠（真似）したことが明らかな場合は、著作権侵害になり、民事上の救済処置が講じられ、刑事上の処罰が科せられる場合もあります。

関連事項

不当利益の返還義務（民法703条）

法律上の原因なく他人の財産又は労務によって利益を受け、そのために他人に損失を及ぼした者（以下この章において「受益者」という。）は、その利益の存する限度において、これを返還する義務を負う。

不法行為による損害賠償請求（民法709条）

故意又は過失によって他人の権利又は法律上保護される利益を侵害した者は、これによって生じた損害を賠償する責任を負う。

刑事上の対応

著作権等を侵害した者に対しては、10年以下の懲役もしくは1000万円以下の罰金又はその双方が科せられます（著作権法第119条）。法人の代表者・従業員などが著作権侵害行為をした時は、行為者のほか、当該法人も3億円以下の罰金に処せられます（著作権法124条）。

音楽の複製権侵害「ワン・レイニー・ナイト・イン・トーキョー事件」

楽曲「ワン・レイニー・ナイト・イン・トーキョー」が、別の楽曲「The Boulevard of Dreams（夢破れし並木路）」に依拠（真似）して作られたか否かについて最高裁まで争われた事件です。裁判では、「著作物の複製とは、既存の著作物に依拠し、その内容及び形式を覚知させるに足りるものを再製することをいうと解すべきであるから、既存の著作物と同一性のある作品が作成されても、それが既存の著作物に依拠して再製されたものでない時は、その複製をしたことには当たらず、著作権侵害の問題を生ずる余地はないところ、既存の著作物に接する機会がなく、従って、その存在、内容を知らなかった者は、これを知らなかったことにつき、過失があると否とにかかわらず、既存の著作物に依拠した作品を再製するに由ないものであるから、既存の著作物と同一性のある作品が作成されても、これにより、著作権侵害の責に任じなければならないものではない」として、楽曲の偶然の一致は著作権侵害にならないと判示されました（最高裁1978〈昭和53〉年9月7日）。

関連リンク　著作者と著作権者 ⇒ P.010　知的財産を守るその他の法律 ⇒ P.018　無方式主義 ⇒ Q49

Q55 デザインをクライアントに二次使用された場合、契約書がないと使用料を請求できないのですか？

元の作品

二次使用

【作品例】上「SPRING SALE」のDMを流用し、「SUMMER SALE」「WINTER SALE」のDMを作成

A. 発注の際にクライアントから示された目的以外の使用であれば、契約違反および著作権侵害を主張できます。

※ただし、デザインの著作権がすべてクライアントに移転している場合は、クライアントが二次使用してもデザイナーにクレームをつける権利はありません。

日本のデザインの現場では、デザインやイラストなどの制作・使用について、その都度、契約書を交わすことは現実的にあまり行われていないと思われます。また、クライアントから発注された際の使用目的以外の目的で、デザインなどがその製作者（権利者）に無許諾で二次的に使用されることも、よくあることではないでしょうか。しかし、使用目的に条件をつけた「譲渡契約」、あるいは「利用許諾契約」を交わした場合は、その条件に含まれない使用は契約違反になり、同時に、著作権の侵害にもなります。

理屈からすると、口頭での約束（契約）でも、権利は保護されるのですが、その契約内容を証明する必要が生じた場合、文書として記録されている契約書、あるいは、その内容を証明する第三者や何らかの記録が存在しないと契約内容の証明がきわめて困難になってしまいます。

したがって、仕事の発注・受注の際に、デザインその他に関わるすべてのことを文書にして契約を交わしておくことが、トラブルを回避するための最善の方策でしょう。

関連事項

契約書の主な種類

★著作権譲渡契約書
イラストや写真などの著作物を著作権と共に譲り受ける（買い取る）場合。財産権は譲渡できても著作者人格権（公表権・氏名表示権・同一性保持権）は譲渡できませんので、改変その他を行う場合は著作者の許諾を得ることなどを明記しておくことが大切です。契約の内容に著作権法27条（翻訳権・翻案権）28条（二次的著作物の利用に関する原著作者の権利）まで含めるかどうか明確にすることも大切です。（61条）

★著作物利用許諾書
著作物を借り受ける場合。利用する期間や回数など具体的な利用条件、また、譲渡契約書共々、対象著作物と対価などを明確にすることが大切です。

★著作物製作委託契約書
著作物の製作を委託する場合。製作した著作物の著作権を買い取る場合は「製作委託及び著作権譲渡契約」、利用するだけの場合は「製作委託及び利用許諾書」となります。製作スケジュールの遵守、不測の事態が起きた際の報告義務、突発的な事故における責任についても明確にしておくべきでしょう。また、いずれも、契約の内容に著作権法27条（翻訳権・翻案権）28条（二次的著作物の利用に関する原著作者の権利）まで含めるかどうか明確にすることも大切です。（61条）

契約の内容は当事者が決めることができますので、上記のほかにも、個人情報（写真・動画）利用に関する許諾覚書（肖像利用に関する覚書）、タレント契約書など、仕事の内容によって作成してください。
文化庁の「誰でもできる著作権契約マニュアル」や「契約書作成支援システム」を利用して契約書を作成することもできますので、ご参照ください（巻末資料2参照）。
http://www.bunka.go.jp/chosakuken/keiyakusho_sakusei.html
http://www.bunka.go.jp/chosakuken/c-system/section5/

ATTENTION!
デザインなどが、クライアントから示された目的以外の目的で使用された場合、契約違反および著作権侵害を主張できます。口頭でも契約は成立しますが、契約内容を証明するため、契約書を交わしておくことが重要でしょう。

関連リンク　二次的著作物 ⇒ P.009　権利の譲渡 ⇒ P.011　著作権の帰属先 ⇒ Q51　類似作品 ⇒ Q54　判例10

Q56 共同で制作した作品の著作権は全員にあるのですか？

共同著作物
創作者の寄与を分離できない著作物

複数で描いた絵
→ A,B,C全員に著作権がある

座談会の記録
→ A,B,C全員に著作権がある

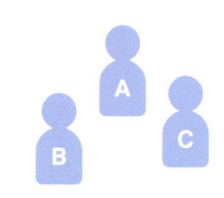

結合著作物
創作部分が分離して利用できる著作物

解説付写真集
→ イラストの著作権はAさん
　解説文の著作権はBさん

楽曲
→ 作詞の著作権はAさん
　作曲の著作権はBさん

集合著作物
独立した著作物の集合体

広告ポスター
→ 写真の著作権はAさん
　イラストの著作権はBさん
　コピーの著作権はCさん

書籍
→ 1章の著作権Aさん
　2章の著作権Bさん

A. 基本的に、共同で制作した作品の著作権は、共同で制作をした全員にあります。

※ただし、アイディアを出しただけの人・助言しただけの人・企画だけ立てた人・補助的な仕事しかしなかった人などは共同著作者には該当しません。

著作権法では、ひとつの創作プロジェクトに複数の著作者が関係（寄与）する著作物を「共同著作物」といいます（2条1項12号）。製作現場では制作の関わり方にさまざまな形がありますが、著作権法でいう著作者とは「著作物を創作する者」と明示されていますので共同の創作者（著作者）である要件は、(1) 創作・表現に寄与すること (2) 共同で行うこと (3) 寄与を分離して利用できないことです。したがって、プロジェクトの一員であっても、アイディアやヒントを出しただけの人・助言しただけの人・企画だけ立てた人・補助的な仕事（データ収集・入力作業・校正作業など）しかしなかった人などは共同著作者には該当しません。共同著作者には、個人だけではなく法人がなることも可能です。共同著作者の一人が法人の従業員で、職務として創作活動に加わった場合は、その法人が共同著作者の一人になります。

共同著作物とは、誰がどこを担当するかはっきりと区分せずに共同で書籍を執筆した場合などで、具体的には座談会の記録など、また、ソフトウエアやゲームソフトの開発など、それぞれの創作者の寄与を分離できない著作物のことです。共同著作物の場合は、その著作物の利用許諾などの権利を行使する場合は全員の合意が必要です（64条・65条）。これは、共同である著作者の人格の一体性が考慮された規定であるといわれています。その一方で、共同著作物の各著作者は、他の著作者の同意を得なくても、著作者人格権（公表権・氏名表示権・同一性保持権）の侵害に対しては、個別に使用差止などの請求をする権利が認められています（112条・117条）。また、共同著作物の保護期間は、共同著作者の中で最後に死亡した著作者の翌年から起算して50年まで続きます。したがって、先に亡くなった共同著作者の保護期間が長くなります。著作物を共同で制作する場合には、その形式による権利関係を明確にしておくことが大切です。

関連事項

結合著作物・集合著作物

共同で創作した場合でも、絵と文章、または写真と解説、あるいは楽曲と歌詞のように分離して利用できる著作物は〈結合著作物〉と呼ばれています。また、ある書籍の中で、第1章・2章の分担がはっきりと異なり、切り離して活用できる場合は〈集合著作物〉といわれています。これらは著作権法で明言されていることではありませんが、著作権法で示される「共同著作物」とは別の著作物として解釈されています。権利関係においても、共同著作物と結合・集合著作物は、それぞれの場合によって異なります。また、著作物の利用について、各著作者それぞれに判断することが可能で、保護期間も各個人によって起算されます。

ATTENTION!

2人以上の創作者が共同で創作・表現に関係（寄与）し、それが分離不可能な場合「共同著作物」となります。ただし、その関係の形式によって「集合著作物・結合著作物」となる場合もあり、それぞれに権利関係が異なりますので事前の確認が必要です。

関連リンク　共同著作物 ⇒ P.009・Q37関連事項　著作者と著作権者 ⇒ P.010　保護期間 ⇒ P.015
アイディアについて ⇒ Q34

第3章

判例紹介

監修 / 大井法子　執筆 / 久野寧子

※本文中『　』内は判決文をそのまま引用したもので、『　』内の（中略）などは編集部が付記したものです。
※裁判における当事者は、事案の説明に必要な当事者に限定して記載しております。

クリエイターなら知っておきたい10の判例

01 パロディ・モンタージュ写真事件

コラージュやモンタージュの手法で他者の写真を自分の作品に取り込めば、出来上がった作品は自分の作品であり、その利用は正当な引用である、というアーティストの主張。一方、無断で写真を使うのは、著作権侵害でましてや引用など認められないと主張する写真家。ゲリラ的手法が命の「パロディ作品」なら、前者の言い分も通用するのでは…とクリエイター側の立場なら考えるかもしれませんが果たして裁判は？ この判例はこうした「パロディ作品」を制作する上で、今後の指針となる法的判断が示された事件といわれています。→ P.136

02 祇園祭ポスター写真「水彩画」模写事件

祇園祭の写真を無断利用された写真家の抗議に広告主らが謝罪し、写真の使用を差し止めることで一度は和解したものの、写真が使用できなくなった広告主は制作会社に依頼し、写真とそっくりな水彩画を作成しポスターに利用。この水彩画が明らかに写真家の写真の複製・翻案であるところから、写真家は著作権侵害を理由に提訴。しかし広告主は、水彩画は写真とは別の著作物であると主張。水彩画から写真の著作物の大きな特徴が感得できるか否かが審理された裁判の結果は？ また、従来より重要文化財などを取り扱う立場にある広告主の著作権に対する注意義務も問われた判例です。→ P.138

03 東京アウトサイダーズ「スナップ写真」無断使用事件

一般人が撮影したスナップ写真に創作性はなく、仮にあるとしても書籍への掲載は正当な引用であり、写真の現像物の所有者から正当な経緯で入手した上での利用であると主張する出版社。一方、スナップ写真といえども創意工夫を凝らした著作物で、著作権は撮影者にあり、無断掲載は著作権侵害であると主張する撮影者。写真を取り扱うクリエイターとしては、どのようなスナップ写真であれば著作物性が認められるのか、その著作権者は撮影者なのか現像物を譲渡された所有者なのか知っておきたいところ。写真を取り扱う出版者側の著作権処理義務も示唆された判例です。→ P.140

04 ポパイ・ネクタイ事件

漫画のキャラクターには漫画から独立した著作物としての著作権があり、無断利用は著作権侵害と主張する米国の著作権者。一方、著作権の保護期間が満了している漫画のキャラクターの利用は自由と、商品にキャラクターの絵柄などを付して販売していた日本の製造販売会社。結果的に裁判では一貫してキャラクターの独立した著作物性は否定されたものの、商品に付されたキャラクターは漫画からの複製物と判断。また、連載漫画における登場人物（キャラクター）の著作権保護期間の起算日が示されました。→ P.142

05 交通安全スローガン（標語）の類似事件

交通安全とチャイルドシートをテーマに創作されたA・Bのスローガンがよく似ていたため、先に公表したAの作者はBの著作権侵害を主張。片や後続のBの作者らは、たとえ類似性があるとしても偶然で、もとからAには著作物性はないので著作権侵害にはあたらないと反論。そもそも同じような語彙を使用し短い語句で構成されるスローガンや標語は著作権法で保護される著作物なのか、クリエイターとしてはその判断が気になるところ。Aに著作物性があるとしたら、BはAの著作物の部分に依拠しているか否か、両者が詳細に比較された裁判の結果は？ → P.144

06 顔真卿自書建中告身帖事件

古代中国の書を撮影した乾板を譲り受けた出版社は、著作権が存在しない著作物の利用は自由として複製物を出版。これに対して、書の現物を所有している博物館が、著作権は消滅しているが所有者に無断での利用は所有権侵害であると主張。クリエイターとすれば、著作権が消滅している上に、所有者から直接、現物を借り受ける等のやりとりがあったわけでもないのに権利侵害を主張されるのはなぜ？とその理由が知りたいところ。著作物の無体物（美術的価値）としての権利を有する著作権者と、その有体物を所有する所有権者の権利の違いが明瞭に示された判例です。→ P.146

07 「図説江戸考古学研究辞典」の著作権侵害事件

著作権が存在しない江戸時代の浮世絵を模写した絵画は、たとえそっくりであっても模写制作者の創意工夫が盛り込まれている新たな著作物である。したがってその著作物を無断で掲載した出版社の行為は著作権侵害と主張する画家。対する出版社は、模写絵画は単なる原画の複製物に過ぎず著作物とは認められないので権利侵害にはあたらないと反論。一見、同じようにも見える模写と複製の相違点はどこにあるのか。模写絵画と原画が詳細に比較され、何が「模写」で何が「複製」かが判断されました。→ P.148

08 照明カタログ「書」複製事件

広告に使いたい写真の背景に、たまたま他者の著作物が写り込んでいたら…。偶然であっても著作権者の許諾を得ずに公表すると著作権侵害になってしまうのか、クリエイターとしては大いに気になる問題です。明らかに著作権侵害であると訴えたのは、照明器具のカタログ写真の背景に写り込んだ掛け軸の書の著作権者。裁判では、現物の書の著作物性が示された上で、カタログ写真に写った書からも書の著作物としての特徴が鑑賞（感得）できるかどうかが審理されました。制作の現場ではあり得る「たまたま写真に写り込んだ著作物」の権利処理を判断する上で参考となる判例です。→ P.150

09 藤田嗣治絵画複製事件

美術書にぜひとも掲載したい画家の絵画が、いくら懇願しても著作権者に掲載の許諾を得られなかったため、出版社は論文に対する正当な引用として無許諾のまま掲載出版を敢行。一方、著作権者は正当な引用とは解釈できないとして著作権侵害を主張。裁判では、掲載された絵画のサイズや観賞性などから適法引用であるのかどうかが詳細に審理され、その結果、著作権法における引用の正しい解釈が出版社に求められる結果となった判例です。→ P.152

10 イラストの無断転用事件

雑誌広告のみに使用すると依頼されて描いたイラストが、無断で他の目的にも使用され、しかもイラストは勝手にアレンジされていた。この事件は、著作権侵害を訴えたイラストレーターに、広告主が当初の制作料を遙かに超える損害賠償金を支払うことで和解したものの、このような高額な補償に応じることになったのは、制作を委託した広告代理店が著作権処理義務を怠ったためとして、新たに広告主が広告代理店に損害賠償を求める事件に発展しました。果たして著作権処理義務があったのは誰だったのか？ 制作に携わる全員が著作権を正しく理解し業務を遂行することの重要性を認識させられる判例です。→ P.154

パロディ・モンタージュ写真事件

判例 01

写真の無許諾による改変・利用をめぐり、著作権および同一性保持権・氏名表示権侵害か正当な引用かについて争われた事件

裁判

原告・被控訴人・被上告人A　写真家
被告・控訴人・上告人B　グラフィックデザイナー

(1)第一審　東京地裁
1972（昭和47）年11月20日判決・Aの請求を全部認容
(2)第一次東京高裁（Bが控訴）
1976（昭和51）年5月19日判決・(1)を取り消しAの請求を棄却
(3)第一次最高裁（Aが上告）
1980（昭和55）年3月28日判決・(2)を破棄し差し戻し
(4)第二次東京高裁
1983（昭和58）年2月23日判決・(1)を維持しBの控訴を棄却
(5)第二次最高裁
1986（昭和61）年5月30日判決・(4)を破棄し差し戻し
(6)第三次東京高裁
1987（昭和62）年6月16日控訴審・和解

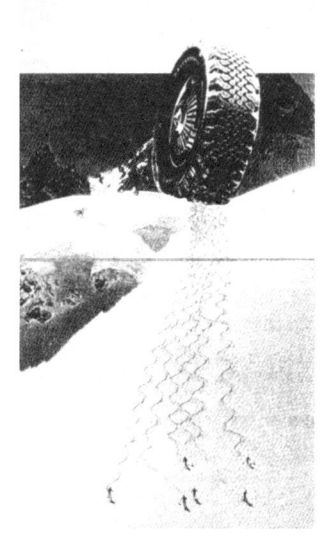

※1 原告の写真を合成・トリミングなどの改変をして作成した本件モンタージュ写真

事件の概要

Aが撮影したオーストリアの雪山の写真（以下本件写真）は、Aの写真集の中で公表されたのち、C社のカレンダーに使用されました。Bは、このカレンダーに使用された本件写真（氏名表示なし）を無許諾で一部改変して利用し、パロディ作品(以下本件モンタージュ写真※1)として公表しました。このことが、著作権および同一性保持権・氏名表示権の侵害であるとして、Aが慰謝料の支払いと謝罪広告を求めた事件です。

事件の内容

(1) 東京地裁におけるAの主張は、Bは本件写真をAの同意なく使用し、カラー写真を白黒写真にし、ほしいままにトリミング（カット）するなど、本件写真の盗用のみならず、右上部にタイヤを配して合成改ざんし、偽作している。Aの氏名表示をせず、偽作写真にBの©マークを入れている。したがって、著作権侵害・同一性保持権侵害及び氏名表示権侵害であり、これらの行為はAの芸術活動における意図を完全に破壊し、茶化し、侮辱したものと言わなければならない、というものでした。これに対してBは、『モンタージュ写真は、他人の写真を素材にしてはいるが、原写真の思想・感情の表現とは別個の思想・感情を表現する別の新たな著作物であるから、原写真の偽作となるものではない』とした上、本件モンタージュ写真の製作意図は、巨大なタイヤによって自動車を表象し、スキーのシュプールを自動車のわだちにたとえ、スキーヤーは自動車から人が逃れんとしている様をあらわして自動車による公害の現況を諷刺的に批評したものである。したがって、本件写真の製作意図を破壊したり、茶化したり侮辱したりしたものではない。また、本件写真の引用は、正当なる範囲で行われたものであり（旧著作権法第30条1項2号「節録引用」※2）正当なる範囲における引用については

その出所の明示を要しない、と主張しました。これに対して(1)東京地裁は、本件写真の複製は著作権侵害に該当し、引用には当たらないと判決。Bに対して損害賠償と謝罪広告を命じました。しかし(2)東京高裁では反対に、本件モンタージュ写真は節録引用に該当する。改変を行っても正当な範囲を逸脱しない。氏名表示については、節録引用に該当する場合は省略が許される場合があり（現行法第19条と同様）本件はその場合にあたる、としてBの主張が認められました。ところが(3)第一次最高裁では(2)高裁判決の旧著作権法第30条（引用）及び同第18条1項（同一性保持権）に関する解釈は誤りであり、Bの行為は引用に該当せず、同一性保持権侵害である、として東京高裁に差し戻されました。その判旨は、『引用にあたるというためには、引用を含む著作物の表現形式上、引用して利用する側の著作物と、引用されて利用される側の著作物とを明瞭に区別して認識することができ、かつ、右両著作物の間に前者が主、後者が従の関係があると認められる場合でなければならないというべきであり、更に（旧著作権）法18条3項の規定によれば、引用される側の著作物の著作者人格権を侵害するような態様でする引用は許されないことが明らかである』というものです。また、本件モンタージュ写真はカラーである本件写真の一部を切除し、これにスノータイヤを合成して白黒写真にした点において、『本件写真に改変を加えて利用し作成されたものであるということができる』と示した上、『改変の結果としてその外面的な表現形式の点において本件写真自体と同一ではなくなったものの（中略）本件写真における表現形式上の本質的な特徴は、本件写真部分自体によってもこれを感得することができ（中略）本件写真の利用は、上告人が本件写真の著作者として保有する本件写真についての同一性保持権を侵害する改変であるといわなければならない』と示しました。(4)第二次東京高裁は(1)東京地裁の、著作権侵害、同一性保持権侵害及び氏名表示権侵害があり、引用には該当しないという判決を維持。(5)第二次最高裁もこの結論を維持します。ただし、(4)東京高裁における損害賠償額の損害額算定方法と著作者の声望名誉の解釈が誤っていることを理由として、再び(4)の判決を破棄し東京高裁に差し戻しました。以上を経過し、日本で初めて裁判でパロディが争われた本件は(6)第三次東京高裁控訴審において、両者の和解によって終結しました。尚、(3)最高裁における裁判官の補足意見として、『私は、以上に説示された当裁判所の見解が、一般にパロディといわれている表現（その概念内容は必ずしも明確であるとはいいがたいと思われるが）のもつ意義や価値を故なく軽視したり否定することとなるものではないと考えるものである。しかしながら（中略）パロディといわれる表現には（中略）写真の技術的性質及び写真が吾人（われわれ）の視覚に直接訴える表現媒体であることに起因して、原写真の著作者の著作者人格権、特にいわゆる同一性保持権との関連における宿命的な限界があると考えるほかはない。このような見地からすれば、本件モンタージュ写真は、右の限界を超えるものといわざるをえないものであり、その本件写真のパロディとしての意義・価値を評価することはよいとしても、そのため、明文上の根拠なくして本件写真の著作者である上告人の著作者人格権を否定する結果となる解釈を採ることは、前述した実定法令の所期する調和を破るものであり、被上告人の一方に偏したものとして肯認しがたいところというべきである。また、このように解しても、本件において被上告人の意図するようなパロディとしての表現の途が全く閉ざされるものとは考えられない（例えば、パロディとしての表現上必要と考える範囲で本件写真の表現形式を模した写真を被上告人自ら撮影し、これにモンタージュの技法を施してするなどの方法が考えられよう。）から、上告人の一方に偏することとなるものでもないと思う。』という内容が示されました。

※2 旧著作権法第30条第1項2号「節録引用」の解釈は、現行著作権法第32条第1項「引用」の「公表された著作物は、引用して利用することができる。この場合において、その引用は、公正な慣行に合致するものであり、かつ、報道、批評、研究その他の引用の目的上正当な範囲内で行われるものでなければばらない」と同様に解釈できるとされています。

判例 02 祇園祭ポスター写真「水彩画」模写事件

祇園祭の写真が無断使用され、さらに水彩画に翻案されたことをめぐり、風景写真の著作物性と複製権・翻案権および同一性保持権・氏名表示権の侵害が争われた事件

裁判

原告A　アマチュア写真家
被告B　サンケイデザイン株式会社
被告C　株式会社白川書院
被告D　宗教法人八坂神社

◆第一審　東京地裁
2008（平成20）年3月13日判決・Aの請求を一部認容・一部棄却

事件の概要

Aが撮影した祇園祭りの写真（以下本件写真※）を無許諾で月刊誌や新聞に掲載したBおよびC、また、その後、本件写真をもとに水彩画を作成してポスターを制作したBと広告主であるDなどに対して、Aが複製権侵害・翻案権侵害および同一性保持権侵害・氏名表示権侵害で訴えを起こした事件です。

事件の内容

長年、祇園祭を中心に写真を撮り続けてきたAは、Bに依頼して「京乃七月」という写真集を1000部作成し、Dも含め関係者に無料で配布しました。この写真集の表紙（本件写真）は、祇園祭のイベントである神幸祭において、Dの西楼門前に4基の神輿（子供神輿を含む）を担いだ輿丁が集まり、神官がお祓いをする直前の場面を撮影したものです。このポジがBを経由して無許諾で流用され、Dが広告主として作成した祇園祭の宣伝用ポスターに掲載されたのちにポスターの写真部分が拡大され、京都新聞に全面広告として掲載されました（Aの氏名表示はなし）。また、月刊誌「京都」の特集記事にも見開きで掲載され、この時にはAの氏名表示はあったものの、Aは、許諾したわけではないと抗議。それを受け、被告らはAに謝罪した上で写真掲載は中止しました。

しかしその後、Dは、ポスター用の祭礼の水彩画（本件水彩画※）をBに依頼して作成し、京都市内各所に張り出したところ、今度はこの水彩画が本件写真とそっくりでした。そのためAは本件の訴訟を起こしたのですが、水彩画に関し、Dは、水彩画にはAの写真の創作的な表現にあたる部分はないので著作権侵害ではないと主張しました。これに対し、東京地裁は、『本件水彩画においては、写真とは表現形式は異なるものの、本件写真の全体の構図とその構成において同一であり（中略）本件水

※上、本件写真（原告が出版した写真集「京の七月」）と、下、本件水彩画（被告らが写真を元に制作した祇園祭のポスター）　2008年3月13日 山陽新聞 WEB NEWS より

彩画の創作的表現から本件写真の表現上の本質的特徴を直接感得することができるというべきである』として、翻案権侵害を認めました。また、本件写真と水彩画を対比すると神官の動作と持ち物に違いがありましたが、この点については、『本件写真と本件水彩画では、神官の動作及び持ち物に違いが認められる。しかしながら、本件水彩画では、神官の動作を紙垂が付された棒を高く掲げる動作に修正して、神官のお祓いの動作をより強調するものであって、この意味で、厳粛な雰囲気をより増長させるものと認められる。したがって、上記の表現の相違は、本件水彩画から本件写真の表現上の本質的特徴を直接感得できるという上記認定を左右する程のものではない』と示した上で、『本件水彩画に接する者は、その創作的表現から本件写真の表現上の本質的な特徴を直接感得することができると認められるから、本件水彩画は、本件写真を翻案したものというべきである』と示しました。東京地裁はDに対して、水彩画を発注する前に本件写真をポスターに使用したことについてAから直接抗議を受けていたことなどから、Aが本件写真の使用を許諾していなかったことをDが知っていた状況下においては、『本件水彩画をポスターに使用するという最終判断をするに際しては、被告サンケイデザインに対して、本件水彩画が依拠した写真が本件写真であるか否か、また、本件写真に依拠したものであれば原告からこれを本件水彩画に翻案する許諾を得たか否かについて確認すべきであったのであり、このような確認行為をすべき注意義務を怠り、写真ではなく水彩画であれば問題がないと慢心し、被告サンケイデザインによる本件水彩画ポスターの制作を漫然と容認したものである。したがって、被告八坂神社においては、本件写真の翻案権侵害、原告の氏名表示権及び同一性保持権侵害について、少なくとも過失があるというべきである』と、Bらとともに過失があると判断しました。

さらに、『重要文化財、著作物その他文化的所産を取り扱う立場にある者であって、もとより著作権に関する知識を有するものであるから、著作物を使用するに際しては、当該著作物を制作した者などから著作権の使用許諾の有無を確認するなどして、著作権を侵害しないようにすべき注意義務があるというべきである』と示し、『注文者である被告八坂神社は（中略）被告サンケイデザインと共同して侵害行為を行った者と認めるのが相当である』として、Bらとともに損害賠償に応じるよう命じました。

判例 03 東京アウトサイダーズ「スナップ写真」無断使用事件

家族写真が無許諾で書籍に掲載されたことをめぐり、スナップ写真の著作物性と著作権侵害の有無が争われた事件

裁判

原告・被控訴人・付帯控訴人 A
　米国在住の日本国籍の女性
被告・控訴人・被付帯控訴人 B
　(旧商号) 株式会社角川書店
　(新商号・株式会社角川グループパブリッシング)
被告・控訴人・被付帯控訴人 E
　本件書籍執筆者・ジャーナリスト

◆第一審　東京地裁
2006 (平成18) 年12月21日判決・Aの請求を一部認容・一部棄却
◆第二審　知財高裁
2007 (平成19) 年5月31日判決・控訴棄却・附帯控訴一部変更・一部棄却
(※付帯控訴　民事訴訟で控訴人の控訴に対して被控訴人が控訴の審理対象を拡張して、自己に有利な判決を求める不服の申し立て)

※被告が撮影したスナップ写真 (本件写真、丸囲み部分) が掲載された口絵。『東京アウトサイダーズ　東京アンダーワールド2』ロバート・ホワイティング著　角川書店刊 (2002年初版) 口絵より

事件の概要

B発行のノンフィクション本『東京アウトサイダーズ (2002年発行)』(以下本件書籍) に、Aが撮影した家族のスナップ写真の一部 (以下本件写真※) が無許諾で掲載されたとして、Aが著作権侵害を理由に、Bらに対して、本件書籍の出版・販売の差止め及び損害賠償を求め提訴した事件です。

事件の内容

　本件書籍は、第二次世界大戦の終戦直後、東京で活動していた外国人たちの姿をEが評伝風に描いた作品で、本件写真の被写体の人物 (以下C) も本文15頁に渡って紹介されています。裁判においてA (Cの当時の妻) は、本件写真は、被写体の選択や構図の捉え方に独自の創意と工夫があるため写真の著作物であり、撮影者であるAが著作権者であると主張しました。これに対してBは、仮にAが撮影者であっても、職業カメラマンではない一般人が日常的な場面で無造作に撮影した家族のスナップ写真は創作性に欠けるため写真の著作物には該当しないと反論。また、Aは本件写真の著作権をCに譲渡し、Eは本件書籍出版のためCの親友 (亡D) から本件写真を正当に入手したと主張。すなわち、本件写真に仮に著作物性が認められるとしても、「薄い著作権 (thincopyright)」しか認められない本件写真の著作権は、撮影者から被写体の人物であり現像された写真現物を所有していたと推認されるCに継承されたと考えるのが自然であると主張しました。また、本件写真を掲載した目的は、『Cの風貌を読者に伝えることにあり、かつ掲載態様及び効果もその目的に合致したものであって、本件写真の著作物性があるとしても、その部分の利用を目的としていない』から著作物としての利用に当たらないと主張。さらに、『一般の著作物とは異なり (中略) ス

ナップ写真については、その著作権者が誰であるかを厳密に調査する慣行がない。仮に、そのような調査を行うとしても（中略）調査は一般的に困難である』から、過失はないと主張しました。

これに対して東京地裁は、本件写真は『家族の写真であっても、被写体の構図やシャッターチャンスの捉え方において撮影者の創作性を認めることができ、著作物性を有するものというべきである』としてその著作物性を認め、『撮影者である原告が撮影により著作権を取得したことは明らか』とＡが著作権者であることも認めました。また、著作権の譲渡については、『原告は、本件写真の複製を行い得る立場にあったのであるから、写真の複製物の所有権をＣないしは訴外亡Ｄに譲渡したとはいえても（中略）原告が本件写真の著作権を譲渡した事実を認めるに足りる証拠はない』と示しました。さらに、『本件写真の撮影に際してなされた被写体の構図等の創意工夫は、一部とはいえそのまま本件書籍に再現されているので（中略）被告らが、創作的表現である本件写真をその一部において複製使用しているのは明らか』と判断。Ｂの複製権侵害および著作者人格権侵害を認めました。これを不服として控訴したＢは、知財高裁において、本件写真の掲載が適法引用であることを主張しました。つまり、本件写真は口絵部分に掲載されており、この写真部分は引用部分として明瞭に区分されていることは明白で、Ｃの風貌を読者に伝えるために必要な限度で掲載されているにすぎず、その掲載は、写真の美的特性を鑑賞・感得させる態様のものではなく、その効果も生じさせていない、というものでした。これに対して知財高裁は、『著作権法32条1項は、「公表された著作物は、引用して利用することができる。」と規定しているところ、本件写真が公表されたものであることについての主張立証はないから、本件写真は「公表された著作物」であるとは認められない』。また、Ｃの活動を描いたノンフィクションであるからといって、『本件写真を利用する必要性が高いということはできない（中略）したがって、著作権法32条1項を類推適用すべきであるということにはならない』と判断。さらに、『スナップ肖像写真であるからといって、氏名表示の利益がなくなるものではない』と示し、『本件書籍に本件写真の一部のみを掲載したことは、著作物の性質並びにその利用の目的及び態様に照らしやむを得ないと認められる改変には当たらず、一審原告（Ａ）が本件写真について有する同一性保持権を侵害するものというべきである』として、複製権および公表権・氏名表示権・同一性保持権の侵害であることを認めました。

また、Ｂが、『撮影者を捜索して著作権処理をしなければ書籍等に掲載できないとすれば、自由かつ円滑な出版活動に大きな支障が生じ、自由闊達であるべき出版活動が萎縮してしまうことになる』と主張した点について、知財高裁は、『そもそも、出版物に写真を使用する際に著作権処理をすることは、出版物の著作者及び出版社にとって当然になすべき義務であるから、それをせずに大きな支障が生ずるとか、出版活動が萎縮してしまうなどとする主張が失当であることは明らかである』と示し、本件書籍の印刷・頒布の差し止め、写真掲載部分の廃棄を命じた上、東京地裁における損害賠償金45万円（単行本使用料相当額3万円・文庫本使用料相当額2万円・慰謝料30万円・弁護士費用10万円）を、85万円（単行本使用料相当額15万円・文庫本使用料相当額10万円・慰謝料50万円・弁護士費用10万円）に変更しました。

ポパイ・ネクタイ事件

判例 04

ポパイの図柄付ネクタイの販売をめぐり、漫画のキャラクターの著作物性や保護期間などが争われた事件

裁判

原告・付帯控訴人・被控訴人・被上告人A
　キング・フィーチャーズ・シンジケート・インコーポレーテッド
被告・付帯被控訴人・控訴人・上告人B
　株式会社　松寺

◆第一審　東京地裁
1990（平成2）年2月19日判決・請求一部認容
◆第二審　東京高裁
1992（平成4）年5月14日判決・控訴棄却
◆第三審　最高裁
1997（平成9）年7月17日判決・一部破棄自判・一部棄却
（※付帯控訴　民事訴訟で控訴人の控訴に対して被控訴人が控訴の審理対象を拡張して、自己に有利な判決を求める不服の申し立て）

※被告が発売したネクタイの図柄のポパイと同じであると認められた1929年に公表された本件漫画

事件の概要

　米国の連載漫画「ポパイ」（以下本件漫画※）の著作権を有しているAが、ポパイの図柄（以下本件図柄）とPOPEYEの文字を結語させて商標登録し、その商標をネクタイなどに付して製造・販売している日本国内のBに対して、著作権侵害であるとして販売の差し止め、損害賠償を求めた事件です。

事件の内容

　本件裁判では、ポパイのキャラクターの著作物性とともに連載漫画の著作権の保護期間が問題となりました。東京地裁は、Aが主張する本件漫画の著作物性を認め、Bの行為は著作権法に違反し、また、商標権者であっても登録商標の使用をすることができない場合であり（商標29条）不正競争防止法にも違反するとしました。Aは、キャラクターの著作物性について、ポパイは、その容貌・性格等が連載を通じて一貫性を持って描かれており、本件漫画から独立したキャラクターとして漫画とは別個の著作物となるものであるところ、本件図柄は、ポパイのキャラクターの複製としてその著作権を侵害すると主張しました。しかし、東京地裁は、『キャラクターとは、漫画や小説などに登録する架空の人物、動物などの名称、姿勢及び役割を総合した人格をいうところ、漫画の著作物について複製権の対象となるのは、当核著作物において表現された漫画であって、キャラクターではない。すなわち、著作物とは、精神的労作の所産である人の思想又は感情が、絵画、小説、楽曲等一定の表現形式をもって外部に具体化されたものであり、客観的存在を有しなければならないとされているところ、キャラクターそのものは、抽象的な存在であって、思想又は感情が客観的に知覚される媒介物を通じて表現されているものとはいえず、また、原著作物を離れて別個の独創性を有する精

神的創作物ともいえないものであるから、著作権法2条1項1号の規定にいう著作物ではない』と示し、東京高裁・最高裁も一貫して、キャラクターの著作物性を否定しました。しかし、結論としては、本件図柄が本件漫画の複製物であることは認めました。東京高裁は、『著作物の複製とは、既存の著作物に依拠し、その内容及び形式を覚知させるに足りるものを再製することをいうものと解すべきである』と示した上、本件図柄がポパイの有する容姿や姿態の個性的な特徴点をすべて備えていることから、本件漫画のどのコマからの複製であるのかを特定する必要もなく、本件図柄が本件漫画の複製に該当するとしました。

これを不服としたBは控訴審において、本件漫画の著作権が保護期間を経過していることから、著作権侵害はないと主張しました。本件漫画は、法人としてAが社員に創作させた職務著作物です。職務著作物であれば、保護期間は公表後50年となりますが、本件漫画の場合は連載漫画だったことから、いつの時点を起算日として50年と計算するのかが問題になります。著作権法上は、一話完結の連載著作物の場合は、完結した最終作品の公表日が起算点となるため、裁判当時も連載が継続していた本件漫画は保護期間内にあり、そこに描かれているポパイについても保護期間内にあるのではないか、ということが問題になったわけです。東京高裁は、『本件漫画については、少なくとも一連の完結形態を有するものとして発表された漫画毎に著作権が発生するとかいすべきであるから、その保護期間の起算日は、右一連の完結形態を有する漫画が発表された時が著作権法56条1項の「公表の時」にあたるものと解し、右発表の時から起算すべきものとするのが相当であるところ、本件漫画が少なくとも1989年4月29日の時点においても継続して著作、出版されていることは既に認定したことであるから、いまだ主人公ポパイの登場する本件漫画の著作権の保護期間が満了している』と判断しました。しかし、最高裁は、『連載漫画においては、後続の漫画は、先行する漫画と基本的な発想、設定のほか、主人公を始めとする主要な登場人物の容貌、性格等の特徴を同じくし、これに新たな筋書を付するとともに、新たな登場人物を追加するなどして作成されるのが通常であって、このような場合には、後続の漫画は、先行する漫画を翻案したものということができるから、先行する漫画を原著作物とする二次的著作物と解される』とした上、『著作権の保護期間は、各著作物ごとにそれぞれ独立して進行するものではあるが、後続の漫画に登場する人物が、先行する漫画に登場する人物と同一と認められる限り、当該登場人物については、最初に掲載された漫画の著作権の保護期間によるべきものであって、その保護期間が満了して著作権が消滅した場合には、後続の漫画の著作権の保護期間がいまだ満了していないとしても、もはや著作権を主張することができないものといわざるを得ない』と示しました。

つまり、連載漫画の登場人物の保護期間は、登場人物が最初に掲載された漫画の保護期間に従うということです。本件図柄は、1929年に公表された連載第1回作品のポパイと同じであることが認められました。また職務著作物ということで、保護期間は、公表日の翌年1930年1月1日を起算日とし50年、さらに連合国および連合国民の著作権の特例に関する法律4条1項によるアメリカ合衆国国民の著作権についての3794日の保護期間の加算をして1990年5月21日で満了していることになります（P016「戦時加算」・Q&A4参照）。これによって、本件図柄のポパイは、すでに著作権が消滅しているため、著作権侵害ではないと判示されました。その結果、Aが主張したネクタイ販売の差し止め、およびネクタイからの図柄抹消を求める請求は棄却されました。

交通安全スローガン（標語）の類似事件

スローガンの著作物性および類似作品における同一性と複製権侵害が争われた事件

裁判

原告・控訴人A
被告・被控訴人B　社団法人日本損害保険協会
被告・被控訴人C　株式会社電通

◆第一審　東京地裁
2001（平成13）年5月30日判決・Aの請求を棄却
◆第二審　東京高裁
2001（平成13）年10月30日判決・Aの控訴を棄却

**ボク安心　ママの膝より
チャイルドシート**

**ママの胸より
チャイルドシート**

上：原告スローガン　下：被告スローガン
原告は被告のスローガンが実質的に同一であると訴えた

事件の概要

Aが作成した「ボク安心　ママの膝より　チャイルドシート」というスローガン（以下原告スローガン）が、のちにBが作成した「ママの胸より　チャイルドシート」（以下被告スローガン）とよく似ており、実質的に同一であるとしてAがBを複製権侵害で訴えた事件です。

事件の内容

原告スローガンは、全日本交通安全協会が主催した1994（平成6）年秋の全国安全スローガン募集において優秀賞に選定され、同年12月の新聞1面に掲載されました。被告スローガンは、その3年後の1997（平成9）年、Bが交通事故防止キャンペーンを行うにあたり、Cに宣伝を依頼して作成されたもので、各テレビ局で放映されました。東京地裁においてAは、原告スローガンは単に言葉を羅列して組み合わせただけのものではなく、思想及び感情を創作的に表現したものなので著作物性が肯定されると主張。また、被告スローガンは原告スローガンの「ママの膝より　チャイルドシート」の「膝」を「ママの胸より　チャイルドシート」の「胸」に置き換えただけで、実質的に同一であると主張しました。

これに対してBは、原告スローガンはありふれた表現として創作性に欠け、文化的所産として著作権の対象にするだけの創作性がない。キャッチフレーズやスローガンは字数や用いる言葉の制約が多すぎて選択の余地がなく、公衆に周知徹底させる目的があり特定の者の独占に親しまないこと等の理由から、その著作物性は否定されるべきである、と反論。また、被告スローガンは原告スローガンに依拠して作成されたものではなく、Cが街角調査の結果を踏まえて、社内のクリエーターに作成させたものであり、原告スローガンは毎日新聞1紙に1回掲載されたにすぎず、このような状況でBらが原告スロー

ガンを知ることはないと主張しました。裁判では原告スローガンに著作物性があるかどうか、あるとすれば被告スローガンは原告スローガンの著作物の部分に依拠されて作成されたか否かなどが審議された結果、東京地裁はAの著作物性は認めたものの、両者の類似点を否定しAの請求を棄却しました。東京高裁では、原告スローガンの著作物性について、『原告は、親が助手席で、幼児を抱いたり、膝の上に乗せたりして走行している光景を数多く見かけた経験から、幼児を重大な事故から守るには、母親が膝の上に乗せたり抱いたりするよりも、チャイルドシートを着用させた方が安全であるという考えを多くの人に理解してもらい、チャイルドシートの着用習慣を普及させたいと願って、「ボク安心 ママの膝より チャイルドシート」という標語を作成したことが認められる。そして、原告スローガンは、3句構成からなる5・7・5調（正確な字数は6字、7字、8字）調を用いて、リズミカルに表現されていること、「ボク安心」という語が冒頭に配置され、幼児の視点から見て安心できるとの印象、雰囲気が表現されていること、「ボク」や「ママ」という語が、対句的に用いられ、家庭的なほのぼのとした車内の情景が効果的かつ的確に描かれているといえることなどの点に照らすならば、筆者の個性が十分に発揮されたものということができる。したがって、原告スローガンは、著作物性を肯定することができる』と示した上、被告スローガンが原告スローガンの著作物の部分の複製ないし翻案であるかを審理するため、原告スローガンと被告スローガンの各表現を対比しました。

原告スローガン
「ボク安心 ママの膝より チャイルドシート」
被告スローガン
「ママの胸より チャイルドシート」

両者は、「ママの…より」「チャイルドシート」の部分が共通するものの、原告スローガンは3句構成で被告スローガンは2句。被告スローガンには原告スローガン中の「ボク安心」に対応する語句がなく、原告スローガンは「ママの膝より」であるのに対し、被告スローガンは「ママの胸より」など各点の相違が確認されました。そして、原告スローガンに著作権法によって保護される創作性が認められるとすれば、「ボク安心」と「ママの膝よりチャイルドシート」の表現部分を組み合わせ『全体としてまとまりをもった5・7・5調の表現のみにおいてであって、それ以外には認められないというべきである』と判断。また、原告スローガンに対し被告スローガンには「ボク安心」に対応する表現はなく、単に「ママの胸より チャイルドシート」の表現があるだけなので、『原告スローガンに創作性が認められるとしても、それは、前記の通り、その全体のまとまりをもった5・7・5調の表現のみであることからすれば、被告スローガンを原告スローガンの創作性の範囲のものとすることはできないという以外にない』。したがって、被告スローガンが原告スローガンを複製ないし翻案したということはできないとして、Aの控訴は棄却されました。裁判で原告スローガンの著作物性は認められましたが、東京高裁では、交通標語やスローガンの著作物性の有無あるいはその同一性・類似性の範囲を判断するに当たって、(1)表現一般について、ごく短いものやありふれた平凡なもので著作権法上の保護に値する思想ないし感情の創作的表現がみられないものは著作物として保護されないこと。(2)交通安全に関する主題（テーマ）を盛り込みつつ、簡明さ・分かりやすさも求められることから、その長さ・内容において内在的に大きな制約があること。(3)多くの公衆に知られることを目的として作成されること、などを十分に考慮に入れて検討することが必要であること。また、交通標語には、著作物性が認められない場合も多く、その同一性ないし類似性の認められる範囲は、一般に狭いものとならざるを得ず、ときには、いわゆるデッドコピーの類（模倣品・複製品）の使用を禁止するだけにとどまることも少なくない、という見解が示されました。

判例 06 顔真卿自書建中告身帖事件
がんしんけいじしょけんちゅうこくしんちょう

書の所有者に無許諾で書の複製・発行をした行為をめぐり所有権侵害が争われ、所有権（有体物）と著作権（無体物）の区分が明瞭にされた事件

裁判

原告・控訴人・上告人A　財団法人書道博物館
被告・被控訴人・被上告人B　有限会社書芸文化新社

◆第一審　東京地裁
1982（昭和57）年1月25日判決・請求棄却
◆第二審　東京高裁
1982（昭和57）年11月29日判決・控訴棄却
◆第三審　最高裁
1984（昭和59）年1月20日判決・上告棄却

※中国唐代（8世紀）の書家 顔真卿が書いた自書告身帖

事件の概要

「顔真卿自書建中告身帖」（以下「自書告身帖」※）は、政治家で書家の顔真卿が、中国の唐代（8世紀）建中元年（780年）に書いた辞令（告身帖）です。昭和初期、「自書告身帖」を所有していたCはDにその写真撮影及び乾板と複製物の制作・頒布を許可しました。1968（昭和43）年、Dから乾板を譲り受けたBは、これを複製し、1980（昭和55）年8月、『和漢墨宝選集第24巻 顔真卿楷書と王澍臨書』（以下本件出版物）として500部出版しました。他方、Aは、「自書告身帖」を含むCの収集作品を所蔵し、その展示および複製の許可などを行っている財団です。Aは、本件出版物の出版が、Aに無許諾で行われ所有権を侵害されたとして、Bに対して、本件出版物の販売差し止めと本件出版物中の「自書告身帖」複製部分の廃棄を求める訴えを起こしました。

事件の内容

Aは、権利侵害の理由として、『第三者は、所有者から使用収益を承認されている場合を除いては、直接にせよ間接にせよ、他人の所有物を利用することによって所有者の使用収益権を阻害してはならない』のであり、『所有者の許諾なしにその複製及び影像の製作・販売等を行えば、所有者がその物について有する使用収益権を侵害することになる』と主張しました。これに対して東京地裁は、『一般に、物の所有者は、その所有権の範囲を逸脱し又は他人の権利・利益を侵害する結果となるような場合を除き、その所有物をいかなる手段・方法によっても使用収益することができ、第三者は、所有者から使用収益を承認されている場合を除いては（中略）他人の所有物を利用することによって所有者の使用収益を阻害してはならない法的関係にある』と示した上で、そうであってもその使用収益は、『有体物についての使用収益にと

どまり、所有者が、有体物を離れて無体物である美術の著作物（美術的価値）自体を排他的に支配し、使用収益をすることができる訳ではない』と示しました。つまり、所有者は、『有体物についての支配・管理機能を有するにすぎない』のであって、『その物を自ら自由に鑑賞し、又はいずれも対価を徴収して、他人に賃貸し、公に展示し若しくは直接の写真撮影を許す等の行為を行うことができるのは当然』のことながら、『美術の著作物（美術的価値）自体の複製物の制作・頒布を行うことを許諾して対価を収受する行為は、所有物の使用収益の内容そのものとはなし難い』ということです。すなわち、所有者には、その物を自ら自由に鑑賞したり、対価を徴収して他人に貸したり、公に展示したり、写真撮影を許可することができる使用収益権があるけれども、所有者の使用収益権を害することなく撮影した写真などを利用して著作物の複製の制作・頒布する行為を許可したり、その対価を得る権利は含まれない、という内容です。したがって、本件出版物の出版が、Aが所有する「自書告身帖」について有する『使用収益権の侵害と解することはできない』として、Aの請求を棄却しました。東京高裁においても控訴が棄却されたためAは上告します。その上告理由として、『著作権の存続期間が満了すれば、美術の著作物の原作品の所有者は（中略）自由にその原作品を利用して使用収益でき、そうした利用行為の中にはその原作品の影像や写真の製作、販売やその許諾も含まれる』などと主張。しかし、最高裁は、『著作権の消滅後に第三者が有体物としての美術の著作物の原作品に対する排他的支配権能をおかすことなく原作品の著作物の面を利用したとしても（中略）原作品の所有権を侵害するものではない』などの判旨で上告も棄却しました。つまり、所有権とは、原作品の有体物としての側面を支配する権利であって、この権利を侵害することなく、著作物の無体物としての側面（美術的価値）を第三者が利用しても、所有権を侵害することにはならない、ということであり、したがって、本件においても、著作権が消滅している「自書告身帖」を、所有者の排他的権利を侵すことなく複製・出版・頒布することはいずれも自由であって、所有権侵害にはあたらないということです。また、最高裁においてAは、所有者の使用収益について、たとえば、国公立・私立の博物館や美術館において、著作権が消滅した著作物の原作品の閲覧や写真撮影には所蔵者の許諾が必要で、料金の徴収が行われており、出版物などへの掲載に際しても所蔵者の許可が必要で、この際に使用目的や発行部数などを制限している事実がある、とも主張しましたが、最高裁では、『一見所有権者が無体物である著作物の複製等を許諾する権利を専有することを示しているかのようにみえるとしても、それは、所有権者が無体物である著作物を体現している有体物としての原作品を所有していることから生じる反射的効果にすぎない』のであって、もし、『原作品の所有権者はその所有権に基づいて著作物の複製等を許諾する権利をも慣行として有するとするならば、著作権法が著作物の保護期間を定めた意義は全く没却されてしまうことになる』とし、所有権者と著作権者の権利はまったく別であることが明瞭に示されました。

判例07 「図説江戸考古学研究辞典」の著作権侵害事件

江戸時代の浮世絵を模写した絵画が無許諾で書籍に掲載されたことをめぐり、模写による絵画の著作物性の有無と著作権侵害かが争われた事件

裁判

原告・控訴人・附帯被控訴人A　亡A長男
被告・被控訴人・附帯控訴人B　柏書房株式会社

◆第一審　東京地裁
2006（平成18）年3月23日判決・請求一部認容、一部棄却

◆第二審　知財高裁
2006（平成18）年9月26日判決・控訴棄却、附帯控訴一部認容、一部棄却
（※付帯控訴　民事訴訟で控訴人の控訴に対して被控訴人が控訴の審理対象を拡張して、自己に有利な判決を求める不服の申し立て）

※上：江戸時代の浮世絵を模写した原告絵画の一部
※下：元となった本件原画の一部

事件の概要

Bが出版した「図説江戸考古学研究辞典」（2001年発行・以下被告書籍）の中に、江戸風俗の研究家で日本画家の亡Aが、江戸時代に制作された浮世絵（以下本件原画※）を参考に模写して描いた江戸風俗絵4点（以下原告絵画※）が無許諾で掲載されたことに対して、Aが著作権侵害および同一性保持権侵害に基づく損害賠償請求と被告書籍の発行・販売差し止めを求めた事件です。

事件の内容

裁判においてAは、亡Aが模写した原告絵画について『機械的模写ではなく、原画を横において、模写制作者自身の手でまねて描いた場合には、いかに模写作品が原画そっくりであったとしても』すべて創作性が認められると主位的に主張しました。つまり、模写作品は、通常、模写制作者が、原画を自らの目により「認識する行為」とその認識を模写作品に「再現する行為」という各過程を経て制作され、模写する者の数だけ異なった再現行為が存在することになり、そのため、仮に模写制作者の目に映った絵が同一で、模写制作者の技量が同一であっても、ほぼ同じ絵がそれぞれ再現されるわけではない。したがって、模写制作においては、認識行為及び再現行為の各過程において、原則として模写制作者の創作性が発揮されているというべきである、と模写作品の著作物性を主張しました。これに対してBは、機械的模写でなければ複製権侵害にならないというAの見解を誤りとし、『原告各絵画は、本件各原画に多少の修正を施してはいるが、本件各原画と実質的同一性を有しているものというべきであるから、新たな創作性が付加されているものとはいえない』と反論しました。また、Aは予備的に、原告絵画と本件原画に見られる差異において、亡Aの

新たな創作性が付与されていると主張。これに対してBは、差異があれば常に創作性が認められるという考察は誤りであり、模写によって本件原画と実質的に同一であれば原告各絵画は複製物に過ぎないと反論しました。東京地裁は、『模写作品が単に原画に付与された創作的表現を再現しただけのものであり、新たな創作的表現が付与されたものと認められない場合には、原画の複製物であると解すべきである』と示した上、『模写作品に、原画制作者によって付与された創作的表現とは異なる、模写制作者による新たな創作的表現が付与されている場合、すなわち、既存の著作物である原画に依拠し、かつ、その表現上の本質的特徴の同一性を維持しつつ、その具体的表現に修正、増減、変更等を加えて、新たに思想又は感情を創作的に表現することにより、これに接する者が原画の表現上の本質的特徴を直接感得することができると同時に新たに別な創作的表現を感得し得ると評価することができる場合には、これは上記の意味の「模写」を超えるものであり、その模写作品は原画の二次的著作物として著作物性を有するものと解すべきである』と示しました。したがって、『原告の主張は、他人の著作物の創作的表現をそのまま再現する行為を新たな創作行為であると主張するものであり、風景や人物あるいは静物を対象としてこれを描写し、絵として描く行為と、他人の著作物を模写し、その創作的表現を再現する行為とを同一に論じることはできない』として、Aの主位的主張を退けました。また、Aの予備的主張に基づき、原告絵画と本件原画の差異について詳細な比較を行った結果、『原告絵画2及び3は、本件原画2及び3の単なる模写作品ではなく、これに亡Aによる創作的表現が付与された二次的著作物と認められるものの、原告絵画1及び4については、本件原画1及び4の模写の範囲を超えて、これに亡Aにより創作的表現が付与された二次的著作物であると認めることはできず、本件原画1及び4の複製物にすぎないものといわざるを得ない』と判断。したがって『被告は、亡Aが有していた原告絵画2及び3についての著作権（複製権）を侵害したものと認められる』とし、原告絵画2及び3を掲載した本件書籍の増刷・販売・頒布の差し止めと本件書籍の在庫から原告絵画2及び3の掲載頁の廃棄を命じました。これを不服として控訴したAは、控訴理由として、『創作性の有無の判断は、まず第1に制作の結果に着目するが、最終的な判断はあくまでも制作過程の検討を通じて行なうほかない。この点で、創作性の有無の判断を専ら「制作の結果」に求める原判決は誤っている』と主張しました。しかし、知財高裁は、Aの主張は、『模写制作の各過程（認識行為と再現行為）において、それぞれ模写制作者の創作性が発揮されるものである以上、「出来あがったものがたとえどんなに原画と似ていようが」創作性が認められるというのであり、原画と模写作品との間に表現上の同一性が存在しても、原画の複製物ではなく、著作物として保護されるというものであって、著作物が思想又は感情を「創作的に表現したもの」（著作権法2条1項1号）であることを無視した独自の見解というほかなく、控訴人の主張は、著作物性の判断に当たっての検討順序をいう点を含め、採用することができない』としてAの控訴を棄却しました。また、Bが主張するところの『原告絵画2、3は、いずれも複製と評価されるべき削除加筆の領域を出るものではなく、二次的著作物ではない』についても一審判決を支持しました。ただし、Bの付帯控訴に基づき、Aに対する賠償金額が減じられました。

判例08 照明カタログ「書」複製事件

カタログの写真に写り込んでいる「書」の著作物性と複製権・翻案権および氏名表示権・同一性保持権侵害が争われた事件

裁判

原告・控訴人A　亡Aの姉
被告・被控訴人B
　オーデリック株式会社（照明器具メーカー）
被告・被控訴人C
　株式会社ディー・エヌ・ピー・メディアクリエイト
　（広告宣伝企画制作会社）

◆第一審　東京地裁
1999（平成11）年10月27日判決・請求棄却
◆第二審　東京高裁
2002（平成14）年2月18日判決・控訴棄却・拡張請求棄却（上告）

事件の概要

著名な書家であるAの「雪月花」「吉祥」「遊」の各作品（以下本件各作品）が、Bの照明器具の商品カタログ※の写真の中で、床の間を飾る掛け軸として無許諾で用いられたことについて、Aが複製権（控訴審において翻案権を予備的に追加）・氏名表示権・同一性保持権を侵害されたとしてBおよびCを訴えた事件です。

事件の内容

Bのカタログ写真は、住宅会社のモデルルームで撮影されたもので、本件各作品は住宅会社によってすでに設置されていました。東京地裁におけるAの主張は、『写真によって、墨の濃淡、かすれ具合、筆の勢い等に至るまで、忠実に再現しているので（中略）創作的表現物と

※Aの本件各作品の1つが、写り込んだBのカタログ写真

しての特徴について、同一性を失っていない。したがって、被告各カタログ中の原告各作品部分は、原告各作品の複製物である』というものでした。そして、複製物であるからには、『著作者の氏名表示をしないという敢行はなく（中略）氏名表示権を侵害している』ことも主張しました。これに対してBは、本件各作品からは、『せいぜい本件各作品の字体の概要を察知し得るにすぎず（中略）筆の勢い等を知ることは不可能であるから、書の本質的特徴が再現されているとはいえず』、したがって『原告各作品の複製物には当たらない』と反論しました。これに対して、東京地裁・東京高裁ともに、本件各作品の書としての著作物性は認められたものの、写真の被写体となっている本件各作品については、掲載サイズが小さく、カタログを見る一般人が詳細部分に渡って観賞できないことを論拠にAの請求を棄却しました。東京高裁は、書の著作物性について、『書は、一般に、文字及び書体の選択、文字の形、太細、方向、大きさ、全体の配置と構成、墨の濃淡と潤渇（にじみ、かすれを含む。以下、同じ。）などの表現形式を通じて、文字の形の独創性、線の美しさと微妙さ、文字群と余白の構成美、運筆の緩急と抑揚、墨色の冴えと変化、筆の勢い、ひいては作者の精神性までをも見る者に感得させる造形芸術であるとされている』と示し、その一方、『書は、本来的には情報伝達という実用的機能を担うものとして特定人の独占が許されない文字を素材として成り立っているという性格上、文字の基本的な形（字体、書体）による表現上の制約を伴うことは否定することができず、書として表現されているとしても、その字体や書体そのものに著作物性を見いだすことは一般的には困難であるから、書の著作物としての本質的な特徴、すなわち思想、感情の創作的な表現部分は、字体や書体のほか、これに付け加えられた書に特有の上記の美的要素に求めざるを得ない』と示しました。そして、『書を写真により再製した場合に、その行為が美術の著作物としての書の複製に当たるといえるためには、一般人の通常の注意力を基準とした上、当該書の写真において、上記表現形式を通じ、単に字体や書体が再現されているにとどまらず、文字の形の独創性、線の美しさと微妙さ、文字群と余白の構成美、運筆の緩急と抑揚、墨色の冴えと変化、筆の勢いといった上記の美的要素を直接感得することができる程度に再現がされていることを要するものというべきである』と示し、本件各作品部分は、『上質紙に美麗な印刷でピントのぼけもなく比較的鮮明に写されているとはいえ（中略）現物のおおむね50分の1程度の大きさに縮小されていると推察され（中略）墨の濃淡と潤渇等の表現形式までが再現されていると断定することは困難である』とし、『以上のような限定された範囲での再現しかされていない（中略）本件各作品部分を一般人が通常の注意力をもって見た場合に（中略）本件各作品が本来有していると考えられる線の美しさと微妙さ、運筆の緩急と抑揚、墨色の冴えと変化、筆の勢いといった美的要素を直接感得することは困難であるといわざるを得ない』と判断しました。また、『控訴人（A）は、書に詳しくない控訴人が本件カタログ中に本件各作品が写されているのを偶然発見し、これが本件各作品であると認識した旨主張するが、ある書が特定の作者の特定の書であることを認識し得るかどうかということと、美術の著作物としての書の本質的な特徴を直接感得することができるかどうかということは、次元が異なるというべきである』と示しました。そして、『本件各作品部分が本件各作品の著作物としての本質的な特徴、すなわち思想、感情の創作的な表現部分を有するものではなく、本件各カタログが本件各作品の複製物であるとも、その翻案に係る二次的著作物であるともいえない』として、複製権・翻案権・氏名表示権・同一性保持権侵害に基づくAの請求を棄却しました。

判例 09 藤田嗣治絵画複製事件

画家の絵が無許諾で書籍に掲載されたことをめぐり正統な引用か複製権侵害かが争われた事件

裁判

原告・被控訴人A　亡A夫人
被告・控訴人B　株式会社小学館

◆第一審　東京地裁
1984（昭和59）年8月31日判決・請求棄却
◆第二審　東京高裁
1985（昭和60）年10月17日判決・控訴棄却

事件の概要

フランスで最も著名な日本人画家であり世界的名声を得ている故藤田嗣治（1968年1月29日死亡）の絵画（以下本件絵画）が、B発行の「原色現代日本の美術シリーズ第7巻〜近代洋画の展望（全18巻・1979年初版・1部の定価4,800円・合計3万部発行）」（以下本件書籍※）に無許諾で掲載されたことに対して、Aが著作権侵害を理由に、本件書籍および本件絵画の複製物破棄・損害賠償などを請求した事件です。

事件の内容

本件絵画12点が掲載された本件書籍第7巻は、B4版・214頁、前半6割がカラーの「観賞図版」、後半4割がカラー及びモノクロ図版と本文の「補足図版」で構成されています。Bは、『出版史上で初めての明治時代以降の日本の美術の全分野を集大成した美術全集』である本件書籍に、その時代の最重要作家の一人として本件絵画をぜひとも観賞図版に掲載したいと希望し、『2年間にわたり、執拗といっていいほどの熱心さで』複製の許諾を求めました。しかしAは、『世界的に高く評価された画家である藤田嗣治を単に日本の絵画の流れの中で位置づけるものと不満』に思うなどの理由から拒否し続けます。そこでBは、補足図版への掲載ならば、論文（以下富山論文）を主とする「引用」の範囲であると判断し、Aの許諾を得ずに掲載・出版に踏み切りました。東京地裁においてBは、『本件絵画の複製物は、本件書籍に収録された（中略）富山論文（中略）中に、補足図版として使用されたもので、著作権法第32条第1項の規定により許容された引用に該当する』と主張。これに対して東京地裁は、『本件絵画は（中略）富山論文に従たる関係にあるとすることはできず（中略）著作権法第32条第1項の規定により許容される引用に該当すると認めることは（中略）でき

※被告の絵画が無許諾で掲載された本件書籍。被告は論文を主とする引用であると主張した。『原色現代日本の美術 第7巻 近代洋画の展開』小学館刊（1979年初版第一刷）より

ないといわなければならない。(中略)原告の許諾を得ることなく本件絵画の複製物を本件書籍に掲載した被告の行為は、原告の本件絵画についての著作権を侵害する』としてBの過失を認めました。Bは控訴しましたが、東京高裁は、『著作権法第32条第1項は、「公表された著作物は、引用して利用することができる。この場合において、その引用は、公正な慣行に合致するものであり、かつ、報道、批評、研究その他の引用の目的上正当な範囲内で行なわれるものでなければならない。」と規定しているが、ここに「引用」とは、報道、批評、研究等の目的で他人の著作物の全部又は一部を自己の著作物中に採録することであり、また「公正な慣行に合致し」、かつ、「引用の目的上正当な範囲内で行なわれる」ことという要件は、著作権の保護を全うしつつ、社会の文化的所産としての著作物の公正な利用を可能ならしめようとする同条の規定の趣旨に鑑みれば、全体としての著作物において、その表現形式上、引用して利用する側の著作物と引用されて利用される側の著作物とを明瞭に区別して認識することができること及び右両著作物の間に前者が主、後者が従の関係があると認められることを要すると解すべきである』と示した上、『本件絵画の複製物は富山論文に対する理解を補足し、同論文の参考資料として、それを介して同論文の記述を把握しうるよう構成されている側面が存するけれども、本件絵画の複製物はそのような付従的性質のものであるに止まらず、それ自体鑑賞性を有する図版として、独立性を有するものというべきであるから、本件書籍への本件絵画の複製物の掲載は、著作権法第32条第1項の規定する要件を具備する引用とは認めることができない』と判断しました。さらにBは、『本件書籍は、きわめて文化的価値の高い美術書であり(中略)本件絵画の複製物が本件書籍に掲載されたからといって、藤田嗣治の名誉、声望が害されるおそれは全くなく、被控訴人に精神的損害が認められる余地はない。また(中略)画家にとっては、美術書に作品が掲載されるということは、プラスにこそなれ、決してマイナスになることはない(中略)したがって、被控訴人には本件絵画の複製物が本件書籍に掲載されたことによる財産的損害は認められない』と主張。さらに、『仮に本件絵画の複製が形式的には著作権侵害に当たるとしても、それはひとえに被控訴人が正当な理由なくきわめて恣意的に掲載を拒否したことに起因しており(中略)文化的所産である著作物を私物化し、きわめて高い社会的文化的価値を有する本件絵画の複製、本件書籍の頒布の差止・関係物件の廃棄及び損害賠償の請求をすることは(中略)権利濫用として排斥されるべきものである』と主張しました。しかし高裁は、『もし、文化的価値の高い著作物が死蔵されるべきでないとして、著作権者の許諾なしにその利用が許容されるならば、権利として保護する必要性の高い著作物ほど、その侵害が容易に許容されるという不当な結果を招来しかねない。(中略)法の仕組みのもとにおいては、著作権者の許諾もなく、公正な利用の範囲をも逸脱して著作物を複製し、著作権を侵害する行為があった場合にこれを公けの文化財あるいは文化的所産の利用の名のもとに許容すべき法的根拠はない』とBの主張を否定。Bに対して、本件絵画の掲載は『適法引用にあたると確信した過失』により著作権を侵害したとして、損害賠償に応じること、本件絵画を撮影したフィルム及び印刷用原版、本件絵画の複製物を掲載した部分を廃棄することを命じました。

判例 10 イラストの無断転用事件

広告のイラストを無許諾で転用したことをめぐり、広告主・広告代理店が多額の賠償支払いに応じる結果になった著作権侵害事件

裁判

◆(1) 第一審 東京地裁
2004(平成16)年1月23日提訴・和解

原告A　フリーのイラストレーター
被告B
　　株式会社サンヨーテクニカ(自動車用品製造会社)

◆(2) 第一審 東京地裁
2008(平成20)年4月18日判決・原告請求一部認容、一部棄却

原告B　株式会社サンヨーテクニカ
被告C　株式会社ムサシノ広告社(広告代理店)

事件の概要

(1)は、Bが広告主である雑誌広告に掲載されたAのイラスト(以下本件イラスト)が、Aに無許諾で雑誌広告以外に改変・利用されたことが(以下本件改変イラスト※)著作権侵害にあたるとして、本件改変イラストの差し止めと損害賠償を求め、AがBを提訴した事件です。本件はBがAの請求に応じることで和解が成立しましたが、このことが(2)の裁判を引き起こしました。BがAの高額な損害賠償請求に応じることになったのは、Cがその義務であるところの著作権処理業務を怠ったため、として、Cに対して損害賠償を求め訴訟を起こしました。

事件の内容

◆(1) 原告A VS 被告B(株式会社サンヨーテクニカ)

1993年、Bは自社の主力商品を宣伝するため、雑誌広告の制作をCに依頼。Cは株式会社ジー・エー・ラボラトリ・ゼル(以下ゼル社＝D)に作成を委託し、DはAにイラスト制作を発注しました。Aは本件イラストを制作しDに納品、25万円のイラスト制作料が支払われて仕事は完了しました。しかし、本件イラストを納品してから9年後(2002年)Aはたまたま立ち寄った自動車用品店で、本件イラストに酷似した本件改変イラストが用いられているBの商品パッケージを発見しました。Aが東京地裁に提出した陳述書によれば、Bは雑誌広告を作成した翌年(1994年)から、本件イラストによって宣伝した製品のバリエーション化を行い、数々のパッケージに本件改変イラストをAに無許諾で使用し、販売を続けていました。このことが著作権侵害であるとして、AはDの担当者を経由してBに事実関係の説明や解決策を要請しましたが、返答が得られなかったため、東京地裁に提訴しました。本件は、Bが本件改変イラストの使用を差し止め、Aに1,200万円の損害賠償金を支払うこと

※被告がパッケージなどに使用した本件改変イラスト。ホームページ「著作権その可能性の中心」原告A訴状より

で和解が成立しました。

◆ (2) 原告B（株式会社サンヨーテクニカ）VS 被告C（株式会社ムサシノ広告社）

(1)の和解成立後、今度はBがCに対して損害賠償を求める訴訟を起こしました。訴訟理由は、Bが25万円＋諸経費その他の金額で買い取ったと思っていた本件イラストの制作料が、Aの請求によって1,200万円の賠償額になってしまったのは、Cが著作権処理業務を怠ったためというものです。つまり、Cは、本件イラストの著作権がBに譲渡され、または少なくともその複製及び翻案につき包括的もしくは個別的に許諾され、同時に、それについて著作者人格権が行使されないよう権利処理を行う義務を負っていたという主張です。このためBはCに対して、Aに支払った1,200万円（著作権侵害による損害金として800万円＋著作者人格権侵害による慰謝料として400万円）に加え、本件改変イラストが印刷されている本体及びパッケージをすべて廃棄し、別のデザインのパッケージに差し替え、本件改変イラストを使用できなくなったことにより、少なくとも合計1億500万円の損害を被ったなどの理由から、5,000万円の損害賠償請求を起こしました。これに対してCは、1993年のBとの契約当時、リーフレット及びせいぜい雑誌広告に使用するとの原告の方針で本件イラストの作成依頼を受けたにすぎず、また、Aが著作権侵害を理由に提訴した2002年までは、Aが著作者であるとの認識を全く有していなかったので、Aから著作権の譲渡を受ける義務が発生する余地はなかった。また、本件イラストの改変は、C自らイラストの改変を行ったものについて責任があるか否かはともかく、Bが独自に改変を行ったものや、Cが単に広告掲載の取次ぎを行ったにすぎないものについて責任を負う理由はない。したがって、損害の発生及び拡大につき、Bにも多大な過失がある、と主張しました。

東京地裁において確認された事実によれば、契約当時契約書は交わされておらず、双方の主張は個々の点で対立したため、事実関係の確認に証人の証言が求められました。以上の経緯から東京地裁は、Cに対して、本件イラストが『広告、リーフレット及びパッケージに使用することができるように、著作者から翻案の許諾を得、かつ、著作者人格権が行使されないように権利処理を行う義務があり、このような権利処理が行われていなかったことを認識し又は認識し得たときは、契約による信義則上、原告にその使用をしないよう連絡するなどの方法により、原告に発生する被害の拡大を防止する義務を負っていたものである』と示しました。また、CにAが本件イラストの著作者であるとの認識がなかったとしても、『広告代理店である被告として、自己の履行補助者の立場にあるゼル社に製作過程等を確認するなどして、著作権法上問題が生じないように権利処理を行う義務を有していたことは当然であるところ、被告がこの義務を履行していないことは明らかである』として、Cの不法行為上の過失も認め、Bに合計約3,000万円の損害賠償金を支払うことを命じました。この金額は、原告としても、本件イラストの制作にはAが関与しており、そのAから著作権について苦情が出されていたことを知っていたのであるから、『被告の話を鵜呑みにせず、自ら事実関係を調査するなどして、自分の損害の拡大防止をすることが期待されていたものである。そして、この段階においても、被告は本件イラストの使用の中止を求めることはせず、著作権はDにある旨を述べていたことを考慮すれば、原告と被告の過失割合を4対6と認めるのが相当である』などの理由から算定されたものです。

巻末資料 1

著作権法
(平成28年度版)

第1章　総則

第1節　通則

第1条（目的）
この法律は、著作物並びに実演、レコード、放送及び有線放送に関し著作者の権利及びこれに隣接する権利を定め、これらの文化的所産の公正な利用に留意しつつ、著作者等の権利の保護を図り、もって文化の発展に寄与することを目的とする。

第2条（定義）
この法律において、次の各号に掲げる用語の意義は、当該各号に定めるところによる。
一　著作物　思想又は感情を創作的に表現したものであって、文芸、学術、美術又は音楽の範囲に属するものをいう。
二　著作者　著作物を創作する者をいう。
三　実演　著作物を、演劇的に演じ、舞い、演奏し、歌い、口演し、朗詠し、又はその他の方法により演ずること（これらに類する行為で、著作物を演じないが芸能的な性質を有するものを含む。）をいう。
四　実演家　俳優、舞踊家、演奏家、歌手その他実演を行う者及び実演を指揮し、又は演出する者をいう。
五　レコード　蓄音機用音盤、録音テープその他の物に音を固定したもの（音を専ら影像とともに再生することを目的とするものを除く。）をいう。
六　レコード製作者　レコードに固定されている音を最初に固定した者をいう。
七　商業用レコード　市販の目的をもって製作されるレコードの複製物をいう。
七の二　公衆送信　公衆によって直接受信されることを目的として無線通信又は有線電気通信の送信（電気通信設備で、その一の部分の設置の場所が他の部分の設置の場所と同一の構内（その構内が二以上の者の占有に属している場合には、同一の者の占有に属する区域内）にあるものによる送信（プログラムの著作物の送信を除く。）を除く。）を行うことをいう。
八　放送　公衆送信のうち、公衆によって同一の内容の送信が同時に受信されることを目的として行う無線通信の送信をいう。
九　放送事業者　放送を業として行う者をいう。
九の二　有線放送　公衆送信のうち、公衆によって同一の内容の送信が同時に受信されることを目的として行う有線電気通信の送信をいう。
九の三　有線放送事業者　有線放送を業として行う者をいう。
九の四　自動公衆送信　公衆送信のうち、公衆からの求めに応じ自動的に行うもの（放送又は有線放送に該当するものを除く。）をいう。
九の五　送信可能化　次のいずれかに掲げる行為により自動公衆送信し得るようにすることをいう。
　イ　公衆の用に供されている電気通信回線に接続している自動公衆送信装置（公衆の用に供する電気通信回線に接続することにより、その記録媒体のうち自動公衆送信の用に供する部分（以下この号及び第47条の5第1項第一号において「公衆送信用記録媒体」という。）に記録され、又は当該装置に入力される情報を自動公衆送信する機能を有する装置をいう。以下同じ。）の公衆送信用記録媒体に情報を記録し、情報が記録された記録媒体を当該自動公衆送信装置の公衆送信用記録媒体として加え、若しくは情報が記録された記録媒体を当該自動公衆送信装置の公衆送信用記録媒体に変換し、又は当該自動公衆送信装置に情報を入力すること。
　ロ　その公衆送信用記録媒体に情報が記録され、又は当該自動公衆送信装置に情報が入力されている自動公衆送信装置について、公衆の用に供されている電気通信回線への接続（配線、自動公衆送信装置の始動、送受信用プログラムの起動その他の一連の行為により行われる場合には、当該一連の行為のうち最後のものをいう。）を行うこと。
十　映画製作者　映画の著作物の製作に発意と責任を有する者をいう。
十の二　プログラム　電子計算機を機能させて一の結果を得ることができるようにこれに対する指令を組み合わせたものとして表現したものをいう。
十の三　データベース　論文、数値、図形その他の情報の集合物であって、それらの情報を電子計算機を用いて検索することができるように体系的に構成したものをいう。
十一　二次的著作物　著作物を翻訳し、編曲し、若しくは変形し、又は脚色し、映画化し、その他翻案することにより創作した著作物をいう。
十二　共同著作物　2人以上の者が共同して創作した著作物であって、その各人の寄与を分離して個別的に利用することができないものをいう。
十三　録音　音を物に固定し、又はその固定物を増製することをいう。
十四　録画　影像を連続して物に固定し、又はその固定物を増製することをいう。
十五　複製　印刷、写真、複写、録音、録画その他の方法により有形的に再製することをいい、次に掲げるものについては、それぞれ次に掲げる行為を含むものとする。
　イ　脚本その他これに類する演劇用の著作物　当該著作物の上演、放送又は有線放送を録音し、又は録画すること。
　ロ　建築の著作物　建築に関する図面に従って建築物を完成すること。
十六　上演　演奏（歌唱を含む。以下同じ。）以外の方法により著作物を演ずることをいう。
十七　上映　著作物（公衆送信されるものを除く。）を映写幕その他の物に映写することをいい、これに伴って映画の著作物において固定されている音を再生することを

含むものとする。
十八　口述　朗読その他の方法により著作物を口頭で伝達すること（実演に該当するものを除く。）をいう。
十九　頒布　有償であるか又は無償であるかを問わず、複製物を公衆に譲渡し、又は貸与することをいい、映画の著作物又は映画の著作物において複製されている著作物にあっては、これらの著作物を公衆に提示することを目的として当該映画の著作物の複製物を譲渡し、又は貸与することを含むものとする。
二十　技術的保護手段　電子的方法、磁気的方法その他の人の知覚によって認識することができない方法（次号において「電磁的方法」という。）により、第17条第1項に規定する著作者人格権若しくは著作権又は第89条第1項に規定する実演家人格権若しくは同条第6項に規定する著作隣接権（以下この号、第30条第1項第二号及び第120条の2第一号において「著作権等」という。）を侵害する行為の防止又は抑止（著作権等を侵害する行為の結果に著しい障害を生じさせることによる当該行為の抑止をいう。第30条第1項第二号において同じ。）をする手段（著作権等を有する者の意思に基づくことなく用いられているものを除く。）であって、著作物、実演、レコード、放送又は有線放送（次号において「著作物等」という。）の利用（著作者人格権又は実演家人格権の侵害となるべき行為を含む。）に際し、これに用いられる機器が特定の反応をする信号を著作物、実演、レコード若しくは放送若しくは有線放送に係る音若しくは影像とともに記録媒体に記録し、若しくは送信する方式又は当該機器が特定の変換を必要とするよう著作物、実演、レコード若しくは放送若しくは有線放送に係る音若しくは影像を変換して記録媒体に記録し、若しくは送信する方式によるものをいう。
二十一　権利管理情報　第17条第1項に規定する著作者人格権若しくは著作権又は第89条第1項から第4項までの権利（以下この号において「著作権等」という。）に関する情報であって、イからハまでのいずれかに該当するもののうち、電磁的方法により著作物、実演、レコード又は放送若しくは有線放送に係る音若しくは影像とともに記録媒体に記録され、又は送信されるもの（著作物等の利用状況の把握、著作物等の利用の許諾に係る事務処理その他の著作権等の管理（電子計算機によるものに限る。）に用いられていないものを除く。）をいう。
イ　著作物等、著作権等を有する者その他政令で定める事項を特定する情報
ロ　著作物等の利用を許諾する場合の利用方法及び条件に関する情報
ハ　他の情報と照合することによりイ又はロに掲げる事項を特定することができることとなる情報
二十二　国内　この法律の施行地をいう。
二十三　国外　この法律の施行地外の地域をいう。
2　この法律にいう「美術の著作物」には、美術工芸品を含むものとする。

3　この法律にいう「映画の著作物」には、映画の効果に類似する視覚的又は視聴覚的効果を生じさせる方法で表現され、かつ、物に固定されている著作物を含むものとする。
4　この法律にいう「写真の著作物」には、写真の製作方法に類似する方法を用いて表現される著作物を含むものとする。
5　この法律にいう「公衆」には、特定かつ多数の者を含むものとする。
6　この法律にいう「法人」には、法人格を有しない社団又は財団で代表者又は管理人の定めがあるものを含むものとする。
7　この法律において、「上演」、「演奏」又は「口述」には、著作物の上演、演奏又は口述で録音され、又は録画されたものを再生すること（公衆送信又は上映に該当するものを除く。）及び著作物の上演、演奏又は口述を電気通信設備を用いて伝達すること（公衆送信に該当するものを除く。）を含むものとする。
8　この法律にいう「貸与」には、いずれの名義又は方法をもってするかを問わず、これと同様の使用の権原を取得させる行為を含むものとする。
9　この法律において、第1項第七号の二、第八号、第九号の二、第九号の四、第九号の五若しくは第十三号から第十九号まで又は前二項に掲げる用語については、それぞれこれらを動詞の語幹として用いる場合を含むものとする。

第3条　（著作物の発行）
著作物は、その性質に応じ公衆の要求を満たすことができる相当程度の部数の複製物が、第21条に規定する権利を有する者又はその許諾（第63条第1項の規定による利用の許諾をいう。以下この項、次条第1項、第4条の2及び第63条を除き、以下この章及び次章において同じ。）を得た者若しくは第79条の出版権の設定を受けた者若しくはその複製許諾（第80条第3項の規定による複製の許諾をいう。第37条第3項ただし書及び第37条の2ただし書において同じ。）を得た者によって作成され、頒布された場合（第26条、第26条の2第1項又は第26条の3に規定する権利を有する者の権利を害しない場合に限る。）において、発行されたものとする。
2　二次的著作物である翻訳物の前項に規定する部数の複製物が第28条の規定により第21条に規定する権利と同一の権利を有する者又はその許諾を得た者によって作成され、頒布された場合（第28条の規定により第26条、第26条の2第1項又は第26条の3に規定する権利と同一の権利を有する者の権利を害しない場合に限る。）には、その原著作物は、発行されたものとみなす。
3　著作物がこの法律による保護を受けるとしたならば前二項の権利を有すべき者又はその者からその著作物の利用の承諾を得た者はそれぞれ前二項の権利を有する者又はその許諾を得た者とみなして、前二項の規定を適用する。

第4条　（著作物の公表）

著作物は、発行され、又は第22条から第25条までに規定する権利を有する者若しくはその許諾（第63条第1項の規定による利用の許諾をいう。）を得た者若しくは第79条の出版権の設定を受けた者若しくはその公衆送信許諾（第80条第3項の規定による公衆送信の許諾をいう。次項、第37条第3項ただし書及び第37条の2ただし書において同じ。）を得た者によって上演、演奏、上映、公衆送信、口述、若しくは展示の方法で公衆に提示された場合（建築の著作物にあっては、第21条に規定する権利を有する者又はその許諾（第63条第1項の規定による利用の許諾をいう。）を得た者によって建設された場合を含む。）において、公表されたものとする。

2　著作物は、第23条第1項に規定する権利を有する者又はその許諾を得た者若しくは第79条の出版権の設定を受けた者若しくはその公衆送信許諾を得た者によって送信可能化された場合には、公表されたものとみなす。

3　二次的著作物である翻訳物が、第28条の規定により第22条から第24条まで若しくは第26条に規定する権利と同一の権利を有する者若しくはその許諾を得た者によって上演、演奏、上映、公衆送信若しくは口述の方法で公衆に提示され、又は第28条の規定により第23条第1項に規定する権利と同一の権利を有する者若しくはその許諾を得た者によって送信可能化された場合には、その原著作物は、公表されたものとみなす。

4　美術の著作物又は写真の著作物は、第45条第1項に規定する者によって同項の展示が行われた場合には、公表されたものとみなす。

5　著作物がこの法律による保護を受けるとしたならば第1項から第3項までの権利を有すべき者又はその者からその著作物の利用の承諾を得た者は、それぞれ第1項から第3項までの権利を有する者又はその許諾を得た者とみなして、これらの規定を適用する。

第4条の2　（レコードの発行）

レコードは、その性質に応じ公衆の要求を満たすことができる相当程度の部数の複製物が、第96条に規定する権利を有する者又はその許諾（第103条において準用する第63条第1項の規定による利用の許諾をいう。第4章第2節及び第3節において同じ。）を得た者によって作成され、頒布された場合（第97条の2第1項又は第97条の3第1項に規定する権利を有する者の権利を害しない場合に限る。）において、発行されたものとする。

第5条　（条約の効力）

著作者の権利及びこれに隣接する権利に関し条約に別段の定めがあるときは、その規定による。

第2節　適用範囲

第6条　（保護を受ける著作物）

著作物は、次の各号のいずれかに該当するものに限り、この法律による保護を受ける。

一　日本国民（わが国の法令に基づいて設立された法人及び国内に主たる事務所を有する法人を含む。以下同じ。）の著作物

二　最初に国内において発行された著作物（最初に国外において発行されたが、その発行の日から30日以内に国内において発行されたものを含む。）

三　前二号に掲げるもののほか、条約によりわが国が保護の義務を負う著作物

第7条　（保護を受ける実演）

実演は、次の各号のいずれかに該当するものに限り、この法律による保護を受ける。

一　国内において行われる実演

二　次条第一号又は第二号に掲げるレコードに固定された実演

三　第9条第一号又は第二号に掲げる放送において送信される実演（実演家の承諾を得て送信前に録音され、又は録画されているものを除く。）

四　第9条の2各号に掲げる有線放送において送信される実演（実演家の承諾を得て送信前に録音され、又は録画されているものを除く。）

五　前各号に掲げるもののほか、次のいずれかに掲げる実演

イ　実演家、レコード製作者及び放送機関の保護に関する国際条約（以下「実演家等保護条約」という。）の締約国において行われる実演

ロ　次条第三号に掲げるレコードに固定された実演

ハ　第9条第三号に掲げる放送において送信される実演（実演家の承諾を得て送信前に録音され、又は録画されているものを除く。）

六　前各号に掲げるもののほか、次のいずれかに掲げる実演

イ　実演及びレコードに関する世界知的所有権機関条約（以下「実演・レコード条約」という。）の締約国において行われる実演

ロ　次条第四号に掲げるレコードに固定された実演

七　前各号に掲げるもののほか、次のいずれかに掲げるレコード

イ　世界貿易機関の加盟国において行われる実演

ロ　次条第五号に掲げるレコードに固定された実演

ハ　第9条第四号に掲げる放送において送信される実演（実演家の承諾を得て送信前に録音され、又は録画されているものを除く。）

八　前各号に掲げるもののほか、視聴覚的実演に関する北京条約の締約国の国民又は当該締約国に常居所を有する者である実演家に係る実演

第8条　（保護を受けるレコード）

レコードは、次の各号のいずれかに該当するものに限り、この法律による保護を受ける。

一　日本国民をレコード製作者とするレコード

二　レコードでこれに固定されている音が最初に国内において固定されたもの
三　前二号に掲げるもののほか、次のいずれかに掲げるレコード
　イ　実演家等保護条約の締約国の国民（当該締約国の法令に基づいて設立された法人及び当該締約国に主たる事務所を有する法人を含む。以下同じ。）をレコード製作者とするレコード
　ロ　レコードでこれに固定されている音が最初に実演家等保護条約の締約国において固定されたもの
四　前三号に掲げるもののほか、次のいずれかに掲げるレコード
　イ　実演・レコード条約の締約国の国民（当該締約国の法令に基づいて設立された法人及び当該締約国に主たる事務所を有する法人を含む。以下同じ。）をレコード製作者とするレコード
　ロ　レコードでこれに固定されている音が最初に実演・レコード条約の締約国において固定されたもの
五　前各号に掲げるもののほか、次のいずれかに掲げるレコード
　イ　世界貿易機関の加盟国の国民（当該加盟国の法令に基づいて設立された法人及び当該加盟国に主たる事務所を有する法人を含む。以下同じ。）をレコード製作者とするレコード
　ロ　レコードでこれを固定されている音が最初に世界貿易機関の加盟国において固定されたもの
六　前各号に掲げるもののほか、許諾を得ないレコードの複製からのレコード製作者の保護に関する条約（第121条の2第二号において「レコード保護条約」という。）により我が国が保護の義務を負うレコード

第9条　（保護を受ける放送）
放送は、次の各号のいずれかに該当するものに限り、この法律による保護を受ける。
一　日本国民である放送事業者の放送
二　国内にある放送設備から行なわれる放送
三　前二号に掲げるもののほか、次のいずれかに掲げる放送
　イ　実演家等保護条約の締約国の国民である放送事業者の放送
　ロ　実演家等保護条約の締約国にある放送設備から行われる放送
四　前三号に掲げるもののほか、次のいずれかに掲げる放送
　イ　世界貿易機関の加盟国の国民である放送事業者の放送
　ロ　世界貿易機関の加盟国にある放送設備から行われる放送

第9条の2　（保護を受ける有線放送）
有線放送は、次の各号のいずれかに該当するものに限り、この法律による保護を受ける。
一　日本国民である有線放送事業者の有線放送（放送を受信して行うものを除く。次号において同じ。）
二　国内にある有線放送設備から行われる有線放送

第2章　著作者の権利

第1節　著作物

第10条　（著作物の例示）
この法律にいう著作物を例示すると、おおむね次のとおりである。
一　小説、脚本、論文、講演その他の言語の著作物
二　音楽の著作物
三　舞踊又は無言劇の著作物
四　絵画、版画、彫刻その他の美術の著作物
五　建築の著作物
六　地図又は学術的な性質を有する図面、図表、模型その他の図形の著作物
七　映画の著作物
八　写真の著作物
九　プログラムの著作物
2　事実の伝達にすぎない雑報及び時事の報道は、前項第一号に掲げる著作物に該当しない。
3　第1項第九号に掲げる著作物に対するこの法律による保護は、その著作物を作成するために用いるプログラム言語、規約及び解法に及ばない。この場合において、これらの用語の意義は、次の各号に定めるところによる。
一　プログラム言語　プログラムを表現する手段としての文字その他の記号及びその体系をいう。
二　規約　特定のプログラムにおける前号のプログラム言語の用法についての特別の約束をいう。
三　解法　プログラムにおける電子計算機に対する指令の組合せの方法をいう。

第11条　（二次的著作物）
二次的著作物に対するこの法律による保護は、その原著作物の著作者の権利に影響を及ぼさない。

第12条　（編集著作物）
編集物（データベースに該当するものを除く。以下同じ）でその素材の選択又は配列によって創作性を有するものは、著作物として保護する。
2　前項の規定は、同項の編集物の部分を構成する著作物の著作者の権利に影響を及ぼさない。

第12条の2　（データベースの著作物）
データベースでその情報の選択又は体系的な構成によって創作性を有するものは、著作物として保護する。
2　前項の規定は、同項のデータベースの部分を構成する著作物の著作者の権利に影響を及ぼさない。

第13条　（権利の目的とならない著作物）

次の各号のいずれかに該当する著作物は、この章の規定による権利の目的となることができない。

一　憲法その他の法令

二　国若しくは地方公共団体の機関、独立行政法人（独立行政法人通則法（平成11年法律第103号）第2条第1項に規定する独立行政法人をいう。以下同じ。）又は地方独立行政法人（地方独立行政法人法（平成15年法律第118号）第2条第1項に規定する地方独立行政法人をいう。以下同じ。）が発する告示、訓令、通達その他これらに類するもの

三　裁判所の判決、決定、命令及び審判並びに行政庁の裁決及び決定で裁判に準ずる手続により行われるもの

四　前三号に掲げるものの翻訳物及び編集物で、国若しくは地方公共団体の機関、独立行政法人又は地方独立行政法人が作成するもの

第2節　著作者

第14条　（著作者の推定）

著作物の原作品に、又は著作物の公衆への提供若しくは提示の際に、その氏名若しくは名称（以下「実名」という。）又はその雅号、筆名、略称その他実名に代えて用いられるもの（以下「変名」という。）として周知のものが著作者名として通常の方法により表示されている者は、その著作物の著作者と推定する。

第15条　（職務上作成する著作物の著作者）

法人その他使用者（以下この条において「法人等」という。）の発意に基づきその法人等の業務に従事する者が職務上作成する著作物（プログラムの著作物を除く。）で、その法人等が自己の著作の名義の下に公表するものの著作者は、その作成の時における契約、勤務規則その他に別段の定めがない限り、その法人等とする。

2　法人等の発意に基づきその法人等の業務に従事する者が職務上作成するプログラムの著作物の著作者は、その作成の時における契約、勤務規則その他に別段の定めがない限り、その法人等とする。

第16条　（映画の著作物の著作者）

映画の著作物の著作者は、その映画の著作物において翻案され、又は複製された小説、脚本、音楽その他の著作物の著作者を除き、制作、監督、演出、撮影、美術等を担当してその映画の著作物の全体的形成に創作的に寄与した者とする。ただし、前条の規定の適用がある場合は、この限りではない。

第3節　権利の内容

第1款　総則

第17条　（著作者の権利）

著作者は、次条第1項、第19条第1項及び第20条第1項に規定する権利（以下「著作者人格権」という。）並びに第21条から第28条までに規定する権利（以下「著作権」という。）を享有する。

2　著作者人格権及び著作権の享有には、いかなる方式の履行をも要しない。

第2款　著作者人格権

第18条　（公表権）

著作者は、その著作物でまだ公表されていないもの（その同意を得ないで公表された著作物を含む。以下この条において同じ。）を公衆に提供し、又は提示する権利を有する。当該著作物を原著作物とする二次的著作物についても同様とする。

2　著作者は、次の各号に掲げる場合には、当該各号に掲げる行為について同意したものと推定する。

一　その著作物でまだ公表されていないものの著作権を譲渡した場合　当該著作物をその著作権の行使により公衆に提供し、又は提示すること。

二　その美術の著作物又は写真の著作物でまだ公表されていないものの原作品を譲渡した場合　これらの著作物をその原作品による展示の方法で公衆に提示すること。

三　第29条の規定によりその映画の著作物の著作権が映画製作者に帰属した場合　当該著作物をその著作権の行使により公衆に提供し、又は提示すること。

3　著作者は、次の各号に掲げる場合には、当該各号に掲げる行為について同意したものとみなす。

一　その著作物でまだ公表されていないものを行政機関（行政機関の保有する情報の公開に関する法律（平成11年法律第42号。以下「行政機関情報公開法」という。）第2条第1項に規定する行政機関をいう。以下同じ。）に提供した場合（行政機関情報公開法第9条第1項の規定による開示する旨の決定の時までに別段の意思表示をした場合を除く。）　行政機関情報公開法の規定により行政機関の長が当該著作物を公衆に提供し、又は提示すること（当該著作物に係る歴史公文書等（公文書等の管理に関する法律（平成21年法律第66号。以下「公文書管理法」という。）第2条第6項に規定する歴史公文書等をいう。以下同じ。）が行政機関の長から公文書管理法第8条第1項の規定により国立公文書館等（公文書管理法第2条第3項に規定する国立公文書館等をいう。以下同じ。）に移管された場合（公文書管理法第16条第1項の規定による利用をさせる旨の決定の時までに当該著作物の著作者が別段の意思表示をした場合を除く。）にあつては、公文書管理法第16条第1項の規定により国立公文書館等の長（公文書管理法第15条第一項に規定する国立公文書館等の長をいう。以下同じ。）が当該著作物を公衆に提供し、又は提示することを含む。）。

二　その著作物でまだ公表されていないものを独立行政法人等（独立行政法人等の保有する情報の公開に関する法律（平成13年法律第140号。以下「独立行政法人等情報公

開法」という。）第2条第1項に規定する独立行政法人等をいう。以下同じ。）に提供した場合（独立行政法人等情報公開法第9条第1項の規定による開示する旨の決定の時までに別段の意思表示をした場合を除く。） 独立行政法人等情報公開法の規定により当該独立行政法人等が当該著作物を公衆に提供し、又は提示すること（当該著作物に係る歴史公文書等が当該独立行政法人等から公文書管理法第11条第4項の規定により国立公文書館等に移管された場合（公文書管理法第16条第1項の規定による利用をさせる旨の決定の時までに当該著作物の著作者が別段の意思表示をした場合を除く。）にあつては、公文書管理法第16条第1項の規定により国立公文書館等の長が当該著作物を公衆に提供し、又は提示することを含む。）。

三　その著作物でまだ公表されていないものを地方公共団体又は地方独立行政法人に提供した場合（開示する旨の決定の時までに別段の意思表示をした場合を除く。） 情報公開条例（地方公共団体又は地方独立行政法人の保有する情報の公開を請求する住民等の権利について定める当該地方公共団体の条例をいう。以下同じ。）の規定により当該地方公共団体の機関又は地方独立行政法人が当該著作物を公衆に提供し、又は提示すること（当該著作物に係る歴史公文書等が当該地方公共団体又は地方独立行政法人から公文書管理条例（地方公共団体又は地方独立行政法人の保有する歴史公文書等の適切な保存及び利用について定める当該地方公共団体の条例をいう。以下同じ。）に基づき地方公文書館等（歴史公文書等の適切な保存及び利用を図る施設として公文書管理条例が定める施設をいう。以下同じ。）に移管された場合（公文書管理条例の規定（公文書管理法第16条第1項の規定に相当する規定に限る。以下この条において同じ。）による利用をさせる旨の決定の時までに当該著作物の著作者が別段の意思表示をした場合を除く。）にあつては、公文書管理条例の規定により地方公文書館等の長（地方公文書館等が地方公共団体の施設である場合にあつてはその属する地方公共団体の長をいい、地方公文書館等が地方独立行政法人の施設である場合にあつてはその施設を設置した地方独立行政法人をいう。以下同じ。）が当該著作物を公衆に提供し、又は提示することを含む。）。

四　その著作物でまだ公表されていないものを国立公文書館等に提供した場合（公文書管理法第16条第1項の規定による利用をさせる旨の決定の時までに別段の意思表示をした場合を除く。）同項の規定により国立公文書館等の長が当該著作物を公衆に提供し、又は提示すること。

五　その著作物でまだ公表されていないものを地方公文書館等に提供した場合（公文書管理条例の規定による利用をさせる旨の決定の時までに別段の意思表示をした場合を除く。）公文書管理条例の規定により地方公文書館等の長が当該著作物を公衆に提供し、又は提示すること。

4　第1項の規定は、次の各号のいずれかに該当するときは、適用しない。

一　行政機関情報公開法第5条の規定により行政機関の長が同条第一号ロ若しくはハ若しくは同条第二号ただし書に規定する情報が記録されている著作物でまだ公表されていないものを公衆に提供し、若しくは提示するとき、又は行政機関情報公開法第7条の規定により行政機関の長が著作物でまだ公表されていないものを公衆に提供し、若しくは提示するとき。

二　独立行政法人等情報公開法第5条の規定により独立行政法人等が同条第一号ロ若しくはハ若しくは同条第二号ただし書に規定する情報が記録されている著作物でまだ公表されていないものを公衆に提供し、若しくは提示するとき、又は独立行政法人等情報公開法第7条の規定により独立行政法人等が著作物でまだ公表されていないものを公衆に提供し、若しくは提示するとき。

三　情報公開条例（行政機関情報公開法第13条第2項及び第3項の規定に相当する規定を設けているものに限る。第五号において同じ。）の規定により地方公共団体の機関又は地方独立行政法人が著作物でまだ公表されていないもの（行政機関情報公開法第5条第一号ロ又は同条第二号ただし書に規定する情報に相当する情報が記録されているものに限る。）を公衆に提供し、又は提示するとき。

四　情報公開条例の規定により地方公共団体の機関又は地方独立行政法人が著作物でまだ公表されていないもの（行政機関情報公開法第5条第一号ハに規定する情報に相当する情報が記録されているものに限る。）を公衆に提供し、又は提示するとき。

五　情報公開条例の規定で行政機関情報公開法第7条の規定に相当するものにより地方公共団体の機関又は地方独立行政法人が著作物でまだ公表されていないものを公衆に提供し、又は提示するとき。

六　公文書管理法第16条第1項の規定により国立公文書館等の長が行政機関情報公開法第5条第一号ロ若しくはハ若しくは同条第2号ただし書に規定する情報又は独立行政法人等情報公開法第5条第一号ロ若しくはハ若しくは同条第二号ただし書に規定する情報が記録されている著作物でまだ公表されていないものを公衆に提供し、又は提示するとき。

七　公文書管理条例（公文書管理法第18条第2項及び第4項の規定に相当する規定を設けているものに限る。）の規定により地方公文書館等の長が著作物でまだ公表されていないもの（行政機関情報公開法第5条第一号ロ又は同条第二号ただし書に規定する情報に相当する情報が記録されているものに限る。）を公衆に提供し、又は提示するとき。

八　公文書管理条例の規定により地方公文書館等の長が著作物でまだ公表されていないもの（行政機関情報公開法第5条第一号ハに規定する情報に相当する情報が記録されているものに限る。）を公衆に提供し、又は提示するとき。

第19条　（氏名表示権）

著作者は、その著作物の原作品に、又は著作物の公衆への

提供若しくは提示に際し、その実名若しくは変名を著作者名として表示し、又は著作者名を表示しないこととする権利を有する。その著作物を原著作物とする二次的著作物の公衆への提供又は提示に際しての原著作物の著作者名の表示についても、同様とする。

2　著作物を利用する者は、その著作者の別段の意思表示がない限り、その著作物につきすでに著作者が表示しているところに従って著作者名を表示することができる。

3　著作者名の表示は、著作物の利用の目的及び態様に照らし著作者が創作者であることを主張する利益を害するおそれがないと認められるときは、公正な慣行に反しない限り、省略することができる。

4　第1項の規定は、次の各号のいずれかに該当するときは、適用しない。

一　行政機関情報公開法、独立行政法人等情報公開法又は情報公開条例の規定により行政機関の長、独立行政法人等、地方公共団体の機関又は地方独立行政法人が著作物を公衆に提供し、又は提示する場合において、当該著作物につき既にその著作者が表示しているところに従って著作者名を表示するとき。

二　行政機関情報公開法第6条第2項の規定、独立行政法人等情報公開法第6条第2項の規定又は情報公開条例の規定で行政機関情報公開法第6条第2項の規定に相当するものにより行政機関の長、独立行政法人等、地方公共団体の機関又は地方独立行政法人が著作物を公衆に提供し、又は提示する場合において、当該著作物の著作者名の表示を省略することとなるとき。

三　公文書管理法第16条第1項の規定又は公文書管理条例の規定（同項の規定に相当する規定に限る。）により国立公文書館等の長又は地方公文書館等の長が著作物を公衆に提供し、又は提示する場合において、当該著作物につき既にその著作者が表示しているところに従つて著作者名を表示するとき。

第20条　（同一性保持権）

著作者は、その著作物及びその題号の同一性を保持する権利を有し、その意に反してこれらの変更、切除その他の改変を受けないものとする。

2　前項の規定は、次の各号のいずれかに該当する改変については、適用しない。

一　第33条第1項（同条第4項において準用する場合を含む。）、第33条の2第1項又は第34条第1項の規定により著作物を利用する場合における用字又は用語の変更その他の改変で学校教育の目的上やむを得ないと認められるもの

二　建築物の増築、改築、修繕又は模様替えによる改変

三　特定の電子計算機においては利用し得ないプログラムの著作物を当該電子計算機において利用し得るようにするため、又はプログラムの著作物を電子計算機においてより効果的に利用し得るようにするために必要な改変

四　前三号に掲げるもののほか、著作物の性質並びにその利用の目的及び態様に照らしやむを得ないと認められる改変

第3款　著作権に含まれる権利の種類

第21条　（複製権）

著作者は、その著作物を複製する権利を専有する。

第22条　（上演権及び演奏権）

著作者は、その著作物を、公衆に直接見せ又は聞かせる事を目的として（以下「公に」という。）上演し、又は演奏する権利を専有する。

第22条の2　（上映権）

著作者は、その著作物を公に上映する権利を専有する。

第23条　（公衆送信権等）

著作者は、その著作物について、公衆送信（自動公衆送信の場合にあっては、送信可能化を含む。）を行う権利を専有する。

2　著作者は、公衆送信されるその著作物を受信装置を用いて公に伝達する権利を専有する。

第24条　（口述権）

著作者は、その言語の著作物を公に口述する権利を専有する。

第25条　（展示権）

著作者は、その美術の著作物又はまだ発行されていない写真の著作物をこれらの原作品により公に展示する権利を専有する。

第26条　（頒布権）

著作者は、その映画の著作物をその複製物により頒布する権利を専有する。

2　著作者は、映画の著作物において複製されているその著作物を公に上映し、又は当該映画の著作物の複製物により頒布する権利を専有する。

第26条の2　（譲渡権）

著作者は、その著作物（映画の著作物を除く。以下この条において同じ。）をその原作品又は複製物（映画の著作物において複製されている著作物にあっては、当該映画の著作物の複製物を除く。以下この条において同じ。）の譲渡により公衆に提供する権利を専有する。

2　前項の規定は、著作物の原作品又は複製物で次の各号のいずれかに該当するものの譲渡による場合には、適用しない。

一　前項に規定する権利を有する者又はその許諾を得た者により公衆に譲渡された著作物の原作品又は複製物

二　第67条第1項若しくは第69条の規定による裁定又は万国著作権条約の実施に伴う著作権法の特例に関する法律（昭和31年法律第86号）第5条第1項の規定による

許可を受けて公衆に譲渡された著作物の複製物
三 第67条の2第1項の規定の適用を受けて公衆に譲渡された著作物の複製物
四 前項に規定する権利を有する者又はその承諾を得た者により特定かつ少数の者に譲渡された著作物の原作品又は複製物
五 国外において、前項に規定する権利に相当する権利を害することなく、又は同項に規定する権利に相当する権利を有する者若しくはその承諾を得た者により譲渡された著作物の原作品又は複製物

第26条の3 （貸与権）
著作者は、その著作物（映画の著作物を除く。）をその複製物（映画の著作物において複製されている著作物にあっては、当該映画の著作物の複製物を除く。）の貸与により公衆に提供する権利を専有する。

第27条 （翻訳権、翻案権等）
著作者は、その著作物を翻訳し、編曲し、若しくは変形し、又は脚色し、映画化し、その他翻案する権利を専有する。

第28条 （二次的著作物の利用に関する原著作者の権利）
二次的著作物の原著作物の著作者は、当該二次的著作物の利用に関し、この款に規定する権利で当該二次的著作物の著作者が有するものと同一の種類の権利を専有する。

第4款 映画の著作物の著作権の帰属

第29条
映画の著作物（第15条第1項、次項又は第3項の規定の適用を受けるものを除く。）の著作権は、その著作者が映画製作者に対し当該映画の著作物の製作に参加することを約束しているときは、当該映画製作者に帰属する。
2 専ら放送事業者が放送のための技術的手段として製作する映画の著作物（第15条第1項の規定の適用を受けるものを除く。）の著作権のうち次に掲げる権利は、映画製作者としての当該放送事業者に帰属する。
一 その著作物を放送する権利及び放送されるその著作物について、有線放送し、自動公衆送信（送信可能化のうち、公衆の用に供されている電気通信回線に接続している自動公衆送信装置に情報を入力することによるものを含む。）を行い、又は受信装置を用いて公に伝達する権利
二 その著作物を複製し、又はその複製物により放送事業者に頒布する権利
3 専ら有線放送事業者が有線放送のための技術的手段として製作する映画の著作物（第15条第1項の規定の適用を受けるものを除く。）の著作権のうち次に掲げる権利は、映画製作者としての当該有線放送事業者に帰属する。
一 その著作物を有線放送する権利及び有線放送されるその著作物を受信装置を用いて公に伝達する権利
二 その著作物を複製し、又はその複製物により有線放送事業者に頒布する権利

第5款 著作権の制限

第30条 （私的使用のための複製）
著作権の目的となっている著作物（以下この款において単に「著作物」という。）は、個人的に又は家庭内その他これに準ずる限られた範囲内において使用すること（以下「私的使用」という。）を目的とするときは、次に掲げる場合を除き、その使用する者が複製することができる。
一 公衆の使用に供することを目的として設置されている自動複製機器（複製の機能を有し、これに関する装置の全部又は主要な部分が自動化されている機器をいう。）を用いて複製する場合
二 技術的保護手段の回避（第2条第1項第二十号に規定する信号の除去若しくは改変（記録又は送信の方式の変換に伴う技術的な制約による除去又は改変を除く。）を行うこと又は同号に規定する特定の変換を必要とするよう変換された著作物、実演、レコード若しくは放送若しくは有線放送に係る音若しくは影像の復元（著作権等を有する者の意思に基づいて行われるものを除く。）を行うことにより、当該技術的保護手段によって抑止される行為を可能とし、又は当該技術的保護手段によって抑止される行為の結果に障害を生じないようにすることをいう。第120条の2第一号及び第二号において同じ。）により可能となり、又はその結果に障害が生じないようになった複製を、その事実を知りながら行う場合
三 著作権を侵害する自動公衆送信（国外で行われる自動公衆送信であって、国内で行われたとしたならば著作権の侵害となるべきものを含む。）を受信して行うデジタル方式の録音又は録画を、その事実を知りながら行う場合
2 私的使用を目的として、デジタル方式の録音又は録画の機能を有する機器（放送の業務のための特別の性能その他の私的使用に通常供されない特別の性能を有するもの及び録音機能付きの電話機その他の本来の機能に附属する機能として録音又は録画の機能を有するものを除く。）であって政令で定めるものにより、当該機器によるデジタル方式の録音又は録画の用に供される記録媒体であって政令で定めるものに録音又は録画を行う者は、相当な額の補償金を著作権者に支払わなければならない。

第30条の2 （付随対象著作物の利用）
写真の撮影、録音又は録画（以下この項において「写真の撮影等」という。）の方法によつて著作物を創作するに当たつて、当該著作物（以下この条において「写真等著作物」という。）に係る写真の撮影等の対象とする事物又は音から分離することが困難であるため付随して対象となる事物又は音に係る他の著作物（当該写真等著作物における軽微な構成部分となるものに限る。以下この条において「付随

対象著作物」という。）は、当該創作に伴つて複製又は翻案することができる。ただし、当該付随対象著作物の種類及び用途並びに当該複製又は翻案の態様に照らし著作権者の利益を不当に害することとなる場合は、この限りでない。

2　前項の規定により複製又は翻案された付随対象著作物は、同項に規定する写真等著作物の利用に伴つて利用することができる。ただし、当該付随対象著作物の種類及び用途並びに当該利用の態様に照らし著作権者の利益を不当に害することとなる場合は、この限りでない。

第30条の3　（検討の過程における利用）
著作権者の許諾を得て、又は第67条第1項、第68条第1項若しくは第69条の規定による裁定を受けて著作物を利用しようとする者は、これらの利用についての検討の過程（当該許諾を得、又は当該裁定を受ける過程を含む。）における利用に供することを目的とする場合には、その必要と認められる限度において、当該著作物を利用することができる。ただし、当該著作物の種類及び用途並びに当該利用の態様に照らし著作権者の利益を不当に害することとなる場合は、この限りでない。

第30条の4　（技術の開発又は実用化のための試験の用に供するための利用）
公表された著作物は、著作物の録音、録画その他の利用に係る技術の開発又は実用化のための試験の用に供する場合には、その必要と認められる限度において、利用することができる。

第31条　（図書館等における複製等）
国立国会図書館及び図書、記録その他の資料を公衆の利用に供することを目的とする図書館その他の施設で政令で定めるもの（以下この項及び第3項において「図書館等」という。）においては、次に掲げる場合には、その営利を目的としない事業として、図書館等の図書、記録その他の資料（以下この条において「図書館資料」という。）を用いて著作物を複製することができる。
一　図書館等の利用者の求めに応じ、その調査研究の用に供するために、公表された著作物の一部分（発行後相当期間を経過した定期刊行物に掲載された個々の著作物にあつては、その全部。第3項において同じ。）の複製物を1人につき1部提供する場合
二　図書館資料の保存のため必要がある場合
三　他の図書館等の求めに応じ、絶版その他これに準ずる理由により一般に入手することが困難な図書館資料（以下この条において「絶版等資料」という。）の複製物を提供する場合

2　前項各号に掲げる場合のほか、国立国会図書館においては、図書館資料の原本を公衆の利用に供することによるその滅失、損傷若しくは汚損を避けるために当該原本に代えて公衆の利用に供するため、又は絶版等資料に係る著作物を次項の規定により自動公衆送信（送信可能化を含む。同項において同じ。）に用いるため、電磁的記録（電子的方式、磁気的方式その他人の知覚によつては認識することができない方式で作られる記録であつて、電子計算機による情報処理の用に供されるものをいう。以下同じ。）を作成する場合には、必要と認められる限度において、当該図書館資料に係る著作物を記録媒体に記録することができる。

3　国立国会図書館は、絶版等資料に係る著作物について、図書館等において公衆に提示することを目的とする場合には、前項の規定により記録媒体に記録された当該著作物の複製物を用いて自動公衆送信を行うことができる。この場合において、当該図書館等においては、その営利を目的としない事業として、当該図書館等の利用者の求めに応じ、その調査研究の用に供するために、自動公衆送信される当該著作物の一部分の複製物を作成し、当該複製物を一人につき一部提供することができる。

第32条　（引用）
公表された著作物は、引用して利用することができる。この場合において、その引用は、公正な慣行に合致するものであり、かつ、報道、批評、研究その他の引用の目的上正当な範囲内で行なわれるものでなければならない。

2　国若しくは地方公共団体の機関、独立行政法人又は地方独立行政法人が一般に周知させることを目的として作成し、その著作の名義の下に公表する広報資料、調査統計資料、報告書その他これらに類する著作物は、説明の材料として新聞紙、雑誌その他の刊行物に転載することができる。ただし、これを禁止する旨の表示がある場合は、この限りでない。

第33条　（教科用図書等への掲載）
公表された著作物は、学校教育の目的上必要と認められる限度において、教科用図書（小学校、中学校、義務教育学校、高等学校又は中等教育学校その他これらに準ずる学校における教育の用に供される児童用又は生徒用の図書であつて、文部科学大臣の検定を経たもの又は文部科学省が著作の名義を有するものをいう。以下同じ。）に掲載することができる。

2　前項の規定により著作物を教科用図書に掲載する者は、その旨を著作者に通知するとともに、同項の規定の趣旨、著作物の種類及び用途、通常の使用料の額その他の事情を考慮して文化庁長官が毎年定める額の補償金を著作権者に支払わなければならない。

3　文化庁長官は、前項の定めをしたときは、これを官報で告示する。

4　前三項の規定は、高等学校（中等教育学校の後期課程を含む。）の通信教育用学習図書及び教科用図書に係る教師用指導書（当該教科用図書を発行する者の発行に係るものに限る。）への著作物の掲載について準用する。

第33条の2　（教科用拡大図書等の作成のための複製等）
教科用図書に掲載された著作物は、視覚障害、発達障害その他の障害により教科用図書に掲載された著作物を使用す

ることが困難な児童又は生徒の学習の用に供するため、当該教科用図書に用いられている文字、図形等の拡大その他の当該児童又は生徒が当該著作物を使用するために必要な方式により複製することができる。

2　前項の規定により複製する教科用の図書その他の複製物（点字により複製するものを除き、当該教科用図書に掲載された著作物の全部又は相当部分を複製するものに限る。以下この項において「教科用拡大図書等」という。）を作成しようとする者は、あらかじめ当該教科用図書を発行する者にその旨を通知するとともに、営利を目的として当該教科用拡大図書を頒布する場合にあっては、前条第2項に規定する補償金の額に準じて文化庁長官が毎年定める額の補償金を当該著作物の著作権者に支払わなければならない。

3　文化庁長官は、前項の定めをしたときは、これを官報で告示する。

4　障害のある児童及び生徒のための教科用特定図書等の普及の促進等に関する法律（平成20年法律第81号）第5条第1項又は第2項の規定により教科用図書に掲載された著作物に係る電磁的記録の提供を行う者は、その提供のために必要と認められる限度において、当該著作物を利用することができる。

第34条　（学校教育番組の放送等）
公表された著作物は、学校教育の目的上必要と認められる限度において、学校教育に関する法令の定める教育課程の基準に準拠した学校向けの放送番組又は有線放送番組において放送し、若しくは有線放送し、又は当該放送を受信して同時に専ら当該放送に係る放送対象地域（放送法（昭和25年法律132号）第2条の2第2項第二号に規定する放送対象地域をいい、これが定められていない放送にあっては、電波法（昭和25年法律第131号）第14条第3項第三号に規定する放送区域をいう。以下同じ。）において受信されることを目的として自動公衆送信（送信可能化のうち、公衆の用に供されている電気通信回線に接続している自動公衆送信装置に情報を入力することによるものを含む。）を行い、及び当該放送番組用又は有線放送番組用の教材に掲載することができる。

2　前項の規定により著作物を利用する者は、その旨を著作者に通知するとともに、相当な額の補償金を著作権者に支払わなければならない。

第35条　（学校その他の教育機関における複製）
学校その他の教育機関（営利を目的として設置されているものを除く。）において教育を担任する者及び授業を受ける者は、その授業の過程における使用に供することを目的とする場合には、必要と認められる限度において、公表された著作物を複製することができる。ただし、当該著作物の種類及び用途並びにその複製の部数及び態様に照らし著作権者の利益を不当に害することとなる場合は、この限りでない。

2　公表された著作物については、前項の教育機関における授業の過程において、当該授業を直接受ける者に対して当該著作物をその原作品若しくは複製物を提供し、若しくは提示して利用する場合又は当該著作物を第38条第1項の規定により上演し、演奏し、上映し、若しくは口述して利用する場合には、当該授業が行われる場所以外の場所において当該授業を同時に受ける者に対して公衆送信（自動公衆送信の場合にあっては、送信可能化を含む。）を行うことができる。ただし、当該著作物の種類及び用途並びに当該公衆送信の態様に照らし著作権者の利益を不当に害することとなる場合は、この限りでない。

第36条　（試験問題としての複製）
公表された著作物については、入学試験その他人の学識技能に関する試験又は検定の目的上必要と認められる限度において、当該試験又は検定の問題として複製し、又は公衆送信（放送又は有線放送を除き、自動公衆送信の場合にあっては送信可能化を含む。次項において同じ。）を行うことができる。ただし、当該著作物の種類及び用途並びに当該公衆送信の態様に照らし著作権者の利益を不当に害することとなる場合は、この限りでない。

2　営利を目的として前項の複製又は公衆送信を行う者は、通常の使用料の額に相当する額の補償金を著作権者に支払わなければならない。

第37条　（視覚障害者等のための複製等）
公表された著作物は、点字により複製することができる。

2　公表された著作物については、電子計算機を用いて点字を処理する方式により、記録媒体に記録し、又は公衆送信（放送又は有線放送を除き、自動公衆送信の場合にあっては送信可能化を含む。）を行うことができる。

3　視覚障害者その他視覚による表現の認識に障害のある者（以下この項及び第102条第4項において「視覚障害者等」という。）の福祉に関する事業を行う者で政令で定めるものは、公表された著作物であって、視覚によりその表現が認識される方式（視覚及び他の知覚により認識される方式を含む。）により公衆に提供され、又は提示されているもの（当該著作物以外の著作物で、当該著作物において複製されているものその他当該著作物と一体として公衆に提供され、又は提示されているものを含む。以下この項及び同条第4項において「視覚著作物」という。）について、専ら視覚障害者等で当該方式によっては当該視覚著作物を利用することが困難な者の用に供するために必要と認められる限度において、当該視覚著作物に係る文字を音声にすることその他当該視覚障害者等が利用するために必要な方式により、複製し、又は自動公衆送信（送信可能化を含む。）を行うことができる。ただし、当該視覚著作物について、著作権者又はその許諾を得た者若しくは第79条の出版権の設定を受けた者に若しくはその複製許諾若しくは公衆送信許諾を得た者により、当該方式による公衆への提供又は提示が行われている場合は、この限りでない。

第37条の2　（聴覚障害者等のための複製等）

聴覚障害者その他聴覚による表現の認識に障害のある者（以下この条及び次条第5項において「聴覚障害者等」という。）の福祉に関する事業を行う者で次の各号に掲げる利用の区分に応じて政令で定めるものは、公表された著作物であって、聴覚によりその表現が認識される方式（聴覚及び他の知覚により認識される方式を含む。）により公衆に提供され、又は提示されているもの（当該著作物以外の著作物で、当該著作物において複製されているものその他当該著作物と一体として公衆に提供され、又は提示されているものを含む。以下この条において「聴覚著作物」という。）について、専ら聴覚障害者等で当該方式によっては当該聴覚著作物を利用することが困難な者の用に供するために必要と認められる限度において、それぞれ当該各号に掲げる利用を行うことができる。ただし、当該聴覚著作物について、著作権者又はその許諾を得た者若しくは第79条の出版権の設定を受けた者若しくはその複製許諾若しくは公衆送信許諾を得た者により、当該聴覚障害者等が利用するために必要な方式による公衆への提供又は提示が行われている場合は、この限りでない。

一　当該聴覚著作物に係る音声について、これを文字にすることその他当該聴覚障害者等が利用するために必要な方式により、複製し、又は自動公衆送信（送信可能化を含む。）を行うこと

二　専ら当該聴覚障害者等向けの貸出しの用に供するため、複製すること（当該聴覚著作物に係る音声を文字にすることその他当該聴覚障害者等が利用するために必要な方式による当該音声の複製を併せて行うものに限る。）。

第38条　（営利を目的としない上演等）

公表された著作物は、営利を目的とせず、かつ、聴衆又は観衆から料金（いずれの名義をもってするかを問わず、著作物の提供又は提示につき受ける対価をいう。以下この条において同じ。）を受けない場合には、公に上演し、演奏し、上映し、又は口述することができる。ただし、当該上演、演奏、上映又は口述について実演家又は口述を行う者に対し報酬が支払われる場合は、この限りでない。

2　放送される著作物は、営利を目的とせず、かつ、聴衆又は観衆から料金を受けない場合には、有線放送し、又は専ら当該放送に係る放送対象地域において受信されることを目的として自動公衆送信（送信可能化のうち、公衆の用に供されている電気通信回線に接続している自動公衆送信装置に情報を入力することによるものを含む。）を行うことができる。

3　放送され、又は有線放送される著作物（放送される著作物が自動公衆送信される場合の当該著作物を含む。）は、営利を目的とせず、かつ、聴衆又は観衆から料金を受けない場合には、受信装置を用いて公に伝達することができる。通常の家庭用受信装置を用いてする場合も、同様とする。

4　公表された著作物（映画の著作物を除く。）は、営利を目的とせず、かつ、その複製物の貸与を受ける者から料金を受けない場合には、その複製物（映画の著作物において複製されている著作物にあっては、当該映画の著作物の複製物を除く。）の貸与により公衆に提供することができる。

5　映画フィルムその他の視聴覚資料を公衆の利用に供することを目的とする視聴覚教育施設その他の施設（営利を目的として設置されているものを除く。）で政令で定めるもの及び聴覚障害者等の福祉に関する事業を行う者で前条の政令で定めるもの（同条第二号に係るものに限り、営利を目的として当該事業を行うものを除く。）は、公表された映画の著作物を、その複製物の貸与を受ける者から料金を受けない場合には、その複製物の貸与により頒布することができる。この場合において、当該頒布を行う者は、当該映画の著作物又は当該映画の著作物において複製されている著作物につき第26条に規定する権利を有する者（第28条の規定により第26条に規定する権利と同一の権利を有する者を含む。）に相当な額の補償金を支払わなければならない。

第39条　（時事問題に関する論説の転載等）

新聞紙又は雑誌に掲載して発行された政治上、経済上又は社会上の時事問題に関する論説（学術的な性質を有するものを除く。）は、他の新聞紙若しくは雑誌に転載し、又は放送し、若しくは有線放送し、若しくは当該放送を受信して同時に専ら当該放送に係る放送対象地域において受信されることを目的として自動公衆送信（送信可能化のうち、公衆の用に供されている電気通信回線に接続している自動公衆送信装置に情報を入力することによるものを含む。）を行うことができる。ただし、これらの利用を禁止する旨の表示がある場合は、この限りでない。

2　前項の規定により放送され、若しくは有線放送され、又は自動公衆送信される論説は、受信装置を用いて公に伝達することができる。

第40条　（政治上の演説等の利用）

公開して行われた政治上の演説又は陳述及び裁判手続（行政庁の行う審判その他裁判に準ずる手続きを含む。第42条第1項において同じ。）における公開の陳述は、同一の著作者のものを編集して利用する場合を除き、いずれの方法によるかを問わず、利用することができる。

2　国若しくは地方公共団体の機関、独立行政法人又は地方独立行政法人において行われた公開の演説又は陳述は、前項の規定によるものを除き、報道の目的上正当と認められる場合には、新聞紙若しくは雑誌に掲載し、又は放送し、若しくは有線放送し、若しくは当該放送を受信して同時に専ら当該放送に係る放送対象地域において受信されることを目的として自動公衆送信（送信可能化のうち、公衆の用に供されている電気通信回線に接続している自動公衆送信装置に情報を入力することによるものを含む。）を行うことができる。

3　前項の規定により放送され、若しくは有線放送され、

又は自動公衆送信される演説又は陳述は、受信装置を用いて公に伝達することができる。

第41条 （時事の事件の報道のための利用）
写真、映画、放送その他の方法によって時事の事件を報道する場合には、当該事件を構成し、又は当該事件の過程において見られ、若しくは聞かれる著作物は、報道の目的上正当な範囲内において、複製し、及び当該事件の報道に伴って利用することができる。

第42条 （裁判手続等における複製）
著作物は、裁判手続のために必要と認められる場合及び立法又は行政の目的のために内部資料として必要と認められる場合には、その必要と認められる限度において、複製することができる。ただし、当該著作物の種類及び用途並びにその複製の部数及び態様に照らし著作権者の利益を不当に害することとなる場合は、この限りでない。

2 次に掲げる手続のために必要と認められる場合についても、前項と同様とする。

一 行政庁の行う特許、意匠若しくは商標に関する審査、実用新案に関する技術的な評価又は国際出願（特許協力条約に基づく国際出願等に関する法律（昭和53年法律第30号）第2条に規定する国際出願をいう。）に関する国際調査若しくは国際予備審査に関する手続

二 行政庁若しくは独立行政法人の行う薬事（医療機器（薬事法（昭和35年法律第145号）第2条第4項に規定する医療機器をいう。以下この号において同じ。）に関する事項を含む。以下この号において同じ。）に関する審査若しくは調査又は行政庁若しくは独立行政法人に対する薬事に関する報告に関する手続

第42条の2 （行政機関情報公開法等による開示のための利用）
行政機関の長、独立行政法人等、地方公共団体の機関又は、地方独立行政法人は、行政機関情報公開法、独立行政法人等情報公開法又は情報公開条例の規定により著作物を公衆に提供し、又は提示することを目的とする場合には、それぞれ行政機関情報公開法第14条第1項（同項の規定に基づく政令の規定を含む。）に規定する方法、独立行政法人等情報公開法第15条第1項に規定する方法（同項の規定に基づき当該独立行政法人等が定める方法（行政機関情報公開法第14条第1項の規定に基づく政令で定める方法以外のものを除く。）を含む。）又は情報公開条例で定める方法（行政機関情報公開法第14条第1項（同項の規定に基づく政令の規定を含む。）に規定する方法以外のものを除く。）により開示するために必要と認められる限度において、当該著作物を利用することができる。

第42条の3 （公文書管理法等による保存等のための利用）
国立公文書館等の長又は地方公文書館等の長は、公文書管理法第15条第1項の規定又は公文書管理条例の規定（同項の規定に相当する規定に限る。）により歴史公文書等を保存することを目的とする場合には、必要と認められる限度において、当該歴史公文書等に係る著作物を複製することができる。

2 国立公文書館等の長又は地方公文書館等の長は、公文書管理法第16条第1項の規定又は公文書管理条例の規定（同項の規定に相当する規定に限る。）により著作物を公衆に提供し、又は提示することを目的とする場合には、それぞれ公文書管理法第19条（同条の規定に基づく政令の規定を含む。以下この項において同じ。）に規定する方法又は公文書管理条例で定める方法（同条に規定する方法以外のものを除く。）により利用をさせるために必要と認められる限度において、当該著作物を利用することができる。

第42条の4 （国立国会図書館法によるインターネット資料の収集のための複製）
国立国会図書館の館長は、国立国会図書館法（昭和23年法律第5号）第25条の3第1項の規定により同項に規定するインターネット資料（以下この条において「インターネット資料」という。）を収集するために必要と認められる限度において、当該インターネット資料に係る著作物を国立国会図書館の使用に係る記録媒体に記録することができる。

2 国立国会図書館法第24条及び第24条の2に規定する者は、同法第25条の3第3項の求めに応じインターネット資料を提供するために必要と認められる限度において、当該インターネット資料に係る著作物を複製することができる。

第43条 （翻訳、翻案等による利用）
次の各号に掲げる規定により著作物を利用することができる場合には、当該各号に掲げる方法により、当該著作物を当該各号に掲げる規定に従って利用することができる。

一 第30条第1項、第33条第1項（同条第4項において準用する場合を含む。）、第34条第1項又は第35条 翻訳、編曲、変形又は翻案

二 第31条第1項第一号若しくは第3項後段、第32条、第36条、第37条第1項若しくは第2項、第39条第1項、第40条第2項、第41条又は第42条 翻訳

三 第33条の2第1項 変形又は翻案

四 第37条第3項 翻訳、変形又は翻案

五 第37条の2 翻訳又は翻案

第44条 （放送事業者等による一時的固定）
放送事業者は、第23条第1項に規定する権利を害することなく放送することができる著作物を、自己の放送のために、自己の手段又は当該著作物を同じく放送することができる他の放送事業者の手段により、一時的に録音し、又は録画することができる。

2 有線放送事業者は、第23条第1項に規定する権利を害することなく有線放送することができる著作物を、自己の有線放送（放送を受信して行うものを除く。）のた

めに、自己の手段により、一時的に録音し、又は録画することができる。

3　前二項の規定により作成された録音物又は録画物は、録音又は録画の後6月（その期間内に当該録音物又は録画物を用いてする放送又は有線放送があったときは、その放送又は有線放送の後6月）を超えて保存することができない。ただし、政令で定めるところにより公的な記録保存所において保存する場合は、この限りでない。

第45条　（美術の著作物等の原作品の所有者による展示）
美術の著作物若しくは写真の著作物の原作品の所有者又はその同意を得た者は、これらの著作物をその原作品により公に展示することができる。

2　前項の規定は、美術の著作物の原作品を街路、公園その他一般公衆に開放されている屋外の場所又は建造物の外壁その他一般公衆の見やすい屋外の場所に恒常的に設置する場合には、適用しない。

第46条　（公開の美術の著作物等の利用）
美術の著作物でその原作品が前条第2項に規定する屋外の場所に恒常的に設置されているもの又は建築の著作物は、次に掲げる場合を除き、いずれの方法によるかを問わず、利用することができる。

一　彫刻を増製し、又はその増製物の譲渡により公衆に提供する場合
二　建築の著作物を建築により複製し、又はその複製物の譲渡により公衆に提供する場合
三　前条第2項に規定する屋外の場所に恒常的に設置するために複製する場合
四　専ら美術の著作物の複製物の販売を目的として複製し、又はその複製物を販売する場合

第47条　（美術の著作物等の展示に伴う複製）
美術の著作物又は写真の著作物の原作品により、第25条に規定する権利を害することなく、これらの著作物を公に展示する者は、観覧者のためにこれらの著作物の解説又は紹介をすることを目的とする小冊子にこれらの著作物を掲載することができる。

第47条の2　（美術の著作物等の譲渡等の申出に伴う複製等）
美術の著作物又は写真の著作物の原作品又は複製物の所有者その他のこれらの譲渡又は貸与の権原を有する者が、第26条の2第1項又は第26条の3に規定する権利を害することなく、その原作品又は複製物を譲渡し、又は貸与しようとする場合には、当該権原を有する者又はその委託を受けた者は、その申出の用に供するため、これらの著作物について、複製又は公衆送信（自動公衆送信の場合にあっては、送信可能化を含む。）（当該複製により作成される複製物を用いて行うこれらの著作物の複製又は当該公衆送信を受信して行うこれらの著作物の複製を防止し、又は抑止するための措置その他の著作権者の利益を不当に害しない

ための措置として政令で定める措置を講じて行うものに限る。）を行うことができる。

第47条の3　（プログラムの著作物の複製物の所有者による複製等）
プログラムの著作物の複製物の所有者は、自ら当該著作物を電子計算機において利用するために必要と認められる限度において、当該著作物の複製又は翻案（これにより創作した二次的著作物の複製を含む。）をすることができる。ただし、当該利用に係る複製物の使用につき、第113条第2項の規定が適用される場合は、この限りでない。

2　前項の複製物の所有者が当該複製物（同項の規定により作成された複製物を含む。）のいずれかについて滅失以外の事由により所有権を有しなくなった後には、その者は、当該著作権者の別段の意思表示がない限り、その他の複製物を保存してはならない。

第47条の4　（保守、修理等のための一時的複製）
記録媒体内蔵複製機器（複製の機能を有する機器であって、その複製を機器に内蔵する記録媒体（以下この条において「内蔵記録媒体」という。）に記録して行うものをいう。次項において同じ。）の保守又は修理を行う場合には、その内蔵記録媒体に記録されている著作物は、必要と認められる限度において、当該内蔵記録媒体以外の記録媒体に一時的に記録し、及び当該保守又は修理の後に、当該内蔵記録媒体に記録することができる。

2　記録媒体内蔵複製機器に製造上の欠陥又は販売に至るまでの過程において生じた故障があるためこれを同種の機器と交換する場合には、その内蔵記録媒体に記録されている著作物は、必要と認められる限度において、当該内蔵記録媒体以外の記録媒体に一時的に記録し、及び当該同種の機器の内蔵記録媒体に記録することができる。

3　前二項の規定により内蔵記録媒体以外の記録媒体に著作物を記録した者は、これらの規定による保守若しくは修理又は交換の後には、当該記録媒体に記録された当該著作物の複製物を保存してはならない。

第47条の5　（送信の障害の防止等のための複製）
自動公衆送信装置等（自動公衆送信装置及び特定送信装置（電気通信回線に接続することにより、その記録媒体のうち特定送信（自動公衆送信以外の無線通信又は有線電気通信の送信で政令で定めるものをいう。以下この項において同じ。）の用に供する部分（第一号において「特定送信用記録媒体」という。）に記録され、又は当該装置に入力される情報の特定送信をする機能を有する装置をいう。）をいう。以下この条において同じ。）を他人の自動公衆送信等（自動公衆送信及び特定送信をいう。以下この条において同じ。）の用に供することを業として行う者は、次の各号に掲げる目的上必要と認められる限度において、当該自動公衆送信装置等により送信可能化等（送信可能化及び特定送信をし得るようにするための行為で政令で定めるものをいう。以下この条において同じ。）がされた著作物を、

当該各号に定める記録媒体に記録することができる。
一　自動公衆送信等の求めが当該自動公衆送信装置等に集中することによる送信の遅滞又は当該自動公衆送信装置等の故障による送信の障害を防止すること　当該送信可能化等に係る公衆送信用記録媒体等（公衆送信用記録媒体及び特定送信用記録媒体をいう。次号において同じ。）以外の記録媒体であって、当該送信可能化等に係る自動公衆送信等の用に供するためのもの
二　当該送信可能化等に係る公衆送信用記録媒体等に記録された当該著作物の複製物が滅失し、又は毀損した場合の復旧の用に供すること　当該公衆送信用記録媒体等以外の記録媒体（公衆送信用記録媒体等であるものを除く。）
２　自動公衆送信装置等を他人の自動公衆送信等の用に供することを業として行う者は、送信可能化等がされた著作物（当該自動公衆送信装置等により送信可能化等がされたものを除く。）の自動公衆送信等を中継するための送信を行う場合には、当該送信後に行われる当該著作物の自動公衆送信等を中継するための送信を効率的に行うために必要と認められる限度において、当該著作物を当該自動公衆送信装置等の記録媒体のうち当該送信の用に供する部分に記録することができる。
３　次の各号に掲げる者は、当該各号に定めるときは、その後は、当該各号に規定する規定の適用を受けて作成された著作物の複製物を保存してはならない。
一　第１項（第一号に係る部分に限る。）又は前項の規定により著作物を記録媒体に記録した者　これらの規定に定める目的のため当該複製物を保存する必要がなくなったと認められるとき、又は当該著作物に係る送信可能化等が著作権を侵害するものであること（国外で行われた送信可能化等にあっては、国内で行われたとしたならば著作権の侵害となるべきものであること）を知ったとき。
二　第１項（第二号に係る部分に限る。）の規定により著作物を記録媒体に記録した者　同号に掲げる目的のため当該複製物を保存する必要がなくなったと認められるとき。

第４７条の６　（送信可能化された情報の送信元識別符号の検索等のための複製等）
公衆からの求めに応じ、送信可能化された情報に係る送信元識別符号（自動公衆送信の送信元を識別するための文字、番号、記号その他の符号をいう。以下この条において同じ。）を検索し、及びその結果を提供することを業として行う者（当該事業の一部を行う者を含み、送信可能化された情報の収集、整理及び提供を政令で定める基準に従って行う者に限る。）は、当該検索及びその結果の提供を行うために必要と認められる限度において、送信可能化された著作物（当該著作物に係る自動公衆送信について受信者を識別するための情報の入力を求めることその他の受信を制限するための手段が講じられている場合にあっては、当該自動公衆送信の受信について当該手段を講じた者の承諾を得たものに限る。）について、記録媒体への記録又は翻案（これにより創作した二次的著作物の記録を含む。）を行い、及び公衆からの求めに応じ、当該求めに関する送信可能化された情報に係る送信元識別符号の提供と併せて、当該記録媒体に記録された当該著作物の複製物（当該著作物に係る当該二次的著作物の複製物を含む。以下この条において「検索結果提供用記録」という。）のうち当該送信元識別符号に係るものを用いて自動公衆送信（送信可能化を含む。）を行うことができる。ただし、当該検索結果提供用記録に係る著作物に係る送信可能化が著作権を侵害するものであること（国外で行われた送信可能化にあっては、国内で行われたとしたならば著作権の侵害となるべきものであること）を知ったときは、その後は、当該検索結果提供用記録を用いた自動公衆送信（送信可能化を含む。）を行ってはならない。

第４７条の７　（情報解析のための複製等）
著作物は、電子計算機による情報解析（多数の著作物その他の大量の情報から、当該情報を構成する言語、音、影像その他の要素に係る情報を抽出し、比較、分類その他の統計的な解析を行うことをいう。以下この条において同じ。）を行うことを目的とする場合には、必要と認められる限度において、記録媒体への記録又は翻案（これにより創作した二次的著作物の記録を含む。）を行うことができる。ただし、情報解析を行う者の用に供するために作成されたデータベースの著作物については、この限りでない。

第４７条の８　（電子計算機における著作物の利用に伴う複製）
電子計算機において、著作物を当該著作物の複製物を用いて利用する場合又は無線通信若しくは有線電気通信の送信がされる著作物を当該送信を受信して利用する場合（これらの利用又は当該複製物の使用が著作権を侵害しない場合に限る。）には、当該著作物は、これらの利用のための当該電子計算機による情報処理の過程において、当該情報処理を円滑かつ効率的に行うために必要と認められる限度で、当該電子計算機の記録媒体に記録することができる。

第４７条の９　（情報通信技術を利用した情報提供の準備に必要な情報処理のための利用）
著作物は、情報通信の技術を利用する方法により情報を提供する場合であって、当該提供を円滑かつ効率的に行うための準備に必要な電子計算機による情報処理を行うときは、その必要と認められる限度において、記録媒体への記録又は翻案（これにより創作した二次的著作物の記録を含む。）を行うことができる。

第４７条の１０　（複製権の制限により作成された複製物の譲渡）
第31条第１項（第一号に係る部分に限る。以下この条において同じ。）、若しくは第３項後段、第32条、第33条第１項（同条第４項において準用する場合を含む。）、第33条の２第１項若しくは第４項、第34条第１項、第35条第

1項、第36条第1項、第37条、第37条の2（第二号を除く。以下この条において同じ。）、第39条第1項、第40条第1項若しくは第2項、第41条から第42条の2まで、第42条の3第2項又は第46条から第47条の2までの規定により複製することができる著作物は、これらの規定の適用を受けて作成された複製物（第31条第1項若しくは第3項後段、第35条第1項、第36条第1項又は第42条の規定に係る場合にあっては、映画の著作物の複製物（映画の著作物において複製されている著作物にあっては、当該映画の著作物の複製物を含む。以下この条において同じ。）を除く。）の譲渡により公衆に提供することができる。ただし、第31条第1項若しくは第3項後段、第33条の2第1項若しくは第4項、第35条第1項、第37条第3項、第37条の2、第41条から第42条の2まで、第42条の3第2項又は第47条の2の規定の適用を受けて作成された著作物の複製物（第31条第一項若しくは第3項後段、第35条第1項又は第42条の規定に係る場合にあっては、映画の著作物の複製物を除く。）を、第31条第1項若しくは第3項後段、第33条の2第1項若しくは第4項、第35条第1項、第37条第3項、第37条の2、第41条から第42条の2まで、第42条の3第2項又は第47条の2に定める目的以外の目的のために公衆に譲渡する場合は、この限りでない。

第48条 （出所の明示）
次の各号に掲げる場合には、当該各号に規定する著作物の出所を、その複製又は利用の態様に応じ合理的と認められる方法及び程度により、明示しなければならない。
一 第32条、第33条第1項（同条第4項において準用する場合を含む。）、第33条の2第1項、第37条第1項、第42条又は第47条の規定により著作物を複製する場合
二 第34条第1項、第37条第3項、第37条の2、第39条第1項、第40条第1項若しくは第2項又は第47条の2の規定により著作物を利用する場合
三 第32条の規定により著作物を複製以外の方法により利用する場合又は第35条、第36条第1項、第38条第1項、第41条若しくは第46条の規定により著作物を利用する場合において、その出所を明示する慣行があるとき
2 前項の出所の明示に当たっては、これに伴い著作者名が明らかになる場合及び当該著作物が無名のものである場合を除き当該著作物につき表示されている著作者名を示さなければならない。
3 第43条の規定により著作物を翻訳し、編曲し、変形し、又は翻案して利用する場合には、前二項の規定の例により、その著作物の出所を明示しなければならない。

第49条 （複製物の目的外使用等）
次に掲げる者は、第21条の複製を行ったものとみなす。
一 第30条第1項、第30条の3、第31条第1項第一号若しくは第3項後段、第33条の2第1項若しくは第4項、第35条第1項、第37条第3項、第37条の2本文（同条第二号に係る場合にあっては、同号。次項第一号において同じ。）、第41条から第42条の3まで、第42条の4第2項、第44条第1項若しくは第2項、第47条の2又は第47条の6に定める目的以外の目的のために、これらの規定の適用を受けて作成された著作物の複製物（次項第四号の複製物に該当するものを除く。）を頒布し、又は当該複製物によって当該著作物を公衆に提示した者
二 第44条第3項の規定に違反して同項の録音物又は録画物を保存した放送事業者又は有線放送事業者
三 第47条の3第1項の規定の適用を受けて作成された著作物の複製物（次項第二号の複製物に該当するものを除く。）若しくは第47条の4第1項若しくは第2項の規定の適用を受けて同条第1項若しくは第2項に規定する内蔵記録媒体以外の記録媒体に一時的に記録された著作物の複製物を頒布し、又はこれらの複製物によってこれらの著作物を公衆に提示した者
四 第47条の3第2項、第47条の4第3項又は第47条の5第3項の規定に違反してこれらの規定の複製物（次項第二号の複製物に該当するものを除く。）を保存した者
五 第30条の4、第47条の5第1項若しくは第2項、第47条の7又は第47条の9に定める目的以外の目的のために、これらの規定の適用を受けて作成された著作物の複製物（次項第六号の複製物に該当するものを除く。）を用いて当該著作物を利用した者
六 第47条の6ただし書の規定に違反して、同条本文の規定の適用を受けて作成された著作物の複製物（次項第五号の複製物に該当するものを除く。）を用いて当該著作物の自動公衆送信（送信可能化を含む。）を行った者
七 第47条の8の規定の適用を受けて作成された著作物の複製物を、当該著作物の同条に規定する複製物の使用に代えて使用し、又は当該著作物に係る同条に規定する送信の受信（当該送信が受信者からの求めに応じ自動的に行われるものである場合にあっては、当該送信の受信又はこれに準ずるものとして政令で定める行為）をしないで使用して、当該著作物を利用した者

2 次に掲げる者は、当該二次的著作物の原著作物につき第27条の翻訳、編曲、変形又は翻案を行ったものとみなす。
一 第30条第1項、第31条第1項第一号若しくは第3項後段、第33条の2第1項、第35条第1項、第37条第3項、第37条の2本文、第41条又は第42条に定める目的以外の目的のために、第43条の規定の適用を受けて同条各号に掲げるこれらの規定に従い作成された二次的著作物の複製物を頒布し、又は当該複製物によって当該二次的著作物を公衆に提示した者
二 第47条の3第1項の規定の適用を受けて作成された二次的著作物の複製物を頒布し、又は当該複製物によって当該二次的著作物を公衆に提示した者
三 第47条の3第2項の規定に違反して前号の複製物を保存した者
四 第30条の3又は第47条の6に定める目的以外の目的

のために、これらの規定の適用を受けて作成された二次的著作物の複製物を頒布し、又は当該複製物によって当該二次的著作物を公衆に提示した者

五　第47条の6ただし書の規定に違反して、同条本文の規定の適用を受けて作成された二次的著作物の複製物を用いて当該二次的著作物の自動公衆送信（送信可能化を含む。）を行った者

六　第30条の4、第47条の7又は第47条の9に定める目的以外の目的のために、これらの規定の適用を受けて作成された二次的著作物の複製物を用いて当該二次的著作物を利用した者

第50条　（著作者人格権との関係）

この款の規定は、著作者人格権に影響を及ぼすものと解釈してはならない。

第4節　保護期間

第51条　（保護期間の原則）

著作権の存続期間は、著作物の創作の時に始まる。

2　著作権は、この節に別段の定めがある場合を除き、著作者の死後（共同著作物にあっては、最終に死亡した著作者の死後。次条第1項において同じ。）50年を経過するまでの間、存続する。

第52条　（無名又は変名の著作物の保護期間）

無名又は変名の著作物の著作権は、その著作物の公表後50年を経過するまでの間、存続する。ただし、その存続期間の満了前にその著作者の死後50年を経過していると認められる無名又は変名の著作物の著作権は、その著作者の死後50年を経過したと認められる時において、消滅したものとする。

2　前項の規定は、次の各号のいずれかに該当するときは、適用しない。

一　変名の著作物における著作者の変名がその者のものとして周知のものであるとき。

二　前項の期間内に第75条第1項の実名の登録があったとき。

三　著作者が前項の期間内にその実名又は周知の変名を著作者名として表示してその著作物を公表したとき。

第53条　（団体名義の著作物の保護期間）

法人その他の団体が著作の名義を有する著作物の著作権は、その著作物の公表後50年（その著作物がその創作後50年以内に公表されなかったときは、その創作後50年）を経過するまでの間、存続する。

2　前項の規定は、法人その他の団体が著作の名義を有する著作物の著作者である個人が同項の期間内にその実名又は周知の変名を著作者名として表示してその著作物を公表したときは、適用しない。

3　第15条第2項の規定により法人その他の団体が著作者である著作物の著作権の存続期間に関しては、第1項の著作物に該当する著作物以外の著作物についても、当該団体が著作の名義を有するものとみなして同項の規定を適用する。

第54条　（映画の著作物の保護期間）

映画の著作物の著作権は、その著作物の公表後70年（その著作物がその創作後70年以内に公表されなかったときは、その創作後70年）を経過するまでの間、存続する。

2　映画の著作物の著作権がその存続期間の満了により消滅したときは、当該映画の著作物の利用に関するその原著作物の著作権は、当該映画の著作物の著作権とともに消滅したものとする。

3　前二条の規定は、映画の著作物の著作権については、適用しない。

第55条

削除

第56条　（継続的刊行物等の公表の時）

第52条第1項、第53条第1項及び第54条第1項の公表の時は、冊、号又は回を追って公表する著作物については、毎冊、毎号又は毎回の公表の時によるものとし、一部分ずつを逐次公表して完成する著作物については、最終部分の公表の時によるものとする。

2　一部分ずつを逐次公表して完成する著作物については、継続すべき部分が直近の公表の時から3年を経過しても公表されないときは、すでに公表されたもののうちの最終の部分をもって前項の最終部分とみなす。

第57条

第51条第2項、第52条第1項、第53条第1項又は第54条第1項の場合において、著作者の死後50年、著作物の公表後50年若しくは創作後50年又は著作物の公表後70年若しくは創作後70年の期間の終期を計算するときは、著作者が死亡した日又は著作物が公表され若しくは創作された日のそれぞれ属する年の翌年から起算する。

第58条　（保護期間の特例）

文学的及び美術的著作物の保護に関するベルヌ条約により創設された国際同盟の加盟国、著作権に関する世界知的所有権機関条約の締約国又は世界貿易機関の加盟国である外国をそれぞれ文学的及び美術的著作物の保護に関するベルヌ条約、著作権に関する世界知的所有権機関条約又は世界貿易機関を設立するマラケシュ協定の規定に基づいて本国とする著作物（第6条第一号に該当するものを除く。）で、その本国において定められる著作権の存続期間が第51条から第54条までに定める著作権の存続期間より短いものについては、その本国において定められる著作権の存続期間による。

第5節　著作者人格権の一身専属性等

第59条　(著作者人格権の一身専属性)
著作者人格権は、著作者の一身に専属し、譲渡することができない。

第60条　(著作者が存しなくなった後における人格的利益の保護)
著作物を公衆に提供し、又は提示する者は、その著作物の著作者が存しなくなった後においても、著作者が存しているとしたならばその著作者人格権の侵害となるべき行為をしてはならない。ただし、その行為の性質及び程度、社会的事情の変動その他によりその行為が当該著作者の意を害しないと認められる場合は、この限りでない。

第6節　著作権の譲渡及び消滅

第61条　(著作権の譲渡)
著作権は、その全部又は一部を譲渡することができる。
2　著作権を譲渡する契約において、第27条又は第28条に規定する権利が譲渡の目的として特掲されていないときは、これらの権利は、譲渡した者に留保されたものと推定する。

第62条　(相続人の不存在の場合等における著作権の消滅)
著作権は、次に掲げる場合には、消滅する。
一　著作権者が死亡した場合において、その著作権が民法(明治29年法律第89号)第959条(相続財産の国庫への帰属)の規定により国庫に帰属すべきこととなるとき。
二　著作権者である法人が解散した場合において、その著作権が一般社団法人及び一般財団法人に関する法律(平成18年法律第48号)第239条第3項(残余財産の国庫への帰属)その他これに準ずる法律の規定により国庫に帰属すべきこととなるとき。
2　第54条第2項の規定は、映画の著作物の著作権が前項の規定により消滅した場合について準用する。

第7節　権利の行使

第63条　(著作物の利用の許諾)
著作権者は、他人に対し、その著作物の利用を許諾することができる。
2　前項の許諾を得た者は、その許諾に係る利用方法及び条件の範囲内において、その許諾に係る著作物を利用することができる。
3　第1項の許諾に係る著作物を利用する権利は、著作権者の承諾を得ない限り、譲渡することができない。
4　著作物の放送又は有線放送についての第1項の許諾は、契約に別段の定めがない限り、当該著作物の録音又は録画の許諾を含まないものとする。
5　著作物の送信可能化について第1項の許諾を得た者が、その許諾に係る利用方法及び条件(送信可能化の回数又は送信可能化に用いる自動公衆送信装置に係るものを除く。)の範囲内において反復して又は他の自動公衆送信装置を用いて行う当該著作物の送信可能化については、第23条第1項の規定は、適用しない。

第64条　(共同著作物の著作者人格権の行使)
共同著作物の著作者人格権は、著作者全員の合意によらなければ、行使することができない。
2　共同著作物の各著作者は、信義に反して前項の合意の成立を妨げることができない。
3　共同著作物の著作者は、そのうちからその著作者人格権を代表して行使する者を定めることができる。
4　前項の権利を代表して行使する者の代表権に加えられた制限は、善意の第三者に対抗することができない。

第65条　(共有著作権の行使)
共同著作物の著作権その他共有に係る著作権(以下この条において「共有著作権」という。)については、各共有者は、他の共有者の同意を得なければ、その持分を譲渡し、又は質権の目的とすることができない。
2　共有著作権は、その共有者全員の合意によらなければ、行使することができない。
3　前二項の場合において、各共有者は、正当な理由がない限り、第1項の同意を拒み、又は前項の合意の成立を妨げることができない。
4　前条第3項及び第4項の規定は、共有著作権の行使について準用する。

第66条　(質権の目的となった著作権)
著作権は、これを目的として質権を設定した場合においても、設定行為に別段の定めがない限り、著作権者が行使するものとする。
2　著作権を目的とする質権は、当該著作権の譲渡又は当該著作権に係る著作物の利用につき著作権者が受けるべき金銭その他の物(出版権の設定の対価を含む。)に対しても、行なうことができる。ただし、これらの支払又は引渡し前に、これらを受ける権利を差し押えることを必要とする。

第8節　裁定による著作物の利用

第67条　(著作権者不明等の場合における著作物の利用)
公表された著作物又は相当期間にわたり公衆に提供され、若しくは提示されている事実が明らかである著作物は、著作権者の不明その他の理由により相当な努力を払ってもその著作権者と連絡することができない場合として政令で定める場合は、文化庁長官の裁定を受け、かつ、通常の使用料の額に相当するものとして文化庁長官が定める額の補償金を著作権者のために供託して、その裁定に係る利用方法により利用することができる。
2　前項の裁定を受けようとする者は、著作物の利用方法その他政令で定める事項を記載した申請書に、著作権者と連絡することができないことを疎明する資料その他政令で定める資料を添えて、これを文化庁長官に提出しな

ければならない。

3　第1項の規定により作成した著作物の複製物には、同項の裁定に係る複製物である旨及びその裁定のあった年月日を表示しなければならない。

第67条の2　（裁定申請中の著作物の利用）
前条第1項の裁定（以下この条において単に「裁定」という。）の申請をした者は、当該申請に係る著作物の利用方法を勘案して文化庁長官が定める額の担保金を供託した場合には、裁定又は裁定をしない処分を受けるまでの間（裁定又は裁定をしない処分を受けるまでの間に著作権者と連絡をすることができるに至ったときは、当該連絡をすることができるに至った時までの間）、当該申請に係る利用方法と同一の方法により、当該申請に係る著作物を利用することができる。ただし、当該著作物の著作者が当該著作物の出版その他の利用を廃絶しようとしていることが明らかであるときは、この限りでない。

2　前項の規定により作成した著作物の複製物には、同項の規定の適用を受けて作成された複製物である旨及び裁定の申請をした年月日を表示しなければならない。

3　第1項の規定により著作物を利用する者（以下「申請中利用者」という。）が裁定を受けたときは、前条第1項の規定にかかわらず、同項の補償金のうち第1項の規定により供託された担保金の額に相当する額（当該担保金の額が当該補償金の額を超えるときは、当該額）については、同条第1項の規定による供託を要しない。

4　申請中利用者は、裁定をしない処分を受けたとき（当該処分を受けるまでの間に著作権者と連絡をすることができるに至った場合を除く。）は、当該処分を受けた時までの間における第1項の規定による著作物の利用に係る使用料の額に相当するものとして文化庁長官が定める額の補償金を著作権者のために供託しなければならない。この場合において、同項の規定により供託された担保金の額のうち当該補償金の額に相当する額（当該補償金の額が当該担保金の額を超えるときは、当該額）については、当該補償金を供託したものとみなす。

5　申請中利用者は、裁定又は裁定をしない処分を受けるまでの間に著作権者と連絡をすることができるに至ったときは、当該連絡をすることができるに至った時までの間における第1項の規定による著作物の利用に係る使用料の額に相当する額の補償金を著作権者に支払わなければならない。

6　前三項の場合において、著作権者は、前条第1項又は前2項の補償金を受ける権利に関し、第1項の規定により供託された担保金から弁済を受けることができる。

7　第1項の規定により担保金を供託した者は、当該担保金の額が前項の規定により著作権者が弁済を受けることができる額を超えることとなったときは、政令で定めるところにより、その全部又は一部を取り戻すことができる。

第68条　（著作物の放送）

公表された著作物を放送しようとする放送事業者は、その著作権者に対し放送の許諾につき協議を求めたがその協議が成立せず、又はその協議をすることができないときは、文化庁長官の裁定を受け、かつ、通常の使用料の額に相当するものとして文化庁長官が定める額の補償金を著作権者に支払って、その著作物を放送することができる。

2　前項の規定により放送される著作物は、有線放送し、専ら当該放送に係る放送対象地域において受信されることを目的として自動公衆送信（送信可能化のうち、公衆の用に供されている電気通信回線に接続している自動公衆送信装置に情報を入力することによるものを含む。）を行い、又は受信装置を用いて公に伝達することができる。この場合において、当該有線放送、自動公衆送信又は伝達を行う者は、第38条第2項及び第3項の規定の適用がある場合を除き、通常の使用料の額に相当する額の補償金を著作権者に支払わなければならない。

第69条　（商業用レコードへの録音）
商業用レコードが最初に国内において販売され、かつ、その最初の販売の日から3年を経過した場合において、当該商業用レコードに著作権者の許諾を得て録音されている音楽の著作物を録音して他の商業用レコードを製作しようとする者は、その著作権者に対し録音又は譲渡による公衆への提供の許諾につき協議を求めたが、その協議が成立せず、又はその協議をすることができないときは、文化庁長官の裁定を受け、かつ、通常の使用料の額に相当するものとして文化庁長官が定める額の補償金を著作権者に支払って、当該録音又は譲渡による公衆への提供をすることができる。

第70条　（裁定に関する手続及び基準）
第67条第1項、第68条第1項又は前条の裁定を申請する者は、実費を勘案して政令で定める額の手数料を納付しなければならない。

2　前項の規定は、同項の規定により手数料を納付すべき者が国又は独立行政法人のうち業務の内容その他の事情を勘案して政令で定めるもの（第78条第6項及び第107条第2項において「国等」という。）であるときは、適用しない。

3　文化庁長官は、第68条第1項又は前条の裁定の申請があったときは、その旨を当該申請に係る著作権者に通知し、相当の期間を指定して、意見を述べる機会を与えなければならない。

4　文化庁長官は、第67条第1項、第68条第1項又は前条の裁定の申請があった場合において、次の各号のいずれかに該当すると認めるときは、これらの裁定をしてはならない。

一　著作者がその著作物の出版その他の利用を廃絶しようとしていることが明らかであるとき。

二　第68条第1項の裁定の申請に係る著作権者がその著作物の放送の許諾を与えないことについてやむを得ない事情があるとき。

5　文化庁長官は、前項の裁定をしない処分をしようとするとき（第7項の規定により裁定をしない処分をする場合を除く。）は、あらかじめ申請者にその理由を通知し、弁明及び有利な証拠の提出の機会を与えなければならないものとし、当該裁定をしない処分をしたときは、理由を付した書面をもって申請者にその旨を通知しなければならない。

6　文化庁長官は、第67条第1項の裁定をしたときは、その旨を官報で告示するとともに申請者に通知し、第68条第1項又は前条の裁定をしたときは、その旨を当事者に通知しなければならない。

7　文化庁長官は、申請中利用者から第67条第1項の裁定の申請を取り下げる旨の申出があったときは、当該裁定をしない処分をするものとする。

8　前各項に規定するもののほか、この節に定める裁定に関し必要な事項は、政令で定める。

第9節　補償金等

第71条　（文化審議会への諮問）

文化庁長官は、第33条第2項（同条第4項において準用する場合を含む。）、第33条の2第2項、第67条第1項、第67条の2第4項、第68条第1項又は第69条の補償金の額を定める場合には、文化審議会に諮問しなければならない。

第72条　（補償金の額についての訴え）

第67条第1項、第67条の2第4項、第68条第1項又は第69条の規定に基づき定められた補償金の額について不服がある当事者は、これらの規定による裁定（第67条の2第4項に係る場合にあっては、第67条第1項の裁定をしない処分）があったことを知った日から6月以内に、訴えを提起してその額の増減を求めることができる。

2　前項の訴えにおいては、訴えを提起する者が著作物を利用する者であるときは著作権者を、著作権者であるときは著作物を利用する者を、それぞれ被告としなければならない。

第73条　（補償金の額についての審査請求の制限）

第67条第1項、第68条第1項又は第69条の裁定又は裁定をしない処分についての審査請求においては、その裁定又は裁定をしない処分に係る補償金の額についての不服をその裁定についての不服の理由とすることができない。ただし、第67条第1項の裁定又は裁定をしない処分を受けた者が著作権者の不明その他これに準ずる理由により前条第1項の訴えを提起することができない場合は、この限りでない。

第74条　（補償金等の供託）

第33条第2項（同条第4項において準用する場合を含む。）、第33条の2第2項、第68条第1項又は第69条の補償金を支払うべき者は、次に掲げる場合には、その補償金の支払に代えてその補償金を供託しなければならない。

一　著作権者が補償金の受領を拒み、又は補償金を受領することができない場合

二　その者が過失がなくて著作権者を確知することができない場合

三　その者がその補償金の額について第72条第1項の訴えを提起した場合

四　当該著作権を目的とする質権が設定されている場合（当該質権を有する者の承諾を得た場合を除く。）

2　前項第三号の場合において、著作権者の請求があるときは、当該補償金を支払うべき者は、自己の見積金額を支払い、裁定に係る補償金の額との差額を供託しなければならない。

3　第67条第1項、第67条の2第4項若しくは前二項の規定による補償金の供託又は同条第1項の規定による担保金の供託は、著作権者が国内に住所又は居所で知れているものを有する場合にあっては当該住所又は居所の最寄りの供託所に、その他の場合にあっては供託する者の住所又は居所の最寄りの供託所に、それぞれするものとする。

4　前項の供託をした者は、すみやかにその旨を著作権者に通知しなければならない。ただし、著作権者の不明その他の理由により著作権者に通知することができない場合は、この限りでない。

第10節　登録

第75条　（実名の登録）

無名又は変名で公表された著作物の著作者は、現にその著作権を有するかどうかにかかわらず、その著作物についてその実名の登録を受けることができる。

2　著作者は、その遺言で指定する者により、死後において前項の登録を受けることができる。

3　実名の登録がされている者は、当該登録に係る著作物の著作者と推定する。

第76条　（第一発行年月日等の登録）

著作権者又は無名若しくは変名の著作物の発行者は、その著作物について第一発行年月日の登録又は第一公表年月日の登録を受けることができる。

2　第一発行年月日の登録又は第一公表年月日の登録がされている著作物については、これらの登録に係る年月日において最初の発行又は最初の公表があったものと推定する。

第76条の2　（創作年月日の登録）

プログラムの著作物の著作者は、その著作物について創作年月日の登録を受けることができる。ただし、その著作物の創作後6月を経過した場合は、この限りでない。

2　前項の登録がされている著作物については、その登録に係る年月日において創作があったものと推定する。

第77条　（著作権の登録）
次に掲げる事項は、登録しなければ、第三者に対抗することができない。
一　著作権の移転（相続その他の一般承継によるものを除く。次号において同じ。）若しくは信託による変更又は処分の制限
二　著作権を目的とする質権の設定、移転、変更若しくは消滅（混合又は著作権若しくは担保する債権の消滅によるものを除く。）又は処分の制限

第78条　（登録手続等）
第75条第1項、第76条第1項、第76条の2第1項又は前条の登録は、文化庁長官が著作権登録原簿に記載し、又は記録して行う。
2　著作権登録原簿は、政令で定めるところにより、その全部又は一部を磁気ディスク（これに準ずる方法により一定の事項を確実に記録しておくことができる物を含む。第4項において同じ。）をもつて調製することができる。
3　文化庁長官は、第75条第1項の登録を行つたときは、その旨を官報で告示する。
4　何人も、文化庁長官に対し、著作権登録原簿の謄本若しくは抄本若しくはその附属書類の写しの交付、著作権登録原簿若しくはその附属書類の閲覧又は著作権登録原簿のうち磁気ディスクをもつて調製した部分に記録されている事項を記載した書類の交付を請求することができる。
5　前項の請求をする者は、実費を勘案して政令で定める額の手数料を納付しなければならない。
6　前項の規定は、同項の規定により手数料を納付すべき者が国等であるときは、適用しない。
7　第1項に規定する登録に関する処分については、行政手続法（平成5年法律第88号）第2章及び第3章の規定は、適用しない。
8　著作権登録原簿及びその附属書類については、行政機関情報公開法の規定は、適用しない。
9　著作権登録原簿及びその附属書類に記録されている保有個人情報（行政機関の保有する個人情報の保護に関する法律（平成15年法律第58号）第2条第5項に規定する保有個人情報をいう。）については、同法第4章の規定は、通用しない。
10　この節に規定するもののほか、第1項に規定する登録に関し必要な事項は、政令で定める。

第78条の2　（プログラムの著作物の登録に関する特例）
プログラムの著作物に係る登録については、この節の規定によるほか、別に法律で定めるところによる。

第3章　出版権

第79条　（出版権の設定）
第21条又は第23条に第1項に規定する権利を有する者（以下この章において「複製権等保有者」という。）は、その著作物について文書若しくは図画として出版すること（電子計算機を用いてその映像面に文書又は図画として表示されるようにする方式により記録媒体に記録し、当該記録媒体に記録された当該著作物の複製物により頒布することを含む。次条第2項及び第81条第一号において「出版行為」という。）又は当該方式により記録媒体に記録された当該著作物の複製物を用いて公衆送信（放送又は有線放送を除き、自動公衆送信の場合にあつては送信可能化を含む。以下この章において同じ。）を行うこと（次条第2項及び第81条第二号において「公衆送信行為」という。）を引き受ける者に対し、出版権を設定することができる。
2　複製権等保有者は、その複製権又は公衆送信権を目的とする質権が設定されているときは、当該質権を有する者の承諾を得た場合に限り、出版権を設定することができるものとする。

第80条　（出版権の内容）
出版権者は、設定行為で定めるところにより、その出版権の目的である著作物について、次に掲げる権利の全部又は一部を専有する。
一　頒布の目的をもつて、原作のまま印刷その他の機械的又は化学的方法により文書又は図画として複製する権利（原作のまま前条第1項に規定する方式により記録媒体に記録された電磁的記録として複製する権利を含む。）
二　原作のまま前条第一項に規定する方式により記録媒体に記録された当該著作物の複製物を用いて公衆送信を行う権利
2　出版権の存続期間中に当該著作物の著作者が死亡したとき、又は、設定行為に別段の定めがある場合を除き、出版権の設定後最初の出版行為又は公衆送信行為（第83条第2項及び第84条第3項において「出版行為等」という。）があつた日から3年を経過したときは、複製権等保有者は、前項の規定にかかわらず、当該著作物について、全集その他の編集物（その著作者の著作物のみを編集したものに限る。）に収録して複製し、又は公衆送信を行うことができる。
3　出版権者は、複製権等保有者の承諾を得た場合に限り、他人に対し、その出版権の目的である著作物の複製又は公衆送信を許諾することができる。
4　第63条第2項、第3項及び第5項の規定は、前項の場合について準用する。この場合において、同条第3項中「著作権者」とあるのは「第79条第1項の複製権等保有者及び出版権者」と、同条第5項中「第23条第1項」とあるのは「第80条第1項（第2号に係る部分に限る。）」と読み替えるものとする。

第81条　（出版の義務）
出版権者は、次の各号に掲げる区分に応じ、その出版権の目的である著作物につき当該各号に定める義務を負う。ただし、設定行為に別段の定めがある場合は、この限りでない。

一　前条第1項第一号に掲げる権利に係る出版権者（次条において「第一号出版権者」という。）次に掲げる義務
　　イ　複製権等保有者からその著作物を複製するために必要な原稿その他の原品若しくはこれに相当する物の引渡し又はその著作物に係る電磁的記録の提供を受けた日から6月以内に当該著作物について出版行為を行う義務
　　ロ　当該著作物について慣行に従い継続して出版行為を行う義務
二　前条第1項第二号に掲げる権利に係る出版権者（次条第1項第二号において「第二号出版権者」という。）次に掲げる義務
　　イ　複製権等保有者からその著作物について公衆送信を行うために必要な原稿その他の原品若しくはこれに相当する物の引渡し又はその著作物に係る電磁的記録の提供を受けた日から6月以内に当該著作物について公衆送信行為を行う義務
　　ロ　当該著作物について慣行に従い継続して公衆送信行為を行う義務

第82条　（著作物の修正増減）
著作者は、次に掲げる場合には、正当な範囲内において、その著作物に修正又は増減を加えることができる。
一　その著作物を第一号出版権者が改めて複製する場合
二　その著作物について第二号出版権者が公衆送信を行う場合
2　第一号出版権者は、その出版権の目的である著作物を改めて複製しようとするときは、その都度、あらかじめ著作者にその旨を通知しなければならない。

第83条　（出版権の存続期間）
出版権の存続期間は、設定行為で定めるところによる。
2　出版権は、その存続期間につき設定行為に定めがないときは、その設定後最初の出版行為等があった日から3年を経過した日において消滅する。

第84条　（出版権の消滅の請求）
出版権者が第81条第一号（イに係る部分に限る。）又は第二号（イに係る部分に限る。）の義務に違反したときは、複製権等保有者は、出版権者に通知してそれぞれ第80条第1項第1号又は第二号に掲げる権利に係る出版権を消滅させることができる。
2　出版権者が第81条第一号（ロに係る部分に限る。）又は第二号（ロに係る部分に限る。）の義務に違反した場合において、複製権等保有者が3月以上の期間を定めてその履行を催告したにもかかわらず、その期間内にその履行がされないときは、複製権等保有者は、出版権者に通知してそれぞれ第81条第1項第一号又は第二号に掲げる権利に係る出版権を消滅させることができる。
3　複製権等保有者である著作者は、その著作物の内容が自己の確信に適合しなくなったときは、その著作物の出版行為等を廃絶するために、出版権者に通知してその出版権を消滅させることができる。ただし、当該廃絶により出版権者に通常生ずべき損害をあらかじめ賠償しない場合は、この限りでない。

第85条
削除

第86条　（出版権の制限）
第30条第1項（第三号を除く。次項において同じ。）、第30条の2第2項、第30条の3、第31条第1項及び第3項後段、第32条、第33条第1項（同条第4項において準用する場合を含む。）、第33条の2第1項及び第4項、第34条第1項、第35条第1項、第36条第1項、第37条、第37条の2、第39条第1項、第40条第1項及び第2項、第41条から第42条の2まで、第42条の3第2項並びに第46条から第47条の2までの規定は、出版権の目的となっている著作物の複製について準用する。この場合において、第30条の2第2項、第30条の3、第35条第1項、第42条第1項及び第47条の2中「著作権者」とあるのは、「出版権者」と読み替えるものとする。
2　前項において準用する第30条第1項、第30条の3、第31条第1項第一号若しくは第3項後段、第33条の2第1項若しくは第4項、第35条第1項、第37条第3項、第37条の2本文（同条第二号に係る場合にあっては、同号）、第41条から第42条の2まで第42条の3第2項又は第47条の2に定める目的以外の目的のために、これらの規定の適用を受けて作成された著作物の複製物を頒布し、又は当該複製物によって当該著作物を公衆に提示した者は、第80条第1項第一号の複製を行ったものとみなす。
3　第30条の2第2項、第30条の3、第31条第3項前段、第32条第1項、第33条の2第4項、第35条第2項、第36条第1項、第37条第2項及び第3項、第37条の2（第二号を除く。）、第40条第1項、第41条、第42条の2、第42条の3第2項、第46条、第47条の2並びに第47条の6の規定は、出版権の目的となっている著作物の公衆送信について準用する。この場合において、第30条の2第2項、第30条の3、第35条第2項、第36条第1項及び第47条の2中「著作権者」とあるのは「出版権者」と、第47条の6ただし書中「著作権」とあるのは「出版権」と読み替えるものとする。

第87条　（出版権の譲渡等）
出版権は、複製権等保有者の承諾を得た場合に限り、その全部又は一部を譲渡し、又は質権の目的とすることができる。

第88条　（出版権の登録）
次に掲げる事項は、登録しなければ、第三者に対抗することができない。
一　出版権の設定、移転（相続その他の一般承継によるものを除く。次号において同じ。）、変更若しくは消滅（混同又は複製権若しくは公衆送信権の消滅によるもの

を除く。)又は処分の制限
二　出版権を目的とする質権の設定、移転、変更若しくは消滅(混同又は出版権若しくは担保する債権の消滅によるものを除く。)又は処分の制限
2　第78条(第3項を除く。)の規定は、前項の登録について準用する。この場合において、同条第1項、第2項、第4項、第8項及び第9項中「著作権登録原簿」とあるのは、「出版権登録原簿」と読み替えるものとする。

第4章　著作隣接権

第1節　総則

第89条　(著作隣接権)
実演家は、第90条の2第1項及び第90条の3第1項に規定する権利(以下「実演家人格権」という。)並びに第91条第1項、第92条第1項、第92条の2第1項、第95条の2第1項及び第95条の3第1項に規定する権利並びに第94条の2及び第95条の3第3項に規定する報酬並びに第95条第1項に規定する二次使用料を受ける権利を享有する。
2　レコード製作者は、第96条、第96条の2、第97条の2第1項及び第97条の3第1項に規定する権利並びに第97条第1項に規定する二次使用料及び第97条の3第3項に規定する報酬を受ける権利を享有する。
3　放送事業者は、第98条から第100条までに規定する権利を享有する。
4　有線放送事業者は、第100条の2から第100条の5までに規定する権利を享有する。
5　前各項の権利の享有には、いかなる方式の履行をも要しない。
6　第1項から第4項までの権利(実演家人格権並びに第1項及び第2項の報酬及び二次使用料を受ける権利を除く。)は、著作隣接権という。

第90条　(著作者の権利と著作隣接権との関係)
この章の規定は、著作者の権利に影響を及ぼすものと解釈してはならない。

第2節　実演家の権利

第90条の2　(氏名表示権)
実演家は、その実演の公衆への提供又は提示に際し、その氏名若しくはその芸名その他氏名に代えて用いられるものを実演家名として表示し、又は実演家名を表示しないこととする権利を有する。
2　実演を利用する者は、その実演家の別段の意思表示がない限り、その実演につき既に実演家が表示しているところに従って実演家名を表示することができる。
3　実演家名の表示は、実演の利用の目的及び態様に照らし実演家がその実演の実演家であることを主張する利益を害するおそれがないと認められるとき又は公正な慣行に反しないと認められるときは、省略することができる。
4　第1項の規定は、次の各号のいずれかに該当するときは、適用しない。
一　行政機関情報公開法、独立行政法人等情報公開法又は情報公開条例の規定により行政機関の長、独立行政法人等、地方公共団体の機関又は地方独立行政法人が実演を公衆に提供し、又は提示する場合において、当該実演につき既にその実演家が表示しているところに従って実演家名を表示するとき。
二　行政機関情報公開法第6条第2項の規定、独立行政法人等情報公開法第6条第2項の規定又は情報公開条例の規定で行政機関情報公開法第6条第2項の規定に相当するものにより行政機関の長、独立行政法人等、地方公共団体の機関又は地方独立行政法人が実演を公衆に提供し、又は提示する場合において、当該実演の実演家名の表示を省略することとなるとき。
三　公文書管理法第16条第一項の規定又は公文書管理条例の規定(同項の規定に相当する規定に限る。)により国立公文書館等の長又は地方公文書館等の長が実演を公衆に提供し、又は提示する場合において、当該実演につき既にその実演家が表示しているところに従って実演家名を表示するとき。

第90条の3　(同一性保持権)
実演家は、その実演の同一性を保持する権利を有し、自己の名誉又は声望を害するその実演の変更、切除その他の改変を受けないものとする。
2　前項の規定は、実演の性質並びにその利用の目的及び態様に照らしやむを得ないと認められる改変又は公正な慣行に反しないと認められる改変については、適用しない。

第91条　(録音権及び録画権)
実演家は、その実演を録音し、又は録画する権利を専有する。
2　前項の規定は、同項に規定する権利を有する者の許諾を得て映画の著作物において録音され、又は録画された実演については、これを録音物(音を専ら影像とともに再生することを目的とするものを除く。)に録音する場合を除き、適用しない。

第92条　(放送権及び有線放送権)
実演家は、その実演を放送し、又は有線放送する権利を専有する。
2　前項の規定は、次に掲げる場合には、適用しない。
一　放送される実演を有線放送する場合
二　次に掲げる実演を放送し、又は有線放送する場合
イ　前条第1項に規定する権利を有する者の許諾を得て録音され、又は録画されている実演
ロ　前条第2項の実演で同項の録音物以外の物に録音され、又は録画されているもの

第92条の2　（送信可能化権）

実演家は、その実演を送信可能化する権利を専有する。

2　前項の規定は、次に掲げる実演については、適用しない。

一　第91条第1項に規定する権利を有する者の許諾を得て録画されている実演

二　第91条第2項の実演で同項の録音物以外の物に録音され、又は録画されているもの

第93条　（放送のための固定）

実演の放送について第92条第1項に規定する権利を有する者の許諾を得た放送事業者は、その実演を放送のために録音し、又は録画することができる。ただし、契約に別段の定めがある場合及び当該許諾に係る放送番組と異なる内容の放送番組に使用する目的で録音し、又は録画する場合は、この限りでない。

2　次に掲げる者は、第91条第1項の録音又は録画を行なったものとみなす。

一　前項の規定により作成された録音物又は録画物を放送の目的以外の目的又は同項ただし書に規定する目的のために使用し、又は提供した者

二　前項の規定により作成された録音物又は録画物の提供を受けた放送事業者で、これらをさらに他の放送事業者の放送のために提供したもの

第94条　（放送のための固定物等による放送）

第92条第1項に規定する権利を有する者がその実演の放送を許諾したときは、契約に別段の定めがない限り、当該実演は、当該許諾に係る放送のほか、次に掲げる放送において放送することができる。

一　当該許諾を得た放送事業者が前条第1項の規定により作成した録音物又は録画物を用いてする放送

二　当該許諾を得た放送事業者からその者が前条第1項の規定により作成した録音物又は録画物の提供を受けてする放送

三　当該許諾を得た放送事業者から当該許諾に係る放送番組の供給を受けてする放送（前号の放送を除く。）

2　前項の場合において、同項各号に掲げる放送において実演が放送されたときは、当該各号に規定する放送事業者は、相当な額の報酬を当該実演に係る第92条第1項に規定する権利を有する者に支払わなければならない。

第94条の2　（放送される実演の有線放送）

有線放送事業者は、放送される実演を有線放送した場合（営利を目的とせず、かつ、聴衆又は観衆から料金（いずれの名義をもってするかを問わず、実演の提示につき受ける対価をいう。次条第1項において同じ。）を受けない場合を除く。）には、当該実演（著作隣接権の存続期間内のものに限り、第92条第2項第二号に掲げるものを除く。）に係る実演家に相当な額の報酬を支払わなければならない。

第95条　（商業用レコードの二次使用）

放送事業者及び有線放送事業者（以下この条及び第97条第1項において「放送事業者等」という。）は、第91条第1項に規定する権利を有する者の許諾を得て実演が録音されている商業用レコードを用いた放送又は有線放送を行った場合（営利を目的とせず、かつ、聴衆又は観衆から料金を受けずに、当該放送を受信して同時に有線放送を行った場合を除く。）には、当該実演（第7条第一号から第五号までに掲げる実演で著作隣接権の存続期間内のものに限る。次項から第4項までにおいて同じ。）に係る実演家に二次使用料を支払わなければならない。

2　前項の規定は、実演家等保護条約の締約国については、当該締約国であって、実演家等保護条約第16条1（a）（ⅰ）の規定に基づき実演家等保護条約第12条の規定を適用しないこととしている国以外の国の国民をレコード製作者とするレコードに固定されている実演に係る実演家について適用する。

3　第8条第一号に掲げるレコードについて実演家等保護条約の締約国により与えられる実演家等保護条約第12条の規定による保護の期間が第1項の規定により実演家が保護を受ける期間より短いときは、当該締約国の国民をレコード製作者とするレコードに固定されている実演に係る実演家が同項の規定により保護を受ける期間は、第8条第一号に掲げるレコードについて当該締約国により与えられる実演家等保護条約第12条の規定による保護の期間による。

4　第1項の規定は、実演・レコード条約の締約国（実演家等保護条約の締約国を除く。）であって、実演・レコード条約第15条(3)の規定により留保を付している国の国民をレコード製作者とするレコードに固定されている実演に係る実演家については、当該留保の範囲に制限して適用する。

5　第1項の二次使用料を受ける権利は、国内において実演を業とする者の相当数を構成員とする団体（その連合体を含む。）でその同意を得て文化庁長官が指定するものがあるときは、当該団体によってのみ行使することができる。

6　文化庁長官は、次に掲げる要件を備える団体でなければ、前項の指定をしてはならない。

一　営利を目的としないこと。

二　その構成員が任意に加入し、又は脱退することができること。

三　その構成員の議決権及び選挙権が平等であること。

四　第1項の二次使用料を受ける権利を有する者（以下この条において「権利者」という。）のためにその権利を行使する業務をみずから的確に遂行するに足りる能力を有すること。

7　第5項の団体は、権利者から申込みがあったときは、その者のためにその権利を行使することを拒んではならない。

8　第5項の団体は、前項の申込みがあったときは、権利者のために自己の名をもってその権利に関する裁判上又は裁判外の行為を行う権限を有する。

9　文化庁長官は、第5項の団体に対し、政令で定めるところにより、第1項の二次使用料に係る業務に関して報告をさせ、若しくは帳簿、書類その他の資料の提出を求め、又はその業務の執行方法の改善のため必要な勧告をすることができる。

10　第5項の団体が同項の規定により権利者のために請求することができる二次使用料の額は、毎年、当該団体と放送事業者等又はその団体との間において協議して定めるものとする。

11　前項の協議が成立しないときは、その当事者は、政令で定めるところにより、同項の二次使用料の額について文化庁長官の裁定を求めることができる。

12　第70条第3項、第6項及び第8項並びに第71条から第74条までの規定は、前項の裁定及び二次使用料について準用する。この場合において、第70条第3項中「著作権者」とあるのは「当事者」と、第72条第2項中「著作物を利用する者」とあるのは「第95条第1項の放送事業者等」と、「著作権者」とあるのは「同条第5項の団体」と、第74条中「著作権者」とあるのは「第95条第5項の団体」と読み替えるものとする。

13　私的独占の禁止及び公正取引の確保に関する法律（昭和22年法律第54号）の規定は、第10項の協議による定め及びこれに基づいてする行為については、適用しない。ただし、不公正な取引方法を用いる場合及び関連事業者の利益を不当に害することとなる場合は、この限りでない。

14　第5項から前項までに定めるもののほか、第1項の二次使用料の支払及び第4項の団体に関し必要な事項は、政令で定める。

第95条の2　（譲渡権）

実演家は、その実演をその録音物又は録画物の譲渡により公衆に提供する権利を専有する。

2　前項の規定は、次に掲げる実演については、適用しない。

一　第91条第1項に規定する権利を有する者の許諾を得て録画されている実演

二　第91条第2項の実演で同項の録音物以外の物に録音され、又は録画されているもの

3　第1項の規定は、実演（前項各号に掲げるものを除く。以下この条において同じ。）の録音物又は録画物で次の各号のいずれかに該当するものの譲渡による場合には、適用しない。

一　第1項に規定する権利を有する者又はその承諾を得た者により公衆に譲渡された実演の録音物又は録画物

二　第103条において準用する第67条第1項の規定による裁定を受けて公衆に譲渡された実演の録音物又は録画物

三　第103条において準用する第67条の2第1項の規定の適用を受けて公衆に譲渡された実演の録音物又は録画物

四　第1項に規定する権利を有する者又はその承諾を得た者により特定かつ少数の者に譲渡された実演の録音物又は録画物

五　国外において、第1項に規定する権利に相当する権利を害することなく、又は同項に規定する権利に相当する権利を有する者若しくはその承諾を得た者により譲渡された実演の録音物又は録画物

第95条の3　（貸与権等）

実演家は、その実演をそれが録音されている商業用レコードの貸与により公衆に提供する権利を専有する。

2　前項の規定は、最初に販売された日から起算して1月以上12月を超えない範囲内において政令で定める期間を経過した商業用レコード（複製されているレコードのすべてが当該商業用レコードと同一であるものを含む。以下「期間経過商業用レコード」という。）の貸与による場合には、適用しない。

3　商業用レコードの公衆への貸与を営業として行う者（以下「貸レコード業者」という。）は、期間経過商業用レコードの貸与により実演を公衆に提供した場合には、当該実演（著作隣接権の存続期間内のものに限る。）に係る実演家に相当な額の報酬を支払わなければならない。

4　第95条第5項から第14項までの規定は、前項の報酬を受ける権利について準用する。この場合において、同条第10項中「放送事業者等」とあり、及び同条第12項中「第95条第1項の放送事業者等」とあるのは、「第95条の3第3項の貸レコード業者」と読み替えるものとする。

5　第1項に規定する権利を有する者の許諾に係る使用料を受ける権利は、前項において準用する第95条第5項の団体によって行使することができる。

6　第95条第7項から第14項までの規定は、前項の場合について準用する。この場合においては、第4項後段の規定を準用する。

第3節　レコード製作者の権利

第96条　（複製権）

レコード製作者は、そのレコードを複製する権利を専有する。

第96条の2　（送信可能化権）

レコード製作者は、そのレコードを送信可能化する権利を専有する。

第97条　（商業用レコードの二次使用）

放送事業者等は、商業用レコードを用いた放送又は有線放送を行った場合（営利を目的とせず、かつ、聴衆又は観衆から料金（いずれの名義をもってするかを問わず、レコードに係る音の提示につき受ける対価をいう。）を受けずに、当該放送を受信して同時に有線放送を行った場合を除く。）には、そのレコード（第8条第一号から第四号までに掲げ

るレコードで著作隣接権の存続期間内のものに限る。）に係るレコード製作者に二次使用料を支払わなければならない。

2　第95条第2項及び第4項の規定は、前項に規定するレコード製作者について準用し、同条第3項の規定は、前項の規定により保護を受ける期間について準用する。この場合において、同条第2項から第4項までの規定中「国民をレコード製作者とするレコードに固定されている実演に係る実演家」とあるのは「国民であるレコード製作者」と、同条第3項中「実演家が保護を受ける期間」とあるのは「レコード製作者が保護を受ける期間」と読み替えるものとする。

3　第1項の二次使用料を受ける権利は、国内において商業用レコードの製作を業とする者の相当数を構成員とする団体（その連合体を含む。）でその同意を得て文化庁長官が指定するものがあるときは、当該団体によってのみ行使することができる。

4　第95条第6項から第14項までの規定は、第1項の二次使用料及び前項の団体について準用する。

第97条の2　（譲渡権）

レコード製作者は、そのレコードをその複製物の譲渡により公衆に提供する権利を専有する。

2　前項の規定は、レコードの複製物で次の各号のいずれかに該当するものの譲渡による場合には、適用しない。

一　前項に規定する権利を有する者又はその許諾を得た者により公衆に譲渡されたレコードの複製物

二　第103条において準用する第67条第1項の規定による裁定を受けて公衆に譲渡されたレコードの複製物

三　第103条において準用する第67条の2第1項の規定の適用を受けて公衆に譲渡されたレコードの複製物

四　前項に規定する権利を有する者又はその承諾を得た者により特定かつ少数の者に譲渡されたレコードの複製物

五　国外において、前項に規定する権利に相当する権利を害することなく、又は同項に規定する権利に相当する権利を有する者若しくはその承諾を得た者により譲渡されたレコードの複製物

第97条の3　（貸与権等）

レコード製作者は、そのレコードをそれが複製されている商業用レコードの貸与により公衆に提供する権利を専有する。

2　前項の規定は、期間経過商業用レコードの貸与による場合には、適用しない。

3　貸レコード業者は、期間経過商業用レコードの貸与によりレコードを公衆に提供した場合には、当該レコード（著作隣接権の存続期間内のものに限る。）に係るレコード製作者に相当な額の報酬を支払わなければならない。

4　第97条第3項の規定は、前項の報酬を受ける権利の行使について準用する。

5　第95条第6項から第14項までの規定は、第3項の報酬及び前項において準用する第97条第3項に規定する団体について準用する。この場合においては、第95条の3第4項後段の規定を準用する。

6　第1項に規定する権利を有する者の許諾に係る使用料を受ける権利は、第4項において準用する第97条第3項の団体によって行使することができる。

7　第5項の規定は、前項の場合について準用する。この場合において、第5項中「第95条第6項」とあるのは、「第95条第7項」と読み替えるものとする。

第4節　放送事業者の権利

第98条　（複製権）

放送事業者は、その放送又はこれを受信して行なう有線放送を受信して、その放送に係る音又は影像を録音し、録画し、又は写真その他これに類似する方法により複製する権利を専有する。

第99条　（再放送権及び有線放送権）

放送事業者は、その放送を受信してこれを再放送し、又は有線放送する権利を専有する。

2　前項の規定は、放送を受信して有線放送を行なう者が法令の規定により行なわなければならない有線放送については、適用しない。

第99条の2　（送信可能化権）

放送事業者は、その放送又はこれを受信して行う有線放送を受信して、その放送を送信可能化する権利を専有する。

第100条　（テレビジョン放送の伝達権）

放送事業者は、そのテレビジョン放送又はこれを受信して行なう有線放送を受信して、影像を拡大する特別の装置を用いてその放送を公に伝達する権利を専有する。

第5節　有線放送事業者の権利

第100条の2　（複製権）

有線放送事業者は、その有線放送を受信して、その有線放送に係る音又は影像を録音し、録画し、又は写真その他これに類似する方法により複製する権利を専有する。

第100条の3　（放送権及び再有線放送権）

有線放送事業者は、その有線放送を受信してこれを放送し、又は再有線放送する権利を専有する。

第100条の4　（送信可能化権）

有線放送事業者は、その有線放送を受信してこれを送信可能化する権利を専有する。

第100条の5　（有線テレビジョン放送の伝達権）

有線放送事業者は、その有線テレビジョン放送を受信して、影像を拡大する特別の装置を用いてその有線放送を公に伝達する権利を専有する。

第6節　保護期間

第101条　（実演、レコード、放送又は有線放送の保護期間）
著作隣接権の存続期間は、次に掲げる時に始まる。
一　実演に関しては、その実演を行った時
二　レコードに関しては、その音を最初に固定した時
三　放送に関しては、その放送を行った時
四　有線放送に関しては、その有線放送を行った時
2　著作隣接権の存続期間は、次に掲げる時をもって満了する。
一　実演に関しては、その実演が行われた日の属する年の翌年から起算して50年を経過した時
二　レコードに関しては、その発行が行われた日の属する年の翌年から起算して50年（その音が最初に固定された日の属する年の翌年から起算して50年を経過する時までの間に発行されなかったときは、その音が最初に固定された日の属する年の翌年から起算して50年）を経過した時
三　放送に関しては、その放送が行われた日の属する年の翌年か起算して50年を経過した時
四　有線放送に関しては、その有線放送が行われた日の属する年の翌年から起算して50年を経過した時

第7節　実演家人格権の一身専属性等

第101条の2　（実演家人格権の一身専属性）
実演家人格権は、実演家の一身に専属し、譲渡することができない。

第101条の3　（実演家の死後における人格的利益の保護）
実演を公衆に提供し、又は提示する者は、その実演の実演家の死後においても、実演家が生存しているとしたならばその実演家人格権の侵害となるべき行為をしてはならない。ただし、その行為の性質及び程度、社会的事情の変動その他によりその行為が当該実演家の意を害しないと認められる場合は、この限りでない。

第8節　権利の制限、譲渡及び行使等並びに登録

第102条　（著作隣接権の制限）
第30条第1項、第30条の2から第32条まで、第35条、第36条、第37条第3項、第37条の2（第一号を除く。次項において同じ。）、第38条第2項及び第4項、第41条から第42条の4まで、第44条（第2項を除く。）並びに第47条の4から第47条の9までの規定は、著作隣接権の目的となっている実演、レコード、放送又は有線放送の利用について準用し、第30条第2項及び第47条の10の規定は、著作隣接権の目的となっている実演又はレコードの利用について準用し、第44条第2項の規定は、著作隣接権の目的となっている実演、レコード又は有線放送の利用について準用する。この場合において、同条第1項中「第23条第1項」とあるのは「第92条第1項、第99条第1項又は第100条の3」と、同条第2項中「第23条第1項」とあるのは「第92条第1項又は第100条の3」と読み替えるものとする。

2　前項において準用する第32条、第37条第3項、第37条の2若しくは第42条の規定又は次項若しくは第4項の規定により実演若しくはレコード又は放送若しくは有線放送に係る音若しくは影像（以下「実演等」と総称する。）を複製する場合において、その出所を明示する慣行があるときは、これらの複製の態様に応じ合理的と認められる方法及び程度により、その出所を明示しなければならない。

3　第33条の2第1項の規定により教科用図書に掲載された著作物を複製することができる場合には、同項の規定の適用を受けて作成された録音物において録音されている実演又は当該録音物に係るレコードを複製し、又は同項に定める目的のためにその複製物の譲渡により公衆に提供することができる。

4　視覚障害者等の福祉に関する事業を行う者で第37条第3項の政令で定めるものは、同項の規定により視覚著作物を複製することができる場合には、同項の規定の適用を受けて作成された録音物において録音されている実演又は当該録音物に係るレコードについて、複製し、又は同項に定める目的のために、送信可能化を行い、若しくはその複製物の譲渡により公衆に提供することができる。

5　著作隣接権の目的となっている実演であって放送されるものは、専ら当該放送に係る放送対象地域において受信されることを目的として送信可能化（公衆の用に供されている電気通信回線に接続している自動公衆送信装置に情報を入力することによるものに限る。）を行うことができる。ただし、当該放送に係る第99条の2に規定する権利を有する者の権利を害することとなる場合は、この限りでない。

6　前項の規定により実演の送信可能化を行う者は、第1項において準用する第38条第2項の規定の適用がある場合を除き、当該実演に係る第92条の2第1項に規定する権利を有する者に相当な額の補償金を支払わなければならない。

7　前二項の規定は、著作隣接権の目的となっているレコードの利用について準用する。この場合において、前項中「第92条の2第1項」とあるのは、「第96条の2」と読み替えるものとする。

8　第39条第1項又は第40条第1項若しくは第2項の規定により著作物を放送し、又は有線放送することができる場合には、その著作物の放送若しくは有線放送について、これを受信して有線放送し、若しくは影像を拡大する特別の装置を用いて公に伝達し、又はその著作物の放送について、これを受信して同時に専ら当該放送に係る放送対象地域において受信されることを目的として送信可能化（公衆の用に供されている電気通信回線に接続している自動公衆送信装置に情報を入力することによるものに限る。）を行うことができる。

9　次に掲げる者は、第91条第1項、第96条、第98条

又は第100条の2の録音、録画又は複製を行ったものとみなす。
一　第1項において準用する第30条第1項、第30条の3、第31条第1項第一号若しくは第3項後段、第35条第1項、第37条第3項、第37条の2第二号、第41条から第42条の3まで、第42条の4第2項、第44条第1項若しくは第2項又は第47条の6に定める目的以外の目的のために、これらの規定の適用を受けて作成された実演等の複製物を頒布し、又は当該複製物によって当該実演、当該レコードに係る音若しくは当該放送若しくは有線放送に係る音若しくは影像を公衆に提示した者
二　第1項において準用する第44条第3項の規定に違反して同項の録音物又は録画物を保存した放送事業者又は有線放送事業者
三　第1項において準用する第47条の4第1項若しくは第2項の規定の適用を受けて同条第1項若しくは第2項に規定する内蔵記録媒体以外の記録媒体に一時的に記録された実演等の複製物を頒布し、又は当該複製物によって当該実演、当該レコードに係る音若しくは当該放送若しくは有線放送に係る音若しくは影像を公衆に提示した者
四　第1項において準用する第47条の4第3項又は第47条の5第3項の規定に違反してこれらの規定の複製物を保存した者
五　第1項において準用する第30条の4、第47条の5第1項若しくは第2項、第47条の7又は第47条の9に定める目的以外の目的のために、これらの規定の適用を受けて作成された実演等の複製物を用いて当該実演等を利用した者
六　第1項において準用する第47条の6ただし書の規定に違反して、同条本文の規定の適用を受けて作成された実演等の複製物を用いて当該実演等の送信可能化を行った者
七　第1項において準用する第47条の8の規定の適用を受けて作成された実演等の複製物を、当該実演等の同条に規定する複製物の使用に代えて使用し、又は当該実演等に係る同条に規定する送信の受信（当該送信が受信者からの求めに応じ自動的に行われるものである場合にあっては、当該送信の受信又はこれに準ずるものとして政令で定める行為）をしないで使用して、当該実演等を利用した者
八　第33条の2第1項又は第37条第3項に定める目的以外の目的のために、第3項若しくは第4項の規定の適用を受けて作成された実演若しくはレコードの複製物を頒布し、又は当該複製物によって当該実演若しくは当該レコードに係る音を公衆に提示した者

第102条の2　（実演家人格権との関係）
　前条の著作隣接権の制限に関する規定（同条第7項及び第8項の規定を除く。）は、実演家人格権に影響を及ぼすものと解釈してはならない。

第103条　（著作隣接権の譲渡、行使等）
　第61条第1項の規定は著作隣接権の譲渡について、第62条第1項の規定は著作隣接権の消滅について、第63条の規定は実演、レコード、放送又は有線放送の利用の許諾について、第65条の規定は著作隣接権が共有に係る場合について、第66条の規定は著作隣接権を目的として質権が設定されている場合について、第67条、第67条の2（第1項ただし書を除く。）、第70条（第3項及び第4項を除く。）、第71条から第73条まで並びに第74条第3項及び第4項の規定は著作隣接権者と連絡することができない場合における実演、レコード、放送又は有線放送の利用について、それぞれ準用する。この場合において、第63条第5項中「第23条第1項」とあるのは「第92条の2第1項、第96条の2、第99条の2又は第100条の4」と、第70条第5項中「前項」とあるのは「第103条において準用する第67条第1項」と読み替えるものとする。

第104条　（著作隣接権の登録）
　第77条及び第78条（第3項を除く。）の規定は、著作隣接権に関する登録について準用する。この場合において、同条第1項、第2項、第4項、第8項及び第9項中「著作権登録原簿」とあるのは、「著作隣接権登録原簿」と読み替えるものとする。

第5章　私的録音録画補償金（平4法106・追加）

第104条の2　（私的録音録画補償金を受ける権利の行使）
　第30条第2項（第102条第1項において準用する場合を含む。以下この章において同じ。）の補償金（以下この章において「私的録音録画補償金」という。）を受ける権利は、私的録音録画補償金を受ける権利を有する者（以下この章において「権利者」という。）のためにその権利を行使することを目的とする団体であって、次に掲げる私的録音録画補償金の区分ごとに全国を通じて1個に限りその同意を得て文化庁長官が指定するもの（以下この章において「指定管理団体」という。）があるときは、それぞれ当該指定管理団体によってのみ行使することができる。
一　私的使用を目的として行われる録音（専ら録画とともに行われるものを除く。以下この章において「私的録音」という。）に係る私的録音録画補償金
二　私的使用を目的として行われる録画（専ら録音とともに行われるものを含む。以下この章において「私的録画」という。）に係る私的録音録画補償金
2　前項の規定による指定がされた場合には、指定管理団体は、権利者のために自己の名をもって私的録音録画補償金を受ける権利に関する裁判上又は裁判外の行為を行う権限を有する。

第104条の3　（指定の基準）
　文化庁長官は、次に掲げる要件を備える団体でなければ前条第1項の規定による指定をしてはならない。

一 一般社団法人であること。
二 前条第１項第一号に掲げる私的録音録画補償金に係る場合についてはイ、ハ及びニに掲げる団体を、同項第二号に掲げる私的録音録画補償金に係る場合についてはロからニまでに掲げる団体を構成員とすること。

　　イ 私的録音に係る著作物に関し第21条に規定する権利を有する者を構成員とする団体（その連合体を含む。）であって、国内において私的録音に係る著作物に関し同条に規定する権利を有する者の利益を代表すると認められるもの
　　ロ 私的録画に係る著作物に関し第21条に規定する権利を有する者を構成員とする団体（その連合体を含む。）であって、国内において私的録画に係る著作物に関し同条に規定する権利を有する者の利益を代表すると認められるもの
　　ハ 国内において実演を業とする者の相当数を構成員とする団体（その連合体を含む。）
　　ニ 国内において商業用レコードの製作を業とする者の相当数を構成員とする団体（その連合体を含む。）
三 前号イからニまでに掲げる団体がそれぞれ次に掲げる要件を備えるものであること。
　　イ 営利を目的としないこと。
　　ロ その構成員が任意に加入し、又は脱退することができること。
　　ハ その構成員の議決権及び選挙権が平等であること。
四 権利者のために私的録音録画補償金を受ける権利を行使する業務（第104条の８第１項の事業に係る業務を含む。以下この章において「補償金関係業務」という。）を的確に遂行するに足りる能力を有すること。

第１０４条の４　（私的録音録画補償金の支払の特例）
第30条第２項の政令で定める機器（以下この章において「特定機器」という。）又は記録媒体（以下この章において「特定記録媒体」という。）を購入する者（当該特定機器又は特定記録媒体が小売に供された後最初に購入するものに限る。）は、その購入に当たり、指定管理団体から、当該特定機器又は特定記録媒体を用いて行う私的録音又は私的録画に係る私的録音録画補償金の一括の支払として、第104条の６第１項の規定により当該特定機器又は特定記録媒体について定められた額の私的録音録画補償金の支払の請求があった場合には、当該私的録音録画補償金を支払わなければならない。
２　前項の規定により私的録音録画補償金を支払った者は、指定管理団体に対し、その支払に係る特定機器又は特定記録媒体を専ら私的録音及び私的録画以外の用に供する事を証明して、当該私的録音録画補償金の返還を請求することができる。
３　第１項の規定による支払の請求を受けて私的録音録画補償金が支払われた特定機器により同項の規定による支払の請求を受けて私的録音録画補償金が支払われた特定記録媒体に私的録音又は私的録画を行う者は、第30条第２項の規定にかかわらず、当該私的録音又は私的録画を行うに当たり、私的録音録画補償金を支払うことを要しない。ただし、当該特定機器又は特定記録媒体が前項の規定により私的録音録画補償金の返還を受けたものであるときは、この限りでない。

第１０４条の５　（製造業者等の協力義務）
前条第１項の規定により指定管理団体が私的録音録画補償金の支払を請求する場合には、特定機器又は特定記録媒体の製造又は輸入を業とする者（次条第３項において「製造業者等」という。）は、当該私的録音録画補償金の支払の請求及びその受領に関し協力しなければならない。

第１０４条の６　（私的録音録画補償金の額）
第104条の２第１項の規定により指定管理団体が私的録音録画補償金を受ける権利を行使する場合には、指定管理団体は、私的録音録画補償金の額を定め、文化庁長官の認可を受けなければならない。これを変更しようとするときも、同様とする。
２　前項の認可があったときは、私的録音録画補償金の額は、第30条第２項の規定にかかわらず、その認可を受けた額とする。
３　指定管理団体は、第104条の４第１項の規定により支払の請求をする私的録音録画補償金に係る第１項の認可の申請に際し、あらかじめ、製造業者等の団体で製造業者等の意見を代表すると認められるものの意見を聴かなければならない。
４　文化庁長官は、第１項の認可の申請に係る私的録音録画補償金の額が、第30条第１項（第102条第１項において準用する場合を含む。）及び第104条の４第１項の規定の趣旨、録音又は録画に係る通常の使用料の額その他の事情を考慮した適正な額であると認めるときでなければ、その認可をしてはならない。
５　文化庁長官は、第１項の認可をしようとするときは、文化審議会に諮問しなければならない。

第１０４条の７　（補償金関係業務の執行に関する規程）
指定管理団体は、補償金関係業務を開始しようとするときは、補償金関係業務の執行に関する規程を定め、文化庁長官に届け出なければならない。これを変更しようとするときも、同様とする。
２　前項の規定には、私的録音録画補償金（第104条の４第１項の規定に基づき支払を受けるものに限る。）の分配に関する事項を含むものとし、指定管理団体は、第30条第２項の規定の趣旨を考慮して当該分配に関する事項を定めなければならない。

第１０４条の８　（著作権等の保護に関する事業等のための支出）
指定管理団体は、私的録音録画補償金（第104条の４第１項の規定に基づき支払を受けるものに限る。）の額の２割以内で政令で定める割合に相当する額を、著作権及び著作隣

接権の保護に関する事業並びに著作物の創作の振興及び普及に資する事業のために支出しなければならない。

2　文化庁長官は、前項の政令の制定又は改正の立案をしようとするときは、文化審議会に諮問しなければならない。

3　文化庁長官は、第1項の事業に係る業務の適正な運営を確保するため必要があると認めるときは、指定管理団体に対し、当該業務に関し監督上必要な命令をすることができる。

第104条の9　（報告の徴収等）
文化庁長官は、指定管理団体の補償金関係業務の適正な運営を確保するため必要があると認めるときは、指定管理団体に対し、補償金関係業務に関して報告をさせ、若しくは帳簿、書類その他の資料の提出を求め、又は補償金関係業務の執行方法の改善のため必要な勧告をすることができる。

第104条の10　（政令への委任）
この章に規定するもののほか、指定管理団体及び補償金関係業務に関し必要な事項は、政令で定める。

第6章　紛争処理

第105条　（著作権紛争解決あっせん委員）
この法律に規定する権利に関する紛争につきあっせんによりその解決を図るため、文化庁に著作権紛争解決あっせん委員（以下この章において「委員」という。）を置く。

2　委員は、文化庁長官が、著作権又は著作隣接権に係る事項に関し学識経験を有する者のうちから、事件ごとに3人以内を委嘱する。

第106条　（あっせんの申請）
この法律に規定する権利に関し紛争が生じたときは、当事者は、文化庁長官に対し、あっせんの申請をすることができる。

第107条　（手数料）
あっせんの申請をする者は、実費を勘案して政令で定める額の手数料を納付しなければならない。

2　前項の規定は、同項の規定により手数料を納付すべき者が国等であるときは、適用しない。

第108条　（あっせんへの付託）
文化庁長官は、第106条の規定に基づき当事者の双方からあっせんの申請があったとき、又は当事者の一方からあっせんの申請があった場合において他の当事者がこれに同意したときは、委員によるあっせんに付するものとする。

2　文化庁長官は、前項の申請があった場合において、事件がその性質上あっせんをするのに適当でないと認めるとき、又は当事者が不当な目的でみだりにあっせんの申請をしたと認めるときは、あっせんに付さないことができる。

第109条　（あっせん）
委員は、当事者間をあっせんし、双方の主張の要点を確かめ、実情に即して事件が解決されるように努めなければならない。

2　委員は、事件が解決される見込みがないと認めるときは、あっせんを打ち切ることができる。

第110条　（報告等）
委員は、あっせんが終わったときは、その旨を文化庁長官に報告しなければならない。

2　委員は、前条の規定によりあっせんを打ち切ったときは、その旨及びあっせんを打ち切ることとした理由を、当事者に通知するとともに文化庁長官に報告しなければならない。

第111条　（政令への委任）
この章に規定するもののほか、あっせんの手続及び委員に関し必要な事項は、政令で定める。

第7章　権利侵害

第112条　（差止請求権）
著作者、著作権者、出版権者、実演家又は著作隣接権者は、その著作者人格権、著作権、出版権、実演家人格権又は著作隣接権を侵害する者又は侵害するおそれがある者に対し、その侵害の停止又は予防を請求することができる。

2　著作者、著作権者、出版権者、実演家又は著作隣接権者は、前項の規定による請求をするに際し、侵害の行為を組成した物、侵害の行為によって作成された物又は専ら侵害の行為に供された機械若しくは器具の廃棄その他の侵害の停止又は予防に必要な措置を請求することができる。

第113条　（侵害とみなす行為）
次に掲げる行為は、当該著作者人格権、著作権、出版権、実演家人格権又は著作隣接権を侵害する行為とみなす。

一　国内において頒布する目的をもって、輸入の時において国内で作成したとしたならば著作者人格権、著作権、出版権、実演家人格権又は著作隣接権の侵害となるべき行為によって作成された物を輸入する行為

二　著作者人格権、著作権、出版権、実演家人格権又は著作隣接権を侵害する行為によって作成された物（前号の輸入に係る物を含む。）を、情を知って、頒布し、頒布の目的をもって所持し、若しくは頒布する旨の申出をし、又は業として輸出し、若しくは業としての輸出の目的をもって所持する行為

2　プログラムの著作物の著作権を侵害する行為によって作成された複製物（当該複製物の所有者によって第47条の3第1項の規定により作成された複製物並びに前項

第一号の輸入に係るプログラムの著作物の複製物及び当該複製物の所有者によって同条第１項の規定により作成された複製物を含む。）を業務上電子計算機において使用する行為は、これらの複製物を使用する権原を取得した時に情を知っていた場合に限り、当該著作権を侵害する行為とみなす。

3　次に掲げる行為は、当該権利管理情報に係る著作者人格権、著作権、実演家人格権又は著作隣接権を侵害する行為とみなす。

一　権利管理情報として虚偽の情報を故意に付加する行為

二　権利管理情報を故意に除去し、又は改変する行為（記録又は送信の方式の変換に伴う技術的な制約による場合その他の著作物または実演等の利用の目的及び態様に照らしやむを得ないと認められる場合を除く。）

三　前二号の行為が行われた著作物若しくは実演等の複製物を、情を知って、頒布し、若しくは頒布の目的をもって輸入し、若しくは所持し、又は当該著作物若しくは実演等を情を知って公衆送信し、若しくは送信可能化する行為

4　第94条の２、第95条の３第３項若しくは第97条の３第３項に規定する報酬又は第95条第１項若しくは第97条第１項に規定する二次使用料を受ける権利は、前項の規定の適用については、著作隣接権とみなす。この場合において、前条中「著作隣接権者」とあるのは「著作隣接権者（次条第４項の規定により著作隣接権とみなされる権利を有する者を含む。）」と、同条第１項中「著作隣接権」とあるのは「著作隣接権（同項の規定により著作隣接権とみなされる権利を含む。）」とする。

5　国内において頒布することを目的とする商業用レコード（以下この項において「国内頒布目的商業用レコード」という。）を自ら発行し、又は他の者に発行させている著作権者又は著作隣接権者が、当該国内頒布目的商業用レコードと同一の商業用レコードであって、専ら国外において頒布することを目的とするもの（以下この項において「国外頒布目的商業用レコード」という。）を国外において自ら発行し、又は他の者に発行させている場合において、情を知って、当該国外頒布目的商業用レコードを国内において頒布する目的をもって輸入する行為又は当該国外頒布目的商業用レコードを国内において頒布し、若しくは国内において頒布する目的をもって所持する行為は、当該国外頒布目的商業用レコードが国内で頒布されることにより当該国内頒布目的商業用レコードの発行により当該著作権者又は著作隣接権者の得ることが見込まれる利益が不当に害されることとなる場合に限り、それらの著作権又は著作隣接権を侵害する行為とみなす。ただし、国内において最初に発行された日から起算して７年を超えない範囲において政令で定める期間を経過した国内頒布目的商業用レコードと同一の国外頒布目的商業用レコードを輸入する行為又は当該国外頒布目的商業用レコードを国内において頒布し、若しくは国内において頒布する目的をもって所持する行為については、この限りでない。

6　著作者の名誉又は声望を害する方法によりその著作物を利用する行為は、その著作者人格権を侵害する行為とみなす。

第１１３条の２　（善意者に係る譲渡権の特例）

著作物の原作品若しくは複製物（映画の著作物の複製物（映画の著作物において複製されている著作物にあっては、当該映画の著作物の複製物を含む。）を除く。以下この条において同じ。）、実演の録音物若しくは録画物又はレコードの複製物の譲渡を受けた時において、当該著作物の原作品若しくは複製物、実演の録音物若しくは録画物又はレコードの複製物がそれぞれ第26条の２第２項各号、第95条の２第３項各号又は第97条の２第２項各号のいずれにも該当しないものであることを知らず、かつ、知らないことにつき過失がない者が当該著作物の原作品若しくは複製物、実演の録音物若しくは録画物又はレコードの複製物を公衆に譲渡する行為は、第26条の２第１項、第95条の２第１項又は第97条の２第１項に規定する権利を侵害する行為でないものとみなす。

第１１４条　（損害の額の推定等）

著作権者、出版権者又は著作隣接権者（以下この項において「著作権者等」という。）が故意又は過失により自己の著作権、出版権又は著作隣接権を侵害した者に対しその侵害により自己が受けた損害の賠償を請求する場合において、その者がその侵害の行為によって作成された物を譲渡し、又はその侵害の行為を組成する公衆送信（自動公衆送信の場合にあっては、送信可能化を含む。）を行ったときは、その譲渡した物の数量又はその公衆送信が公衆によって受信されることにより作成された著作物若しくは実演等の複製物（以下この項において「受信複製物」という。）の数量（以下この項において「譲渡等数量」という。）に、著作権者等がその侵害の行為がなければ販売することができた物（受信複製物を含む。）の単位数量当たりの利益の額を乗じて得た額を、著作権者等の当該物に係る販売その他の行為を行う能力に応じた額を超えない限度において、著作権者等が受けた損害の額とすることができる。ただし、譲渡等数量の全部又は一部に相当する数量を著作権者等が販売することができないとする事情があるときは、当該事情に相当する数量に応じた額を控除するものとする。

2　著作権者、出版権者又は著作隣接権者が故意又は過失によりその著作権、出版権又は著作隣接権を侵害した者に対しその侵害により自己が受けた損害の賠償を請求する場合において、その者がその侵害の行為により利益を受けているときは、その利益の額は、当該著作権者、出版権者又は著作隣接権者が受けた損害の額と推定する。

3　著作権者、出版権者又は著作隣接権者は、故意又は過失によりその著作権、出版権又は著作隣接権を侵害した者に対し、その著作権、出版権又は著作隣接権の行使につき受けるべき金銭の額に相当する額を自己が受けた損害の額として、その賠償を請求することができる。

4　前項の規定は、同項に規定する金額を超える損害の賠償の請求を妨げない。この場合において、著作権、出版

権又は著作隣接権を侵害した者に故意又は重大な過失がなかったときは、裁判所は、損害の賠償の額を定めるについて、これを参酌することができる。

第１１４条の２　（具体的態様の明示義務）
　著作者人格権、著作権、出版権、実演家人格権又は著作隣接権の侵害に係る訴訟において、著作者、著作権者、出版権者、実演家又は著作隣接権者が侵害の行為を組成したもの又は侵害の行為によって作成されたものとして主張する物の具体的態様を否認するときは、相手方は、自己の行為の具体的態様を明らかにしなければならない。ただし、相手方において明らかにすることができない相当の理由があるときは、この限りでない。

第１１４条の３　（書類の提出等）
　裁判所は、著作者人格権、著作権、出版権、実演家人格権又は著作隣接権の侵害に係る訴訟においては、当事者の申立てにより、当事者に対し、当該侵害の行為について立証するため、又は当該侵害の行為による損害の計算をするため必要な書類の提出を命ずることができる。ただし、その書類の所持者においてその提出を拒むことについて正当な理由があるときは、この限りでない。
２　裁判所は、前項ただし書に規定する正当な理由があるかどうかの判断をするため必要があると認めるときは、書類の所持者にその提示をさせることができる。この場合においては、何人も、その提示された書類の開示を求めることができない。
３　裁判所は、前項の場合において、第１項ただし書に規定する正当な理由があるかどうかについて前項後段の書類を開示してその意見を聴くことが必要であると認めるときは、当事者等（当事者（法人である場合にあっては、その代表者）又は当事者の代理人（訴訟代理人及び補佐人を除く。）、使用人その他の従業者をいう。第114条の６第１項において同じ。）、訴訟代理人又は補佐人に対し、当該書類を開示することができる。
４　前三項の規定は、著作者人格権、著作権、出版権、実演家人格権又は著作隣接権の侵害に係る訴訟における当該侵害の行為について立証するため必要な検証の目的の提示について準用する。

第１１４条の４　（鑑定人に対する当事者の説明義務）
　著作権、出版権又は著作隣接権の侵害に係る訴訟において、当事者の申立てにより、裁判所が当該侵害の行為による損害の計算をするため必要な事項について鑑定を命じたときは、当事者は、鑑定人に対し、当該鑑定をするため必要な事項について説明しなければならない。

第１１４条の５　（相当な損害額の認定）
　著作権、出版権又は著作隣接権の侵害に係る訴訟において、損害が生じたことが認められる場合において、損害額を立証するために必要な事実を立証することが当該事実の性質上極めて困難であるときは、裁判所は、口頭弁論の全趣旨及び証拠調べの結果に基づき、相当な損害額を認定することができる。

第１１４条の６　（秘密保持命令）
　裁判所は、著作者人格権、著作権、出版権、実演家人格権又は著作隣接権の侵害に係る訴訟において、その当事者が保有する営業秘密（不正競争防止法（平成５年法律第47号）第２条第６項に規定する営業秘密をいう。以下同じ。）について、次に掲げる事由のいずれにも該当することにつき疎明があった場合には、当事者の申立てにより、決定で、当事者等、訴訟代理人又は補佐人に対し、当該営業秘密を当該訴訟の追行目的以外の目的で使用し、又は当該営業秘密に係るこの項の規定による命令を受けた者以外の者に開示してはならない旨を命ずることができる。ただし、その申立ての時までに当事者等、訴訟代理人又は補佐人が第一号に規定する準備書面の閲読又は同号に規定する証拠の取調べ若しくは開示以外の方法により当該営業秘密を取得し、又は保有していた場合は、この限りでない。
一　既に提出され若しくは提出されるべき準備書面に当事者の保有する営業秘密が記載され、又は既に取り調べられ若しくは取り調べられるべき証拠（第114条の３第３項の規定により開示された書類を含む。）の内容に当事者の保有する営業秘密が含まれること。
二　前号の営業秘密が当該訴訟の追行の目的以外の目的で使用され、又は当該営業秘密が開示されることにより、当該営業秘密に基づく当事者の事業活動に支障を生ずるおそれがあり、これを防止するため当該営業秘密の使用又は開示を制限する必要があること。
２　前項の規定による命令（以下「秘密保持命令」という。）の申立ては、次に掲げる事項を記載した書面でしなければならない。
一　秘密保持命令を受けるべき者
二　秘密保持命令の対象となるべき営業秘密を特定するに足りる事実
三　前項各号に掲げる事由に該当する事実
３　秘密保持命令が発せられた場合には、その決定書を秘密保持命令を受けた者に送達しなければならない。
４　秘密保持命令は、秘密保持命令を受けた者に対する決定書の送達がされた時から、効力を生ずる。
５　秘密保持命令の申立てを却下した裁判に対しては、即時抗告をすることができる。

第１１４条の７　（秘密保持命令の取消し）
　秘密保持命令の申立てをした者又は秘密保持命令を受けた者は、訴訟記録の存する裁判所（訴訟記録の存する裁判所がない場合にあっては、秘密保持命令を発した裁判所）に対し、前条第１項に規定する要件を欠くこと又はこれを欠くに至ったことを理由として、秘密保持命令の取消しの申立てをすることができる。
２　秘密保持命令の取消しの申立てについての裁判があった場合には、その決定書をその申立てをした者及び相手方に送達しなければならない。
３　秘密保持命令の取消しの申立てについての裁判に対し

ては、即時抗告をすることができる。
4 秘密保持命令を取り消す裁判は、確定しなければその効力を生じない。
5 裁判所は、秘密保持命令を取り消す裁判をした場合において、秘密保持命令の取消しの申立てをした者又は相手方以外に当該秘密保持命令が発せられた訴訟において当該営業秘密に係る秘密保持命令を受けている者があるときは、その者に対し、直ちに、秘密保持命令を取り消す裁判をした旨を通知しなければならない。

第114条の8 （訴訟記録の閲覧等の請求の通知等）
秘密保持命令が発せられた訴訟（すべての秘密保持命令が取り消された訴訟を除く。）に係る訴訟記録につき、民事訴訟法（平成8年法律第109号）第92条第1項の決定があった場合において、当事者から同項に規定する秘密記載部分の閲覧等の請求があり、かつ、その請求の手続を行った者が当該訴訟において秘密保持命令を受けていない者であるときは、裁判所書記官は、同項の申立てをした当事者（その請求をした者を除く。第3項において同じ。）に対し、その請求後直ちに、その請求があった旨を通知しなければならない。
2 前項の場合において、裁判所書記官は、同項の請求があった日から2週間を経過する日までの間（その請求の手続を行った者に対する秘密保持命令の申立てがその日までにされた場合にあっては、その申立てについての裁判が確定するまでの間）、その請求の手続を行った者に同項の秘密記載部分の閲覧等をさせてはならない。
3 前二項の規定は、第1項の請求をした者に同項の秘密記載部分の閲覧等をさせることについての民事訴訟法第92条第1項の申立てをした当事者のすべての同意があるときは、適用しない。

第115条 （名誉回復等の措置）
著作者又は実演家は、故意又は過失によりその著作者人格権又は実演家人格権を侵害した者に対し、損害の賠償に代えて、又は損害の賠償とともに、著作者又は実演家であることを確保し、又は訂正その他著作者若しくは実演家の名誉若しくは声望を回復するために適当な措置を請求することができる。

第116条 （著作者又は実演家の死後における人格的利益の保護のための措置）
著作者又は実演家の死後においては、その遺族（死亡した著作者又は実演家の配偶者、子、父母、孫、祖父母又は兄弟姉妹をいう。以下この条において同じ。）は、当該著作者又は実演家について第60条又は第101条の3の規定に違反する行為をする者又はするおそれがある者に対し第112条の請求を、故意又は過失により著作者人格権又は実演家人格権を侵害する行為又は第60条若しくは第101条の3の規定に違反する行為をした者に対し前条の請求をすることができる。
2 前項の請求をすることができる遺族の順位は、同項に規定する順序とする。ただし、著作者又は実演家が遺言によりその順位を別に定めた場合は、その順序とする。
3 著作者又は実演家は、遺言により、遺族に代えて第1項の請求をすることができる者を指定することができる。この場合において、その指定を受けた者は、当該著作者又は実演家の死亡の日の属する年の翌年から起算して50年を経過した後（その経過する時に遺族が存する場合にあっては、その存しなくなった後）においては、その請求をすることができない。

第117条 （共同著作物等の権利侵害）
共同著作物の各著作者又は各著作権者は、他の著作者又は他の著作権者の同意を得ないで、第112条の規定による請求又はその著作権の侵害に係る自己の持分に対する損害の賠償の請求若しくは自己の持分に応じた不当利得の返還の請求をすることができる。
2 前項の規定は、共有に係る著作権又は著作隣接権の侵害について準用する。

第118条 （無名又は変名の著作物に係る権利の保全）
無名又は変名の著作物の発行者は、その著作物の著作者又は著作権者のために、自己の名をもって、第112条、第115条若しくは第116条第1項の請求又はその著作物の著作者人格権若しくは著作権の侵害に係る損害の賠償の請求若しくは不当利得の返還の請求を行なうことができる。ただし、著作者の変名がその者のものとして周知のものである場合及び第75条第1項の実名の登録があった場合は、この限りでない。
2 無名又は変名の著作物の複製物にその実名又は周知の変名が発行者名として通常の方法により表示されている者は、その著作物の発行者と推定する。

第8章　罰則

第119条
著作権、出版権又は著作隣接権を侵害した者（第30条第1項（第102条第1項において準用する場合を含む。第三項において同じ。）に定める私的使用の目的をもって自ら著作物若しくは実演等の複製を行った者、第113条第3項の規定により著作権若しくは著作隣接権（同条第4項の規定により著作隣接権とみなされる権利を含む。第120条の2第三号において同じ。）を侵害する行為とみなされる行為を行った者、第113条第5項の規定により著作権若しくは著作隣接権を侵害する行為とみなされる行為を行った者又は次項第三号若しくは第四号に掲げる者を除く。）は、10年以下の懲役若しくは1000万円以下の罰金に処し、又はこれを併科する。
2 次の各号のいずれかに該当する者は、5年以下の懲役若しくは500万円以下の罰金に処し、又はこれを併科する。
一　著作者人格権又は実演家人格権を侵害した者（第113

条第3項の規定により著作者人格権又は実演家人格権を侵害する行為とみなされる行為を行った者を除く。）
二　営利を目的として、第30条第1項第一号に規定する自動複製機器を著作権、出版権又は著作隣接権の侵害となる著作物又は実演等の複製に使用させた者
三　第113条第1項の規定により著作権、出版権又は著作隣接権を侵害する行為とみなされる行為を行った者
四　第113条第2項の規定により著作権を侵害する行為とみなされる行為を行った者

3　第30条第1項に定める私的使用の目的をもって、有償著作物等（録音され、又は録画された著作物又は実演等（著作権又は著作隣接権の目的となっているものに限る。）であつて、有償で公衆に提供され、又は提示されているもの（その提供又は提示が著作権又は著作隣接権を侵害しないものに限る。）をいう。）の著作権又は著作隣接権を侵害する自動公衆送信（国外で行われる自動公衆送信であつて、国内で行われたとしたならば著作権又は著作隣接権の侵害となるべきものを含む。）を受信して行うデジタル方式の録音又は録画を、自らその事実を知りながら行つて著作権又は著作隣接権を侵害した者は、2年以下の懲役若しくは200万円以下の罰金に処し、又はこれを併科する。

第120条
第60条又は第101条の3の規定に違反した者は、500万円以下の罰金に処する。

第120条の2
次の各号のいずれかに該当する者は、3年以下の懲役若しくは300万円以下の罰金に処し、又はこれを併科する。
一　技術的保護手段の回避を行うことを専らその機能とする装置（当該装置の部品一式であって容易に組み立てることができるものを含む。）若しくは技術的保護手段の回避を行うことを専らその機能とするプログラムの複製物を公衆に譲渡し、若しくは貸与し、公衆への譲渡若しくは貸与の目的をもって製造し、輸入し、若しくは所持し、若しくは公衆の使用に供し、又は当該プログラムを公衆送信し、若しくは送信可能化する行為（当該装置又は当該プログラムが当該機能以外の機能を併せて有する場合にあつては、著作権等を侵害する行為を技術的保護手段の回避により可能とする用途に供するために行うものに限る。）をした者
二　業として公衆からの求めに応じて技術的保護手段の回避を行った者
三　営利を目的として、第113条第3項の規定により著作者人格権、著作権、実演家人格権又は著作隣接権を侵害する行為とみなされる行為を行った者
四　営利を目的として、第113条第5項の規定により著作権又は著作隣接権を侵害する行為とみなされる行為を行った者

第121条
著作者でない者の実名又は周知の変名を著作者名として表示した著作物の複製物（原著作物の著作者でない者の実名又は周知の変名を原著作物の著作者名として表示した二次的著作物の複製物を含む。）を頒布した者は、1年以下の懲役若しくは100万円以下の罰金に処し、又はこれを併科する。

第121条の2
次の各号に掲げる商業用レコード（当該商業用レコードの複製物（2以上の段階にわたる複製に係る複製物を含む。）を含む。）を商業用レコードとして複製し、その複製物を頒布し、その複製物を頒布の目的をもって所持し、又はその複製物を頒布する旨の申出をした者（当該各号の原盤に音を最初に固定した日の属する年の翌年から起算して50年を経過した後において当該複製、頒布、所持又は申出を行った者を除く。）は、1年以下の懲役若しくは100万円以下の罰金に処し、又はこれを併科する。
一　国内において商業用レコードの製作を業とする者がレコード製作者からそのレコード（第8条各号のいずれかに該当するものを除く。）の原盤の提供を受けて製作した商業用レコード
二　国外において商業用レコードの製作を業とする者が、実演家等保護条約の締約国の国民、世界貿易機関の加盟国の国民又はレコード保護条約の締約国の国民（当該締約国の法令に基づいて設立された法人及び当該締約国に主たる事務所を有する法人を含む。）であるレコード製作者からそのレコード（第8条各号のいずれかに該当するものを除く。）の原盤の提供を受けて製作した商業用レコード

第122条
第48条又は第102条第2項の規定に違反した者は、50万円以下の罰金に処する。

第122条の2
秘密保持命令に違反した者は、5年以下の懲役若しくは500万円以下の罰金に処し、又はこれを併科する。
2　前項の罪は、国外において同項の罪を犯した者にも適用する。

第123条
第119条、第120条の2第三号及び第四号、第121条の2及び前条第1項の罪は、告訴がなければ公訴を提起することができない。
2　無名又は変名の著作物の発行者は、その著作物に係る前項の罪について告訴をすることができる。ただし、第118条第1項ただし書に規定する場合及び当該告訴が著作者の明示した意思に反する場合は、この限りでない。

第124条
法人の代表者（法人格を有しない社団又は財団の管理人を含む。）又は法人若しくは人の代理人、使用人その他の従

業者が、その法人又は人の業務に関し、次の各号に掲げる規定の違反行為をしたときは、行為者を罰するほか、その法人に対して当該各号に定める罰金刑を、その人に対して各本条の罰金刑を科する。
一　第119条第1項若しくは第2項第三号若しくは第四号又は第122条の2第1項　3億円以下の罰金刑
二　第119条第2項第一号若しくは第二号又は第120条から第122条まで　各本条の罰金刑
2　法人格を有しない社団又は財団について前項の規定の適用がある場合には、その代表者又は管理人がその訴訟行為につきその社団又は財団を代表するほか、法人を被告人又は被疑者とする場合の刑事訴訟に関する法律の規定を準用する。
3　第1項の場合において、当該行為者に対してした告訴又は告訴の取消しは、その法人又は人に対しても効力を生じ、その法人又は人に対してした告訴又は告訴の取消しは、当該行為者に対しても効力を生ずるものとする。
4　第1項の規定により第119条第1項若しくは第2項又は第122条の2第1項の違反行為につき法人又は人に罰金刑を科する場合における時効の期間は、これらの規定の罪についての時効の期間による。

附則（抄）

第1条　（施行期日）
この法律は、昭和46年1月1日から施行する。

第2条　（適用範囲についての経過措置）
改正後の著作権法（以下「新法」という。）中著作権に関する規定は、この法律の施行の際現に改正前の著作権法（以下「旧法」という。）による著作権の全部が消滅している著作物については、適用しない。
2　この法律の施行の際現に旧法による著作権の一部が消滅している著作物については、新法中これに相当する著作権に関する規定は、適用しない。
3　この法律の施行前に行われた実演（新法第7条各号のいずれかに該当するものを除く。）又はこの法律の施行前にその音が最初に固定されたレコード（新法第8条各号のいずれかに該当するものを除く。）でこの法律の施行の際現に旧法による著作権が存するものについては、新法第7条及び第8条の規定にかかわらず、著作権法中著作隣接権に関する規定（第94条の2、第95条、第95条の3第3項及び第4項、第97条並びに第97条の3第3項から第5項までの規定を含む。）を適用する。

第3条　（国等が作成した翻訳物等についての経過措置）
新法第13条第四号に該当する著作物でこの法律の施行の際現に旧法による出版権が設定されているものについては、当該出版権の存続期間内に限り、同号の規定は、適用しない。

第4条　（法人名義の著作物等の著作者についての経過措置）
新法第15条及び第16条の規定は、この法律の施行前に創作された著作物については、適用しない。

第4条の2　（書籍等の貸与についての経過措置）
削除

第5条　（映画の著作物等の著作権の帰属についての経過措置）
この法律の施行前に創作された新法第29条に規定する映画の著作物の著作権の帰属については、なお従前の例による。
2　新法の規定は、この法律の施行前に著作物中に挿入された写真の著作物又はこの法律の施行前に嘱託によって創作された肖像写真の著作物の著作権の帰属について旧法第24条又は第25条の規定により生じた効力を妨げない。

第5条の2　（自動複製機器についての経過措置）
著作権法第30条第1項第一号及び第119条第2項第二号の規定の適用については、当分の間、これらの規定に規定する自動複製機器には、専ら文書又は図面の複製に供するものを含まないものとする。

第6条　（公開の美術の著作物についての経過措置）
この法律の施行の際現にその原作品が新法第45条第2項に規定する屋外の場所に恒常的に設置されている美術の著作物の著作者は、その設置による当該著作物の展示を許諾したものとみなす。

第7条　（著作物の保護期間についての経過措置）
この法律の施行前に公表された著作物の著作権の存続期間については、当該著作物の旧法による著作権の存続期間が新法第2章第4節の規定による期間より長いときは、なお従前の例による。

第8条　（翻訳権の存続期間についての経過措置）
この法律の施行前に発行された著作物については、旧法第7条及び第9条の規定は、なおその効力を有する。

第9条　（著作権の処分についての経過措置）
この法律の施行前にした旧法の著作権の譲渡その他の処分は、附則第15条第1項の規定に該当する場合を除き、これに相当する新法の著作権の譲渡その他の処分とみなす。

第10条　（合著作物についての経過措置）
この法律の施行前に2人以上の者が共同して創作した著作物でその各人の寄与を分離して個別的に利用することができるものについては、旧法第13条第1項及び第3項の規定は、なおその効力を有する。
2　前項の著作物は、新法第51条第2項又は第52条第1項の規定の適用については、共同著作物とみなす。

第11条　（裁定による著作物の利用についての経過措置）

新法第69条の規定は、この法律の施行前に国内において販売された商業用レコードに録音されている音楽の著作物の他の商業用レコードの製作のための録音については、適用しない。
2　旧法第22条ノ5第2項又は第27条第1項若しくは第2項の規定により著作物を利用することができることとされた者は、なお従前の例により当該著作物を利用することができる。
3　旧法第22条ノ5第2項又は第27条第2項の規定に基づき文化庁長官が定めた償金の額は、新法第68条第1項又は第67条第1項の規定に基づき文化庁長官が定めた補償金の額とみなして、新法第72条及び第73条の規定を適用する。
4　前項の場合において、当該償金の額について不服のある当事者が裁定のあったことをこの法律の施行前に知っているときは、新法第72条第1項に規定する期間は、この法律の施行の日から起算する。

第12条　（登録についての経過措置）
この法律の施行前にした旧法第15条の著作権の登録、実名の登録及び第1発行年月日の登録に関する処分又は手続は、附則第15条第3項の規定に該当する場合を除き、これらに相当する新法第75条から第77条までの登録に関する処分又は手続とみなす。
2　この法律の施行の際に旧法第15条第3項の著作年月日の登録がされている著作物については、旧法第35条第5項の規定は、なおその効力を有する。

第13条　（出版権についての経過措置）
この法律の施行前に設定された旧法による出版権でこの法律の施行の際現に存するものは、新法による出版権とみなす。
2　この法律の施行前にした旧法第28条ノ10の出版権の登録に関する処分又は手続は、これに相当する新法第88条の登録に関する処分又は手続きとみなす。
3　第1項の出版権については、新法第80条から第85条までの規定にかかわらず、旧法第28条ノ3から第28条ノ8までの規定は、なおその効力を有する。

第14条　（録音物による演奏についての経過措置）
削除

第15条　（著作隣接権についての経過措置）
この法律の施行前にした旧法の著作権の譲渡その他の処分で、この法律の施行前に行われた実演又はこの法律の施行前にその音が最初に固定されたレコードでこの法律の施行の日から新法中著作隣接権に関する規定が適用されることとなるものに係るものは、新法のこれに相当する著作隣接権の譲渡その他の処分とみなす。
2　前項に規定する実演又はレコードでこの法律の施行の際現に旧法による著作権が存するものに係る著作隣接権の存続期間は、旧法によるこれらの著作権の存続期間の満了する日が新法第101条の規定による期間の満了する日後の日であるときは、同条の規定にかかわらず、旧法による著作権の存続期間の満了する日（その日がこの法律の施行の日から起算して50年を経過する日後の日であるときは、その50年を経過する日）までの間とする。
3　この法律の施行前に第1項に規定する実演又はレコードについてした旧法第15条第1項の著作権の登録に関する処分又は手続は、これに相当する新法第104条の著作隣接権の登録に関する処分又は手続とみなす。
4　附則第10条第1項及び第12条第2項の規定は、第1項に規定する実演又はレコードについて準用する。

第16条　（複製物の頒布等についての経過措置）
この法律の施行前に作成した著作物、実演又はレコードの複製物であって、新法第2章第3節第5款（新法第102条第1項において準用する場合を含む。）の規定を適用するとしたならば適法なものとなるべきものは、これらの規定に定める複製の目的の範囲内において、使用し、又は頒布することができる。この場合において、新法第113条第1項第二号の規定は、適用しない。

第17条　（権利侵害についての経過措置）
この法律の施行前にした旧法第18条第1項若しくは第2項の規定に違反する行為又は旧法第3章に規定する偽作に該当する行為（出版権を侵害する行為を含む。）については、新法第14条及び第7章の規定にかかわらず、なお旧法第12条、第28条ノ11、第29条、第33条、第34条、第35条第1項から第4項まで、第36条及び第36条ノ2の規定の例による。

第18条　（罰則についての経過措置）
この法律の施行前にした行為に対する罰則の適用については、なお従前の例による。

巻末資料 2

契約書サンプル

ここで紹介する契約書サンプルは、文化庁による著作権契約書作成支援システムを参考に作成したものです。通常、契約およびその内容は、当事者間で様々な条件が設定され、それぞれのケースによって異なりますので、サンプルを参考に契約書を作成する場合は、内容をよく理解した上で、必要に応じて手直ししてご利用ください。

★契約書サンプル1【イラストの作成に関する契約書】
　イラストの著作権を依頼者に移転させない場合のサンプルです。

★契約書サンプル2【写真の撮影に関する契約書】
　写真の著作権および二次的著作物を作成する権利を依頼者に移転する場合のサンプルです。

★契約書サンプル3【原稿の利用許諾に関する契約書】
　原稿（エッセイ・詩・小説など）・イラスト・写真などの利用許諾を得る場合のサンプルです。

契約書サンプル1（イラストの作成に関する契約書）

契約書

※1＿＿＿＿＿＿＿＿（以下「甲」という。）と※2＿＿＿＿＿＿＿＿（以下「乙」という。）とは、イラスト作成業務の委託に関し、以下のとおり契約を締結する。

第1条（委託）

乙は、甲に対し、以下のイラスト（以下「本著作物」という。）の作成を委託し、甲はこれを受託した。
(1) テーマ：＿＿＿＿＿＿＿＿＿
(2) サイズ：＿＿＿＿＿＿＿＿＿

第2条（納入）

1 甲は乙に対し、本著作物を以下の形式により、平成　年　月　日までに、乙に対して納入する。
　※3＿＿＿＿＿＿＿＿＿
2 乙は、前項の納入を受けた後速やかに納入物を検査し、納入物に瑕疵がある場合や、乙の企画意図に合致しない場合は、その旨甲に通知し、当該通知を受けた甲は、速やかに乙の指示に従った対応をする。
3 乙は、納入物を、利用が終わり次第速やかに甲に返却する。

第3条（権利の帰属）

本著作物の著作権は甲に帰属する。

第4条（利用許諾）

甲は乙に対し、本著作物を下記形態で利用することを許諾する。
(1) 印刷物への利用
　名称：＿＿＿＿＿＿　部数：＿＿＿＿＿＿＿部
(2) ホームページにおける掲載
　サイト名：＿＿＿＿＿＿＿
　掲載期間：平成　年　月　日まで

第5条（著作者人格権）

1 乙が本著作物の内容・表現又はその題号に変更を加える場合（拡大、縮小、色調の変更等も含む。）には、あらかじめ甲の承諾を必要とする。
2 乙は、本著作物を利用するにあたって、以下のとおり著作者の表示をしなければならない。
　＿＿＿＿＿＿＿＿＿＿

第6条（保証）
　甲は、乙に対し、本著作物が第三者の著作権その他第三者の権利を侵害しないものであることを保証する。

第7条（対価）
　乙は、甲に対し、イラスト作成業務及び本著作物の利用許諾の対価、その他本契約に基づく一切の対価として、金＿＿＿＿＿＿円（消費税込み）※4を、平成　　年　　月　　日までに支払う。

第8条（その他）
　本契約に定めのない利用態様については、甲乙別途協議の上、利用の可否、対価等につき決するものとする。

　本契約締結の証として、本契約書2通を作成し、甲乙記名捺印の上、各自1通を保持する。
　平成　　年　　月　　日

甲　住所

　　氏名　　　　　　　　　　　　　印

乙　住所

　　氏名　　　　　　　　　　　　　印

※1イラスト作成者　※2依頼者　※3納入形式 例 CD-ROM　※4報酬・対価に係る消費税や所得税（源泉徴収）については、支払いの相手方や報酬・対価の額等によって取り扱いが異なりますので、必要に応じ税の専門家に相談してください。

● 上記契約書サンプルは著作権を依頼者に移転させないケースです。
● 上記契約書サンプルは下記を前提条件としています。

1. イラストは、原則として作成者が創作したオリジナルの作品とし、第三者の著作権等が関係する場合、作成者の責任において、権利処理（イラストへの使用につき、許諾を得ること）するものとします。
2. 著作者（作成者）が作品を納入した場合、依頼者のチェックを受けるものとし、依頼者が企画意図に合致しない等の理由で作品を不合格とした場合、著作者は、依頼者の指示に従い、修正をするものとします。
3. 著作者（作成者）は、作品を無断で変更、切除その他の改変をされない権利（同一性保持権）を有しています。従って、作品に対し、変更、切除その他の改変を施す場合は、事前に著作者（作成者）の承諾を得るものとします。
4. 依頼者は、作成者に対し、対価を支払うものとします（対価を支払わない場合は、契約書の文言を修正する必要があります）。

契約書サンプル２（写真の撮影に関する契約書）

契約書

※１＿＿＿＿＿＿＿＿＿＿（以下「甲」という。）と※２＿＿＿＿＿＿＿＿＿＿（以下「乙」という。）とは、写真撮影業務の委託に関し、以下のとおり契約を締結する。

第１条（委託）

乙は、甲に対し、以下の写真（以下「本著作物」という。）の撮影を委託し、甲はこれを受託した。
 (1) テーマ：＿＿＿＿＿＿＿＿＿＿＿
 (2) 形　式：※３＿＿＿＿＿＿＿＿
 (3) 枚　数：＿＿＿＿＿＿＿＿＿＿

第２条（納入）

1　甲は乙に対し、本著作物を以下の形式により、平成　　年　　月　　日までに、乙に対して納入する。
　　　※４＿＿＿＿＿＿＿＿＿＿
2　乙は、前項の納入を受けた後速やかに納入物を検査し、納入物に瑕疵がある場合や、乙の企画意図に合致しない場合は、その旨甲に通知し、当該通知を受けた甲は、速やかに乙の指示に従った対応をする。
3　乙は、納入物を、利用が終わり次第速やかに甲に返却する。

第３条（権利の帰属）

本著作物の著作権（著作権法第27条及び第28条に規定する権利を含む。）は、対価の完済により乙に移転する。

第４条（著作者人格権）

1　乙が本著作物の内容・表現又はその題号に変更を加える場合（拡大、縮小、色調の変更等も含む。）には、あらかじめ甲の承諾を必要とする。
2　乙は、本著作物を利用するにあたって、以下のとおり著作者の表示をしなければならない。
　　　＿＿＿＿＿＿＿＿＿＿＿＿＿

第５条（保証）

甲は、乙に対し、本著作物が第三者の著作権その他第三者の権利を侵害しないものであることを保証する。

第6条（対価）

乙は、甲に対し、写真撮影業務及び本著作物の著作権譲渡の対価、その他本契約に基づく一切の対価として、金＿＿＿＿＿＿円（消費税込み）※5を、平成　　年　　月　　日までに支払う。

本契約締結の証として、本契約書2通を作成し、甲乙記名捺印の上、各自1通を保持する。
　平成　　年　　月　　日

甲　住所

　　氏名　　　　　　　　　　　　　印

乙　住所

　　氏名　　　　　　　　　　　　　印

※1撮影者　※2依頼者　※3例．カラーorモノクロ／デジタルorフィルムなど　※4納入形式例 CD-ROM　※5報酬・対価に係る消費税や所得税（源泉徴収）については、支払いの相手方や報酬・対価の額等によって取り扱いが異なりますので、必要に応じ税の専門家に相談してください。

●上記契約書サンプルは著作権および、二次的著作物を作る権利を依頼者に移転するケース。
●上記契約書サンプルは下記を前提条件としています。
1. 撮影する写真は、原則として撮影者が創作したオリジナルの作品とし、第三者の著作権等が関係する場合、撮影者の責任において、権利処理（写真の使用につき、許諾を得ること）するものとします。
2. 著作者（撮影者）が作品を納入した場合、依頼者のチェックを受けるものとし、依頼者が企画意図に合致しない等の理由で作品を不合格とした場合、著作者は、依頼者の指示に従い、修正をするものとします。
3. 著作者（撮影者）は、作品を無断で変更、切除その他の改変をされない権利（同一性保持権）を有しています。従って、作品に対し、変更、切除その他の改変を施す場合は、事前に著作者（撮影者）の承諾を得るものとします。
4. 依頼者は、撮影者に対し、対価を支払うものとします（対価を支払わない場合は、契約書の文言を修正する必要があります）。

契約書サンプル３（既存の原稿（エッセイ、詩、小説など）・イラスト・写真などの利用許諾に関する契約書）

契約書

※１＿＿＿＿＿＿（以下「甲」という。）と※２＿＿＿＿＿＿（以下「乙」という。）とは、著作物の利用に関し、以下のとおり契約を締結する。

第１条（利用許諾）

甲は、乙に対し、以下の※３＿＿＿＿＿＿＿＿＿（以下「本著作物」という。）につき、以下の利用を許諾する。

1　利用作品名：

2　利用方法

(1) 印刷物への利用

　名称：＿＿＿＿＿＿＿　部数：＿＿＿＿＿部
　名称：＿＿＿＿＿＿＿　部数：＿＿＿＿＿部
　名称：＿＿＿＿＿＿＿　部数：＿＿＿＿＿部

(2) ホームページにおける掲載

　サイト名：＿＿＿＿＿＿
　掲載期間：平成　年　月　日まで

(3) 映像作品における利用

　作品名：＿＿＿＿＿　複製本数：＿＿＿本

3　乙は、当該利用にあたっては、事前にその具体的な利用態様を甲に示し、甲の承諾を得るものとする。

第２条（著作者人格権）

1　乙が本著作物の内容・表現又はその題号に変更を加える場合には、あらかじめ甲の承諾を必要とする。

2　乙は、本著作物を利用するにあたって、以下のとおり著作者の表示をしなければならない。

　　＿＿＿＿＿＿＿＿

第３条（保証）

甲は、乙に対し、本著作物が第三者の著作権その他第三者の権利を侵害しないものであることを保証する。

第４条（対価）

乙は、甲に対し、本著作物の利用許諾の対価、その他本契約に基づく一切の対価として、金＿＿＿＿＿円（消費税込み）※４を、平成　年　月　日までに支払う。

第5条（その他）
本契約に定めのない利用態様については、甲乙別途協議の上、利用の可否、対価等につき決するものとする。

本契約締結の証として、本契約書2通を作成し、甲乙記名捺印の上、各自1通を保持する。
平成　　年　　月　　日

甲　住所

　　氏名　　　　　　　　　　　　　印

乙　住所

　　氏名　　　　　　　　　　　　　印

※1 著作権者　※2 利用者　※3 エッセイ・詩等言語の著作物 or イラスト or 写真　※4 報酬・対価に係る消費税や所得税（源泉徴収）については、支払いの相手方や報酬・対価の額等によって取り扱いが異なりますので、必要に応じ税の専門家に相談してください。

● 上記契約書サンプルは下記を前提条件としています。

1. 利用を許諾する作品は、原則として著作権者（許諾者）が創作したオリジナルの作品とし、第三者の権利が関連する場合、著作権者の責任において、権利処理（作品の使用につき、許諾を得ること）をするものとします。また、著作権者（許諾者）と著作者とが同一人物であることを前提とし、著作権者と著作者が異なる場合（著作者が著作権を第三者に譲渡した場合等）は対象外とします。
2. 利用者は、対象著作物を、改変等することなく、そのまま利用することを前提とします。翻訳したり、要約等したりする場合（著作物が言語の著作物の場合）、立体化、動画化等する場合（著作物がイラストや写真の場合）には対応していませんので、これらの場合は、適宜契約書を修正する必要があります。
3. 利用者は、作品を利用するにあたり、具体的な利用態様（ゲラ刷り、色見本等の完成見本）を事前に著作権者に示し、その承諾を得るものとします（例：ポスターにイラストや写真を利用する場合、印刷色見本を事前に著作権者に見せ、チェックを仰ぐ）。
4. 著作権者は、利用者以外の者にも著作物の利用を許諾することや、著作権者自身が利用することができます（非独占的許諾）。利用者以外の者への利用許諾や、著作権者自身の利用を禁止する場合（独占的許諾）、契約書を適宜修正する必要があります。

索引

あ

- アイコン ……………………………………………… 045
- アイディア ………………… 007, 081, 087, 105, 113, 125, 131
- アサヒビール・ロゴマーク事件 ………………………… 109
- アニメ ……………………………………… 071, 073, 089
- アメリカのフェアユース（公正使用） ………………… 043
- アレンジ（変更・切除などその他の改変） …… 025, 029, 031, 033, 045, 051, 071, 081
- 意匠法（意匠権・意匠登録） ………… 018, 035, 055, 101, 103, 115
- 一身専属 …………………………………………… 011, 021
- 一般人（無名） ………………………… 057, 065, 069, 140
- 一般不正行為 ……………………………………………… 055
- イメージダウン ……………………………… 025, 047, 055, 077
- イラスト ……………… 007, 008, 024, 029, 031, 033, 038, 071, 079
- イラストの無断転用事件 …………………………… 135, 154
- イラストレーター交代 …………………………………… 121
- 印刷用書体ゴナU対新ゴチック体U事件 ……………… 107
- インタビュー（記事） …………………………………… 091, 093
- 引用 ………………… 013, 039, 134, 135, 136, 137, 141, 152
- Webサイト ………………………………… 049, 105, 113
- 映画のスチール写真 ……………………………………… 057
- 映画の著作物 ………………………… 007, 008, 011, 016, 059
- 映画の保護期間 ………………………… 015, 016, 057, 059
- 営業秘密の不正取得等 …………………………………… 018
- 応用美術 …………………… 007, 008, 035, 049, 055, 103, 107
- 公の伝達権 ………………………………………………… 012
- 屋外の著作物 ………………………………… 014, 075, 079
- 屋外の場所 …………………………………… 065, 075, 079
- おニャン子クラブ事件 …………………………………… 069
- 折り方（パッケージ） …………………………………… 115
- オリンピック ……………………………………………… 097
- オリンピック標章事件 …………………………………… 097
- 音楽の著作物 ………………………… 008, 079, 085, 087, 091

か

- 絵画 …………………… 006, 008, 025, 027, 039, 053, 071
- 海外の故人（著名人）の肖像権 ………………………… 067
- 海外の著作物 ……………………………………………… 027
- 外観写真 …………………………………………………… 076
- 会社案内企画流用事件 …………………………………… 119
- かえでの木事件 …………………………………………… 063
- 歌詞 …………………………………………………… 085, 091
- 画像 …………………………………………………… 014, 049
- 学校放送番組等 …………………………………………… 013
- 顔真卿自書建中告身帖事件 …………………… 047, 135, 146
- 祇園祭ポスター写真「水彩画」模写事件 ……………… 134, 138
- 企画書 ……………………………………………………… 119
- 技術的手段の回避 ………………………………………… 018
- キャッチコピー ……………………………… 007, 083, 085, 093
- キャラクター ……………………… 007, 071, 073, 134, 142
- 教育機関における複製等 ………………………………… 013
- 教科書への掲載等 ………………………………………… 013
- 共同著作物（共同著作者） ………………… 009, 093, 125, 131
- 京都府学連事件 …………………………………………… 065
- 虚偽表示 ……………………………………………… 018, 117
- 偶然の一致 ………………………………………………… 127
- クレームの対象 ……………………… 047, 065, 073, 077, 127
- 景観写真 …………………………………………………… 075

継続的刊行物等の公表の時	021
形態模倣	018
軽犯罪法	045
契約書	031, 065, 121, 123, 129
契約書制作支援システム	129, 193
契約書の主な種類	129
結合著作物	131
言語の著作物	006, 008, 079, 081, 083, 085, 095, 119
原作品	075, 147
現代世界総図事件	125
建築の芸術性	077
建築の著作物	006, 008, 077
権利の譲渡	011, 121
権利の制限・自由利用	013
権利の発生と消滅	015
公開の美術の著作物の利用	014, 075, 077, 079
工業製品	007
公衆送信権	012, 014, 049
口述権	012
恒常的な設置（屋外）	075, 079
交通安全スローガン（標語）の類似事件	134, 144
交通標語	134, 144
公表権	012
公表時（公表年月日）	015, 016, 021, 061, 143
公表時起算の著作物	021
広報資料等の転載	013
コーポレートカラー	099
顧客誘引力	055, 057, 063, 069, 073
国際機関の商標の商業上の使用	097
国際的保護	017
国土地理院	033
故人の肖像	067
コスプレ	071
国会図書館における複製	013
国旗	111
国旗に関する国内法	111
古美術品	047
コラージュ	041
五輪マーク	097
混同を招く（混同惹起）	018, 089, 101, 115

さ

財産的価値（利益）	031, 063, 081, 083, 099, 101, 113
裁定制度	037
裁判手続等における利用	014
サンフランシスコ平和条約	016, 027
CD（ジャケット）	007, 058, 117, 123
市営バス車体絵画掲載事件	075
試験問題としての複製等	013
時事に関する論説の転載等	013
時事の事件の報道	014
視聴覚障害者のための複製等	013
実演家	017, 059, 117
実演家等保護条約	117
実写化	071
実用新案法（実用新案権）	018, 115
実用品（実用的）	007, 035, 055, 103, 107
私的利用のための複製	013, 123

索引

自動公衆送信……………………………………012, 049
氏名表示権………………………………………………012
写真の著作物……………006, 009, 016, 029, 031, 061, 079, 115, 123
写真の著作物性………………………………023, 141
写真の保護期間………………………………016, 061
JASRAC（日本音楽著作権協会）……………………085
集合著作物………………………………………………131
主従関係（引用）………………………………………039
出所明示（引用）…………………………………039, 075
純粋美術……………………………………035, 055, 107
書…………………………………008, 107, 135, 146, 150
上映権……………………………………………………012
上演権・演奏権…………………………………………012
使用収益（使用収益権）…………………063, 146, 147
小説の一節………………………………………………095
肖像権（プライバシーおよびパブリシティ権）031, 063, 065, 069
肖像権管理エージェント………………………………067
譲渡……………………………………………012, 121, 129
商標の構成種類…………………………………………099
商標法（商標権・商標登録）……018, 045, 073, 075, 085, 087, 097, 099, 109, 111, 117
商標無断使用……………………………………………018
情報解析のための複製…………………………………014
情報公開法による開示…………………………………014
証明カタログ「書」複製事件……………………135, 150
使用料（利用料・対価）…………021, 023, 049, 053, 063, 123, 129
昭和天皇コラージュ事件………………………………041
ショーウインドウの内部……………………………075, 077
職務（著作物）………………………………010, 121, 131, 143

書体………………………………………………………107
署名………………………………………………………069
所有権………………………………………………035, 047
所有権者……………………………………………135, 147
所有者（所蔵者）………………021, 023, 047, 063, 077, 146
申請中利用制度…………………………………………037
神社仏閣…………………………………………………047
シンボルマーク…………………………………………111
信用毀損…………………………………………………018
スゥイートホーム事件…………………………………051
図形の著作物……………………………006, 008, 033
「図説江戸考古学研究辞典」の著作権侵害事件……135, 148
スナップ写真………………………………………134, 140
スマップ・インタビュー記事事件……………………093
住友建機文字ロゴマーク事件…………………………109
スローガン…………………………………083, 134, 144
政治上の演説……………………………………………013
台詞………………………………………………………091
先願主義…………………………………………………127
戦時加算……………………………………017, 027, 073, 143
創作的（創作性）……………………007, 081, 083, 095
送信可能化権………………………………012, 049, 059
送信障害防止のための複製……………………………014
送信元情報検索目的の複製……………………………014
装幀（装丁）デザイン……………………………079, 103

た

ダービースタリオン事件………………………………063
題号・題名…………………………………………080, 087

対談（鼎談・座談会・討論会）	093, 131
タイトル	081, 087, 089, 091
タイプフェイス	107
貸与権	012
大量生産	007, 035, 055, 103
脱ゴーマニズム宣言事件	051
タレント	031, 069, 091
団体名義の著作物	010, 015, 021, 057, 119, 121
知恵蔵事件	105
地図	006, 033
「父よ母よ！」和解事件	081
知的財産を守るその他の法律	018
知的所有財産権の保護期間	115
着想（思いつき）	006, 081
彫刻	008, 023, 067, 079
超時空要塞マクロス標章事件	089
著作権（財産権）	011, 012, 047, 101, 121
著作権者	010
著作権者等不明の作品	037
著作権譲渡契約書	011, 129
著作権処理義務（業務）	135, 155
著作権フリー	049
著作権法	005
著作権利用許諾書	129
著作者	010
著作者人格権	011, 012, 021, 121
著作権人格権とみなされる行為	012, 021
著作物	006, 010
著作物製作委託契約書	129

著作物の種類	006, 007, 008, 009
著作隣接権	017, 059
著名人	031, 057, 060, 065, 069, 091
著名表示冒用（著名表示使用行為）	018, 055, 083, 087, 089, 099, 101, 113
「沈黙の艦隊」無断トレース事件	029
TMマーク	117
DVD	008, 051, 059
ディズニー	073
データベースの著作物	009
デザイナー交代	121
テレビ	017, 059
電子計算機利用に伴う複製	014
展示権	012
展覧会の小冊子への掲載	014
同一性保持権	012, 025, 039, 051
同一性保持権の例外的適用	051
東京アウトサイダーズ「スナップ写真」無断使用事件	134, 140
東京タワー	006, 077
動物の肖像権	063
盗用	091
道路・交通標識	045
特定の場合の翻訳、翻案等	014
図書館等における複製	013
特許法（特許権）	018, 115
富山住宅地図事件	033
ドメイン名の不正使用	018
トリミング	039, 051, 136

な

内国民待遇 ... 017, 027

似顔絵 ... 051, 067, 069

二次使用 ... 129

二次的著作物 ... 009, 071, 121, 143, 149, 151

二次的著作物の利用権 ... 012

似ている作品 ... 127

日本音楽著作権協会（JASRAC） ... 085

「日本の城の基礎知識」事件 ... 025, 125

ネオンサイン ... 075

は

バーンズコレクション事件 ... 039

背景 ... 055

博多人形「赤とんぼ」事件 ... 035, 103

パッケージ ... 007, 056, 098, 115

発行（公表） ... 016, 061

パブリシティ権 ... 031, 057, 067, 063, 065, 069

パロディ ... 043, 134, 136

パロディ・モンタージュ事件 ... 043, 134, 136

版画写真の著作物事件 ... 053

万国著作権条約 ... 017, 117

頒布権 ... 012

非営利上演等 ... 013

ピクトグラム ... 045

美術工芸品 ... 006, 035, 055

美術作品等の所有者による展示 ... 014

美術・写真作品の譲渡等の場合の複製 ... 014

美術の著作物 ... 006, 008, 029, 079, 091, 097, 115, 119

非政治上の演説 ... 013

必然性（引用） ... 039

ビデオ ... 051, 059

標語 ... 083, 134, 144

便乗（フリーライド・タダ乗り） ... 031, 055, 081, 083, 089, 099, 101, 105, 113

ファービー人形事件 ... 103

風景写真 ... 028

風景の一部 ... 075, 079

フォーマット ... 105

フォント ... 107

複製権 ... 012

複製写真 ... 023, 053

藤田嗣治絵画複製事件 ... 135, 152

不正競争防止法 ... 018, 035, 055, 073, 083, 087, 089, 097, 099, 101, 103, 111, 113, 115

舞踏・無言劇の著作物 ... 009

不当利益の返還義務 ... 127

不法行為による損害賠償請求 ... 127

プライバシー権 ... 031, 057, 061, 063, 065, 067, 069

フランスの著作権法 ... 043

ブランド ... 055

プレゼンテーション ... 119, 121, 123

プログラムの所有者の複製 ... 014

プログラムの著作物 ... 007, 009

文化庁 ... 037, 103, 129

ベルヌ条約 ... 017, 027, 117

編集著作物（編集著作権） ... 006, 009, 105, 119

方式主義 ... 117

法人（団体）	010, 057, 119, 125, 131
包装紙	035, 101
放送事業者	014, 017, 059
放送のための一時的固定	014
報道目的の写真	065
保護期間	005, 015, 016, 017, 021, 061, 073
保護期間の相互主義	017, 027
保守修理目的の一時的複製	014
ポパイ・ネクタイ事件	134, 142
翻訳権・翻案権等	012

ま

マーク・レスター事件	031
真似	099, 103, 105, 109, 113, 115, 127
マルRマーク	117
マルCマーク	117
マルPマーク	117
漫画	008, 051, 071, 091, 134, 142
マンション名ヴォーグ事件	089
万年カレンダー事件	105
ミッキーマウス	073
無体物	035, 047, 147
無方式主義	015, 117
無名・変名の著作物	015, 021
無料頒布	079
名馬の名前パブリシティ事件	063
名誉毀損（名誉・声望）	025, 043, 057, 067, 069, 153
明瞭区分（引用）	039
目的以外の使用	013, 129
模型（ジオラマ・フィギュア）	008, 033, 077, 079
模写	029, 135, 148
模倣（模倣行為規制）	033, 043, 103, 115
文様	101

や

「約束の場所」事件	091
やむを得ないと認められる改変	051
有線放送事業者	017, 059
有体物	035, 047, 063, 147
ユネスコ条約	017, 117

ら

ラストメッセージ in 最終号事件	083
流行語大賞	091, 093
量産品	007, 035
類似	099, 101, 103, 109, 127
レイアウト	105, 113
例外的保護期間	016
レコード製作者	017, 059, 117
連載著作物	143
連載漫画の登場人物の保護期間	134, 142
録音・録画	058
ロゴタイプ	007
ロゴマーク	007, 107, 109

わ

ワン・レイニー・ナイト・イン・トーキョー事件	127

参考文献

安藤和宏著「よくわかるマルチメディア著作権ビジネス」増補改訂版　リットーミュージック／飯沼綜合法律事務所編「デジタル著作権の知識Q&A くらしの法律相談20」法学書院／大森文彦著「建築の著作権入門」大成出版社／岡 邦俊著「著作権の法廷」ぎょうせい／岡 邦俊著 日経デザイン編「最新判例62を読む 著作権の事件簿」日経BP社／岡本 薫著「著作権とのつきあい方—活字文化・出版関係者のために」商事法務／小笠原正仁著「法と芸術—著作権法入門」明石書店／鹿毛丈司著「最新 音楽著作権ビジネス—音楽著作権から音楽配信ビジネスまで」ヤマハミュージックメディア／加戸守行著「著作権法逐条講義」改訂新版　著作権情報センター／金井重彦 小倉秀夫編著「著作権法コンメンタール」上・下巻　東京布井出版／北村行夫著「新版 判例から学ぶ著作権」太田出版／北村行夫 雪丸真吾著「Q&A 引用・転載の実務と著作権法」中央経済社／木下一哉 吉田 茂 水野晴夫 日野孝次朗著「みんなで考える著作権—著作権法セミナー」文芸社／窪田法律特許事務所著「超図解ビジネスmini ネット時代の商標と商号」エクスメディア／久保利英明 内田晴康 横山経通著「新版 著作権ビジネス最前線」中央経済社／コンピュータソフトウェア著作権協会編「クリエイターのための著作権入門講座—自分の作品を守り、他者の権利を侵害しないために」毎日コミュニケーションズ／斉藤 博著「著作権法」第3版　有斐閣／斉藤 博 田村善之著「概説 著作権法」ミネルヴァ書房／斉藤 博 半田正夫編「別冊ジュリストNo.157 判例百選」第三版　酒井雅男 メディア・トゥデイ研究会著「デジタル時代の著作権 最新Q&A—「知らなかった」ではすまされない」ユーリード出版／坂田 均著「判例で学ぶ著作権法入門 実践的理解をめざして」ミネルヴァ書房／作花文雄著「詳解 著作権法」第3版　ぎょうせい／志村 潔著「『広告の著作権』実用ハンドブック」太田出版／鈴木一誌＋知恵蔵裁判を読む会編「知恵蔵裁判全記録」太田出版／谷井精之介 豊田きいち 北村行夫 原田文夫 宮田昇著 日本ユニ著作権センター企画・編集「クリエイター・編集者のための引用ハンドブック」太田出版／田村善之著「知的財産法」第5版　有斐閣／田村善之著「著作権法概説」第14版　有斐閣／千野直邦 尾中普子著「著作権法の解説」八訂版　一橋出版／著作権法令研究会編「著作権関係法令集 平成22年版」著作権情報センター／著作権法令研究会編著「著作権法ハンドブック」第6版　著作権情報センター／富樫康明著「1億人の著作権」日本地域社会研究所／富樫康明著「著作権110番—著作権関連事件簿」日本地域社会研究所／富樫康明著「無料・無断で使える著作権ガイド」日本地域社会研究所／富樫康明著「著作権100の事件簿」勉誠出版／凸版印刷知的財産権研究会編「クリエイターのための知的財産権ルールブック」グラフィック社／豊田きいち著「著作権と編集者・出版者」日本エディタースクール出版部／豊田きいち著「編集者の著作権基礎知識」第六版 日本エディタースクール出版部／豊田きいち著「マスメディアと著作権」太田出版／中村俊介著 植村元雄監修「どこまでOK？ 迷ったときのネット著作権ハンドブック」翔泳社／中山信弘 大渕哲也 小泉直樹 田村善之編「別冊ジュリストNo.198 著作権判例百選」第4版　有斐閣／日本グラフィックデザイナー協会編　JAGDA創作保全委員会企画・編集「グラフィックデザイナーの著作権Q&A」／日本写真家協会監修 日本写真ユニオン編集「写真著作権 写真家・著作権継承者・海外写真家団体一覧」2005改訂版　草の根出版会／日本書籍出版協会著「出版契約ハンドブック」第2版　日本書籍出版協会／半田正夫著「インターネット時代の著作権 実例が分かるQ&A付」丸善ライブラリー／半田正夫著「著作権法概説」第14版　法学書院／半田正夫 紋谷暢男著「著作権のノウハウ」第6版　有斐閣／半田正夫 松田政行編「著作権法コンメンタール」1・2・3巻　勁草書房／文化庁編著「著作権法入門2009」著作権情報センター／文化庁長官官房課内 著作権法令研究会著 通商産業省知的財産政策室編「著作権法・不正競争防止法改正解説—デジタル・コンテンツの法的保護」有斐閣／文化庁長官官房著作権課内 著作権法令研究会編著「実務者のための著作権ハンドブック」第7版　著作権情報センター／文化庁内著作権法令研究会監修 著作権情報センター編「新版 著作権事典」出版ニュース社／文化庁文化部著作権課内 著作権法令研究会編「著作権Q&A」著作権資料協会／松倉秀美 宮下佳之 寺本振透著「よくわからん!? インターネット時代の法律入門」インプレス／宮下研一著 前田哲男監修「Q&Aで解くマルチメディアの著作権入門」PHP研究所／宮田 昇著「学術論文のための著作権Q&A 著作権法に則った『論文作法』」新訂2版　東海大学出版会／村上孝止著「勝手に撮るな！ 肖像権がある！」増補版　青弓社／矢間治茂著「著作権錬金術」鳥影社／吉田大輔著「著作権が明解になる10章」3訂　出版ニュース社／吉田大輔著「明解になる著作権201答」出版ニュース社／米澤嘉博編・監修「マンガと著作権—パロディと引用と同人誌と—」青林工藝社／江口順一監修「Q&A商標法入門」世界思想社／加藤恒久著「意匠法要説」ぎょうせい／加藤恒久著「改正意匠法のすべて—意匠法と関連法令の新旧対照条文つき」日本法令／斉藤瞭二著「意匠法概説」補訂版　有斐閣／田村善之 知的財産研究所編「機能的知的財産の理論」信山社出版／土井輝生著「知的所有権法基本判例—著作権」改訂増補版 同文館出版／富樫康明著「もう特許なんていらない—すべての事業を営む人のために もうひとつの知的財産権 不正競争の活用法」本の泉社／吉川達夫 森下賢樹 飯田浩司著「知的財産のビジネストラブルQ&A」中央経済社／吉原政幸監修「超図解ビジネスmini ネット時代の著作権と意匠権」エクスメディア／渡辺弘司監修「図解で早わかり 特許・商標のしくみ」三修社

著者プロフィール

赤田繁夫　Shigeo Akada
日本放送協会（NHK）、日本放送出版協会（NHK出版）で著作権、契約関係業務を担当。
現在、著作権情報センター著作権相談室相談員、日本ユニ著作権センター著作権相談室相談員、
日本書籍出版協会著作・出版権相談員室相談委員、著作権法学会会員

上野善弘　Yoshihiro Ueno
元 主婦の友社 編集総務部長、元 日本雑誌協会 著作権委員会委員長。
現在、著作権情報センター著作権相談室相談員、日本ユニ著作権センター著作権相談室相談員、
日本書籍出版協会著作・出版権相談員室相談委員

大井法子　Noriko Ohi
1997年弁護士登録、虎ノ門総合法律事務所入所。著作権法学会会員、
日本ユニ著作権センター顧問、慶応大学大学院文学部非常勤講師

久野寧子　Yasuko Kuno
グラフィックデザイナーを経てライター・編集者に。
著書「新聞広告キャッチコピー大百科1・2」「カタログ・チラシキャッチコピー大百科」「雑誌の目次大百科」
「映画・音楽・書籍のタイトル大百科」「365日の折り込みチラシ大百科」すべてピエ・ブックス刊
取材・構成・執筆「編集 - 悪い本ほどすぐできる 良い本ほどむずかしい -」豊田きいち著 パイ インターナショナル刊他

商標権・意匠権・実用新案権・特許権などに関するアドバイスを頂いた、
虎ノ門総合法律事務所 樋口盛之助先生にこの場を借りて心より御礼申し上げます。

作品クレジット

P.038	© 岡本かな子
P.046	© KOICHIRO KITAOKU / SEBUN PHOTO
P.054	© AKG-Images　PPS通信社提供
P.056	© Heritage Image/ KPA　PPS通信社提供
P.062	© YUKIHIRO FUKUDA/orion /amanaimages
P.074	© orion /amanaimages
P.090	© CORBIS /amanaimages
P.092	© Gareth Brown/Corbis /amanaimages
P.094	© TAKAO NISHIDA/SEBUN PHOTO

デザイナーのための著作権ガイド

発行日　2010年7月23日　初版第1刷発行
　　　　2018年2月9日　　4版第1刷発行

著者
赤田繁夫（第1章 / 第2章）
上野善弘（第2章）
久野寧子（第2章 / 第3章）

判例監修
大井法子（第3章）

協力
日本ユニ著作権センター

カバーデザイン
パラドックス・クリエイティブ / フチデザイン

カバー写真
木原基行

カバー写真（パンダ）
© YUKIHIRO FUKUDA / orion / amanaimages

デザイン
松村大輔 / 公平恵美

写真（本文）
北郷 仁

編集協力
安達万里子 / 佐藤知恵

編集
久野寧子
斉藤 香

発行元：株式会社パイ インターナショナル
〒170-0005　東京都豊島区南大塚2-32-4
TEL 03-3944-3981　　FAX 03-5395-4830
sales@pie.co.jp

印刷・製本：株式会社サンニチ印刷

© 2010　Shigeo Akada / Yoshihiro Ueno / Yasuko Kuno / PIE International / PIE BOOKS
ISBN978-4-7562-4040-8 C3070
Printed in Japan

本書の収録内容の無断転載・複写・複製等を禁じます。
ご注文、乱丁・落丁本の交換等に関するお問い合わせは、小社までご連絡ください。